漢蘭臺令史　班固　撰
唐祕書少監　顏師古　注

漢書

第一册

卷一至卷一二（紀）

中華書局

圖書在版編目(CIP)數據

漢書/(漢)班固著;(唐)顏師古注. —北京:中華書局,
1962.6(2025.4 重印)
ISBN 978-7-101-00305-5

Ⅰ.漢… Ⅱ.①班…②顏… Ⅲ.中國-古代史-西漢時代-紀傳體 Ⅳ.K234.104.2

中國版本圖書館 CIP 數據核字(2002)第 087779 號

責任印製:管 斌

漢 書

(全十二册)

〔漢〕班 固 著

〔唐〕顏師古 注

*

中 華 書 局 出 版 發 行

(北京市豐臺區太平橋西里 38 號 100073)

http://www.zhbc.com.cn

E-mail:zhbc@zhbc.com.cn

北京新華印刷有限公司印刷

*

850×1168 毫米 1/32 · 136½印張 · 2700 千字

1962 年 6 月第 1 版 2025 年 4 月第 28 次印刷

印數:191301-194300 册 定價:470.00 元

ISBN 978-7-101-00305-5

出版說明

一

漢書亦稱前漢書，班固撰。固字孟堅，後漢扶風安陵（故城在今陝西咸陽市東）人，生於光武帝建武八年（公元三二年）。他的父親班彪字叔皮，生平好述作，專心於史籍。當時有好些人做過司馬遷史記的續篇，班彪都覺得不滿意，於是博采遺事異聞，作成後傳六十五篇。班彪死於建武三十年（公元五四年），班固回到家鄉，有志完成父業，就着手這部大著作，那時他才二十三歲。後來有人上書明帝，告他私改國史，他因此被捕下獄，所有的書稿都被抄。他的弟弟班超怕他遭遇危險，趕到洛陽去替他上書辨白，同時當地官吏也把他的書稿送到京師。明帝看過了，覺得他才能卓異，就把他叫到京師，派他做蘭臺令史（事在永平五年，公元六二年）。蘭臺是漢朝皇家藏書的地方，有六名官員叫令史，他就是這六員之一。隨後他升遷爲郎，典校祕書，明帝叫他把他那部沒有完成的書繼續做下去。從此一連做了二十多年，直到章帝建初的中葉。

和帝永元初，竇憲出擊匈奴，以班固爲中護軍，參與謀議。此後幾年，班固都在竇憲幕中。竇憲在燕然山刻石勒功，那篇大文章就是班固的手筆。竇憲原是外戚，此番出擊匈奴立了功，封了侯，威勢更可炙手。因此班固家裏的人也不免有仗勢欺人的事。有一次洛陽令种兢路遭班固家奴的侮辱，不久之後，竇憲失勢自殺，賓客都遭拿問，种兢就趁此逮捕了班固。永元四年（公元九二年），固死在獄中，時年六十一。

他死時，漢書還有八表和天文志沒有作成，和帝命其妹班昭參考東觀藏書替他補作，又命他的同郡人馬續幫助班昭作成天文志。所以這部漢書正如趙翼所指出，是「經過四人（卽彪、固、昭、續）手，閱三四十年始成完書」的。

二

漢書是我國第一部紀傳體的斷代史。

我國古代原有像春秋那樣按年月記事的史書，叫做編年體。至於用「本紀」序帝王，「列傳」誌人物的紀傳體，則創始于司馬遷的史記。班固作漢書沿襲史記，所不同的是史記有「世家」，漢書沒有；史記記載典章制度的部分叫做「書」，漢書改稱「志」。一部漢書就是由十二本紀、八表、十志和七十列傳組成的。

史記上起黃帝，下訖漢武，通貫古今，不以一個朝代爲限，所以叫通史。漢書紀傳所記則斷自漢高祖，止於王莽，都是西漢一代的史實，所以叫斷代史（表、志也有不限於西漢的，如古今人表就包括很多漢以前的人物，但這是個別的）。斷代爲史始于班固，以後列朝的所謂「正史」都沿襲漢書的體裁，正如劉知幾所說「自爾訖今，無改斯道」了。

班固在敍傳裏說「爲春秋考紀、表、志、傳，凡百篇」，那末漢書的自定本是一百卷。而隋書經籍志和舊唐書經籍志著錄都作一百十五卷，唐志又說顏師古注漢書一百二十卷。四庫書目提要僅云「皆以卷帙太重，故析爲子卷」，沒有說明那第一次被析出的十五卷和第二次被析出的五卷到底是哪幾卷。現在我們查出第五十七、六十四、八十、九十六和一百卷的篇題底下都有顏師古說明析卷的注文（武英殿本第一百卷的篇題底下漏脫了那條注），從此可知顏師古作注時析出的就是這五卷。今本卷一、十五、十九、二十一、二十四、二十五、二十八、九十四、九十七都有一個分卷，卷二十七有四個分卷，卷九十九有兩個分卷，一共多出十五卷來，那第一次析出的大概就是這一部分。漢書經過了一分再分，本紀就有十三卷，表有十卷，志有十八卷，列傳有七十九卷，這才是我們現在這部一百二十卷本漢書的面貌。

三

後漢書班昭傳說：「時漢書始出，多未能通者。同郡馬融伏於閣下，從昭受讀。」又三國吳志孫登傳說：「權欲登讀漢書，習知近代之事，以張昭有師法，重煩勞之，乃令休從昭受讀，還以授登。」由此可見漢書是自始就認爲難讀的，所以它行世不及百年，到了靈帝時代

(公元一六八—一八九)就有服虔、應劭等人替它作了音義。魏、晉、南北朝作漢書音注的人更多,到了唐初顏師古(公元五八一—六四五)作注,所徵引的注本已共有二十三家,具見本書前面他所撰的敍例。

宋、明兩朝治漢書側重校訂,淸代學者才並重釋義,成書也比前代多得多。到了光緖二十六年(公元一九〇〇年)王先謙的漢書補注刊行,被徵引的專著和參訂者多至六十七家,在當時可說是集大成了。

四

現在我們用王先謙的漢書補注本(下面簡稱王本)作爲底本,分段標點,析出注文,可是只收顏注,不收補注。校勘記裏有時徵引補注諸家說,讀者欲知其來源,請參看補注本的序例。此外還有近人楊樹達的漢書窺管(科學出版社一九五五年版),校勘記也徵引到它。

我們用來校王本的是北宋景祐本(商務印書館影印的百衲本)、明末毛氏汲古閣本、淸乾隆武英殿本(簡稱殿本)和同治金陵書局本(簡稱局本)四種本子。這幾種本子互有短長,但王本最後出,注中備錄諸家的意見,對以前各本的得失已經有所論證,所以用它作底本較爲方便。

我們的校勘方法是不主一本，擇善而從。除了比較各本的異文，也參考了前人的研究成果，二者之中，側重前者。前人的說法如果在版本上找不出根據，我們就不輕易信從。例如天文志的「中宮」、「東宮」、「南宮」、「西宮」、「北宮」，王念孫和錢大昕都說「宮」當爲「官」，但是我們查不出版本的徵據，而且本志上文明說「皆有州國官宮物類之象」，王氏補注說「官如三公、藩臣，宮如紫宮、閣道」，可見官與宮各爲一事，不得混而爲一。所以我們仍存其舊文，沒有照王、錢之說校改。

但是也有本書沒有版本的徵據而在別的書裏可以找到旁證的，我們就根據旁證校改了。例如高祖本紀上「雍地定八十餘縣」一句（三八頁九行），各本都作「雍州」。王先謙說「州」字誤，當爲「地」。我們查了通鑑這一句正作「雍地」，而地理志裏也沒有雍州，我們就根據王說校改了。

我們用來互校的五種本子可以區分成兩個系統。王本自言「以汲古本爲主」，局本也自稱「毛氏正本」，所以汲古本和局本、王本成一個系統。殿本根據明監本，明監本根據南宋劉之問的建安本，這一條線往上通過宋祁的校本而連到北宋景祐本，所以景祐本跟殿本成一個系統。我們的校勘記裏以「景祐、殿本都作某」的形式爲最多，就是這一個緣故。

王本以汲古本爲主，它對汲古本非常忠實，但王氏仍舊「遵用官本（卽殿本）校定，詳載文字異同」，只是不用殿本改汲古本的正文和注文。這就是王本跟局本不同的一點。王氏發見的文字異同詳載他的補注中。注文有兩種形式：其一是「某字官本作某，是」，又其一是「某字官本作某」，不下斷語。凡是他用第一形式作注的地方，我們拿殿本的異文去對景祐本，往往彼此符合，而異文也往往比原文所用的字優長，因此我們就把底本原來的字用圓括弧括起來放在上頭，再把改正的字用方括弧括起來放在底下，同時在校勘記裏寫着「景祐、殿本都作某。王先謙說作某是」（其他各家之說可從的，也同樣處理）。至於他用第二形式不下斷語的地方，我們拿殿本的異文去對景祐本，往往不合，倒是底本原來的字跟景祐本相同，我們就照底本不改動，也不提殿本的異文。這就是我們校勘本書的一般方法。此外，校勘記裏也有說「景祐、殿、局本都作某」的，也有說「景祐、汲古、殿、局本都作某」的，也有說「殿、局本都作某」的，也有單說「景祐本作某」或是「殿本作某」的，讀者可由我們的一般方法推知其意。

我們不僅校字而已，同時還校正舊注的句讀，例如卷一上的校勘記一〇頁四行和卷七的校勘記二二三頁一行。

這個本子的標點符號使用法和本局出版的標點本史記大體一致，只有一點需要說明，卽遇有含義複雜的名詞，我們或者標專名線或者不標。例如「三輔」，作爲地名用就標線，作爲官名用就不標。又如「后土」，用於一般意義的「祠后土」就不標線，用於專指汾陰后土祠的「汾陰后土」就標線。再如「拔胡將軍」、「度遼將軍」、「貳師將軍」、「因杅將軍」之類，因胡、遼、貳師、因杅已經失去專名的原意，都不標線。

這個本子是西北大學歷史系的同志們分段標點的，經傅東華先生整理加工作了校勘記，難免有不妥之處，希望讀者指正。

中華書局編輯部　一九六〇年七月

漢書敍例

唐正議大夫行祕書少監琅邪縣開國子　顏師古撰

儲君體上哲之姿，膺守器之重，俯降三善，博綜九流，觀炎漢之餘風，究其終始，懿孟堅之述作，嘉其宏贍，以爲服、應曩說疎紊尙多，蘇、晉衆家剖斷蓋尠，蔡氏纂集尤爲牴牾，自茲以降，蔑足有云。悵前代之未周，愍將來之多惑，顧召幽仄，俾竭芻蕘，匡正睽違，激揚鬱滯，將以博喻胄齒，遠覃邦國，弘敷錦帶，啓導青衿。曲稟宏規，備蒙嘉惠，增榮改觀，重價流聲。斗筲之材，徒思罄力，駑蹇之足，終慙遠致。歲在重光，律中大呂，是謂涂月，其書始就。不恥狂簡，輒用上聞，粗陳指例，式存揚搉。

漢書舊無注解，唯服虔、應劭等各爲音義，自別施行。至典午中朝，爰有晉灼，集爲一部，凡十四卷，又頗以意增益，時辯前人當否，號曰漢書集注。屬永嘉喪亂，金行播遷，此書雖存，不至江左。是以爰自東晉迄于梁、陳，南方學者皆弗之見。有臣瓚者，莫知氏族，考其時代，亦在晉初，又總集諸家音義，稍以己之所見，續厠其末，舉駮前說，喜引竹書，自謂甄明，非無差爽，凡二十四卷，分爲兩帙。今之集解音義則是其書，而後人見者不知臣瓚所作，乃謂之應劭等集解。王氏七志，阮氏七錄，並題云然，斯不審耳。學者又斟酌瓚姓，附著安施，或云傅族，既無明文，未足取信。蔡謨全取臣瓚一部散入漢書，自此以來始有注本。但意浮功淺，不加隱括，屬輯乖舛，錯亂實多，或乃離析本文，隔其辭句，穿鑿妄起。職此之由，與未注之前大不同矣。謨亦有兩三處錯意，然於學者竟無弘益。

漢書舊文多有古字，解說之後屢經遷易，後人習讀，以意刊改，傳寫既多，彌更淺俗。今則曲覈古本，歸其眞正，一往難識者，皆從而釋之。

古今異言，方俗殊語，末學膚受，或未能通，意有所疑，輒就增損，流遯忘返，穢濫實多。今皆删削，克復其舊。

諸表列位，雖有科條，文字繁多，遂致舛雜。前後失次，上下乖方，昭穆參差，名實虧廢。今則尋文究例，普更刊整，澄蕩愆違，審定阡陌，就其區域，更爲局界，非止尋讀易曉，庶令轉寫無疑。

禮樂歌詩，各依當時律呂，修短有節，不可格以恆例。讀者茫昧，無復識其斷章，解者支離，又乃錯其句韻，遂使一代文采，空韞精奇，累葉鑽求，罕能通習。今並隨其曲折，剖判義理，歷然易曉，更無疑滯，可得諷誦，開心順耳。

凡舊注是者，則無間然，具而存之，以示不隱。其有指趣略舉，結約未伸，衍而通之，使皆備悉。至於詭文僻見，越理亂眞，匡而矯之，以祛惑蔽。若汎說非當，蕪辭競逐，苟出異端，徒爲煩冗，祇穢篇籍，蓋無取焉。舊所闕漏，未嘗解說，普更詳釋，無不洽通。上考典謨，旁究蒼雅，非苟臆說，皆有援據。六藝殘缺，莫覩全文，各自名家，揚鑣分路。是以向、歆、班、馬、仲舒、子雲所引諸經或有殊異，與近代儒者訓義弗同，不可追駁前賢，妄指瑕纇，曲從後說，苟會局塗。今則各依本文，敷暢厥指，非不考練，理固宜然，亦猶康成注禮，與其書、易相偕，元凱解傳，無係毛、鄭詩文。以類而言，其意可了。爰自陳、項，以訖哀、平，年載既多，綜緝斯廣，所以紀傳表志時有不同，當由筆削未休，尙遺秕稗，亦爲後人傳授，先後錯雜，隨手率意，遂有乖張。今皆窮波討源，搆會甄釋。

字或難識，兼有借音，義指所由，不可暫闕。若更求諸別卷，終恐廢於披覽。今則各於其下，隨卽翻音。至如常用可知，不涉疑昧者，衆所共曉，無煩翰墨。

近代注史，競爲該博，多引雜說，攻擊本文，至有詆訶言辭，掎摭利病，顯前修之紕僻，騁己識之優長，乃效矛盾之仇讐，殊乖粉澤之光潤。今之注解，翼贊舊書，一遵軌轍，閉絕歧路。

諸家注釋，雖見名氏，至於爵里，頗或難知。傳無所存，具列如左：

荀悅字仲豫，潁川人，後漢祕書監。撰漢紀三十卷，其事皆出漢書。

服虔字子愼，滎陽人，後漢尙書侍郎，高平令，九江太守。初名重，改名祇，後定名虔。

應劭字仲瑗，一字仲援，一字仲遠。汝南南頓人，後漢蕭令，御史營令，泰山太守。

伏儼字景宏，琅邪人。

劉德，北海人。

鄭氏，晉灼音義序云不知其名，而臣瓚集解輒云鄭德。既無所據，今依晉灼但稱鄭氏耳。

李斐，不詳所出郡縣。

李奇，南陽人。

鄧展，南陽人，魏建安中爲奮威將軍，封高樂鄉侯。

文穎字叔良，南陽人，後漢末荊州從事，魏建安中爲甘陵府丞。

張揖字稚讓，清河人，一云河間人。魏太和中爲博士。止解司馬相如傳一卷。

蘇林字孝友，陳留外黃人，魏給事中領祕書監，散騎常侍，永安衞尉，太中大夫，黃初中遷博士，封安成亭侯。

張晏字子博，中山人。

如淳，馮翊人，魏陳郡丞。

孟康字公休，安平廣宗人，魏散騎常侍，弘農太守，領典農校尉，勃海太守，給事中，散騎侍郎，中書令，後轉爲監，封廣陵亭侯。

項昭，不詳何郡縣人。

韋昭字弘嗣，吳郡雲陽人，吳朝尚書郎，太史令，中書郎，博士祭酒，中書僕射，封高陵亭侯。

晉灼，河南人，晉尚書郎。

劉寶字道眞，高平人，晉中書郎，河內太守，御史中丞，太子中庶子，吏部郎，安北將軍。侍皇太子講漢書，別有駮義。

臣瓚，不詳姓氏及郡縣。

郭璞字景純，河東人，晉贈弘農太守。止注相如傳序及游獵詩賦。

蔡謨字道明，陳留考城人，東晉侍中五兵尚書，太常領祕書監，都督徐、兗、青三州諸軍事，領徐州刺史，左光祿大夫開府儀同三司，領揚州牧，侍中司徒不拜，贈侍中司空，謚文穆公。

崔浩字伯深，清河人，後魏侍中特進撫軍大將軍，左光祿大夫，司徒，封東郡公。

撰荀悅

漢紀音義。

漢書目錄

卷一上　高帝紀第一上……一
卷一下　高帝紀第一下……四九
卷二　惠帝紀第二……八五
卷三　高后紀第三……九五
卷四　文帝紀第四……一〇五
卷五　景帝紀第五……一三七
卷六　武帝紀第六……一五五
卷七　昭帝紀第七……二一七
卷八　宣帝紀第八……二三五
卷九　元帝紀第九……二七七
卷十　成帝紀第十……三〇一
卷十一　哀帝紀第十一……三三三
卷十二　平帝紀第十二……三四七
卷十三　異姓諸侯王表第一……三六三
卷十四　諸侯王表第二……三九一
卷十五上　王子侯表第三上……四二七
卷十五下　王子侯表第三下……四八三
卷十六　高惠高后文功臣表第四……五二七
卷十七　景武昭宣元成功臣表第五……六三五
卷十八　外戚恩澤侯表第六……六七七
卷十九上　百官公卿表第七上……七二一
卷十九下　百官公卿表第七下……七四五

卷二十　古今人表第八……八六一
卷二十一上　律曆志第一上……九五五
卷二十一下　律曆志第一下……九九一
卷二十二　禮樂志第二……一〇二七
卷二十三　刑法志第三……一〇七九
卷二十四上　食貨志第四上……一一一七
卷二十四下　食貨志第四下……一一四九
卷二十五上　郊祀志第五上……一一八九
卷二十五下　郊祀志第五下……一二四一
卷二十六　天文志第六……一二七三
卷二十七上　五行志第七上……一三一五
卷二十七中之上　五行志第七
中之上……一三五一
卷二十七中之下　五行志第七
中之下……一四〇五
卷二十七下之上　五行志第七
下之上……一四四一
卷二十七下之下　五行志第七
下之下……一四七九
卷二十八上　地理志第八上……一五三三
卷二十八下　地理志第八下……一六〇九
卷二十九　溝洫志第九……一六七五
卷三十　藝文志第十……一七〇一
卷三十一　陳勝項籍傳第一……一七八五
陳勝……一七八五
項籍……一七九五
卷三十二　張耳陳餘傳第二……一八二九
張耳……一八二九
陳餘……一八二九
卷三十三　魏豹田儋韓王信傳

第三……一八四五
魏豹……一八四五
田儋……一八四七
韓王信……一八五三
卷三十四　韓彭英盧吳傳第四……一八六一
韓信……一八六一
彭越……一八七八
黥布……一八八一
盧綰……一八九〇
吳芮……一八九四
卷三十五　荊燕吳傳第五……一八九九
荊王劉賈……一八九九
燕王劉澤……一九〇〇
吳王劉濞……一九〇三
卷三十六　楚元王傳第六……一九二一
楚元王劉交……一九二一
劉向……一九二八
劉歆……一九六七
卷三十七　季布欒布田叔傳第七……一九七五
季布……一九七五
欒布……一九八〇
田叔……一九八一
卷三十八　高五王傳第八……一九八七
齊悼惠王劉肥……一九八七
趙隱王劉如意……一九八八
趙幽王劉友……一九八九
趙共王劉恢……一九九〇
燕靈王劉建……一九九一
卷三十九　蕭何曹參傳第九……二〇〇五

蕭何……二〇〇五
曹參……二〇一三
卷四十　張陳王周傳第十……二〇二三
張良……二〇二三
陳平……二〇三八
王陵……二〇四六
周勃……二〇五〇
子亞夫……二〇五七
卷四十一　樊酈滕灌傅靳周傳第十一……二〇六七
樊噲……二〇六七
酈商……二〇七四
夏侯嬰……二〇七六
灌嬰……二〇八〇
傅寬……二〇八五
靳歙……二〇八六
周緤……二〇八八
卷四十二　張周趙任申屠傳第十二……二〇九三
張蒼……二〇九三
周昌……二〇九四
趙堯……二〇九六
任敖……二〇九八
申屠嘉……二一〇〇
卷四十三　酈陸朱劉叔孫傳第十三……二一〇五
酈食其……二一〇五
陸賈……二一一一
朱建……二一一六
婁敬……二一一九

第三……一八四五
魏豹……一八四五
田儋……一八四七
韓王信……一八五三
卷三十四　韓彭英盧吳傳第四……一八六一
韓信……一八六一
彭越……一八七八
黥布……一八八一
盧綰……一八九〇
吳芮……一八九四
卷三十五　荆燕吳傳第五……一八九九
荆王劉賈……一八九九
燕王劉澤……一九〇〇
吳王劉濞……一九〇三
卷三十六　楚元王傳第六……一九二一
楚元王劉交……一九二一
劉向……一九二八
劉歆……一九六七
卷三十七　季布欒布田叔傳第七……一九七五
季布……一九七五
欒布……一九八〇
田叔……一九八一
卷三十八　高五王傳第八……一九八七
齊悼惠王劉肥……一九八七
趙隱王劉如意……一九八八
趙幽王劉友……一九八九
趙共王劉恢……一九九〇
燕靈王劉建……一九九一
卷三十九　蕭何曹參傳第九……二〇〇五

蕭何……二〇〇五
曹參……二〇一三
卷四十　張陳王周傳第十……二〇二三
張良……二〇二三
陳平……二〇三八
王陵……二〇四六
周勃……二〇五〇
子亞夫……二〇五七
卷四十一　樊酈滕灌傅靳周傳第十一……二〇六七
樊噲……二〇六七
酈商……二〇七四
夏侯嬰……二〇七六
灌嬰……二〇八〇
傅寬……二〇八五
靳歙……二〇八六
周緤……二〇八八
卷四十二　張周趙任申屠傳第十二……二〇九三
張蒼……二〇九三
周昌……二〇九四
趙堯……二〇九六
任敖……二〇九八
申屠嘉……二一〇〇
卷四十三　酈陸朱劉叔孫傳第十三……二一〇五
酈食其……二一〇五
陸賈……二一一一
朱建……二一一六
婁敬……二一一九

第三……一八四五
魏豹……一八四五
田儋……一八四七
韓王信……一八五三
卷三十四　韓彭英盧吳傳第四……一八六一
韓信……一八六一
彭越……一八七八
黥布……一八八一
盧綰……一八九〇
吳芮……一八九四
卷三十五　荊燕吳傳第五……一八九九
荊王劉賈……一八九九
燕王劉澤……一九〇〇
吳王劉濞……一九〇三
卷三十六　楚元王傳第六……一九二一
楚元王劉交……一九二一
劉向……一九二八
劉歆……一九六七
卷三十七　季布欒布田叔傳
第七……一九七五
季布……一九七五
欒布……一九八〇
田叔……一九八一
卷三十八　高五王傳第八……一九八七
齊悼惠王劉肥……一九八七
趙隱王劉如意……一九八八
趙幽王劉友……一九八九
趙共王劉恢……一九九〇
燕靈王劉建……一九九一
卷三十九　蕭何曹參傳第九……二〇〇五

蕭何……二〇〇五
曹參……二〇一三
卷四十　張陳王周傳第十……二〇二三
張良……二〇二三
陳平……二〇三八
王陵……二〇四六
周勃……二〇五〇
子亞夫……二〇五七
卷四十一　樊酈滕灌傅靳周傳第十一……二〇六七
樊噲……二〇六七
酈商……二〇七四
夏侯嬰……二〇七六
灌嬰……二〇八〇
傅寬……二〇八五
靳歙……二〇八六
周緤……二〇八八
卷四十二　張周趙任申屠傳第十二……二〇九三
張蒼……二〇九三
周昌……二〇九四
趙堯……二〇九六
任敖……二〇九八
申屠嘉……二一〇〇
卷四十三　酈陸朱劉叔孫傳第十三……二一〇五
酈食其……二一〇五
陸賈……二一一一
朱建……二一一六
婁敬……二一一九

叔孫通……二一二四
卷四十四　淮南衡山濟北王傳第十四……二一三五
淮南厲王劉長……二一三五
衡山王劉賜……二一五三
濟北貞王劉勃……二一五七
卷四十五　蒯伍江息夫傳第十五……二一五九
蒯通……二一五九
伍被……二一六七
江充……二一七五
息夫躬……二一七九
卷四十六　萬石衞直周張傳第十六……二一九三
石奮……二一九三
衞綰……二二〇〇
直不疑……二二〇二
周仁……二二〇三
張歐……二二〇四
卷四十七　文三王傳第十七……二二〇七
梁孝王劉武……二二〇七
代孝王劉參……二二一一
梁懷王劉揖……二二一二
卷四十八　賈誼傳第十八……二二二一
卷四十九　爰盎鼂錯傳第十九……二二六七
爰盎……二二六七
鼂錯……二二七六
卷五十　張馮汲鄭傳第二十……二三〇七
張釋之……二三〇七
馮唐……二三一二

汲黯……二三一六
鄭當時……二三二三
卷五十一　賈鄒枚路傳第二十一……二三二七
賈山……二三二七
鄒陽……二三三八
枚乘……二三五九
子皋……二三六六
路温舒……二三六七
卷五十二　竇田灌韓傳第二十二……二三七五
竇嬰……二三七五
田蚡……二三七七
灌夫……二三八二
韓安國……二三九四
卷五十三　景十三王傳第二十三……二四〇九
河間獻王劉德……二四一〇
臨江哀王劉閼……二四一二
臨江閔王劉榮……二四一二
魯恭王劉餘……二四一三
江都易王劉非……二四一四
膠西于王劉端……二四一八
趙敬肅王劉彭祖……二四一九
中山靖王劉勝……二四二二
長沙定王劉發……二四二六
廣川惠王劉越……二四二七
膠東康王劉寄……二四三三
清河哀王劉乘……二四三四
常山憲王劉舜……二四三四
卷五十四　李廣蘇建傳第二

十四……二四三九
李廣……二四三九
孫陵……二四五〇
蘇建……二四五九
子武……二四五九
卷五十五　衞青霍去病傳第二十五……二四七一
衞青……二四七一
霍去病……二四七八
李息……二四九一
公孫敖……二四九一
李沮……二四九一
張次公……二四九一
趙信……二四九二
趙食其……二四九二
郭昌……二四九二
荀彘……二四九二
路博德……二四九三
趙破奴……二四九三
卷五十六　董仲舒傳第二十六……二四九五
卷五十七上　司馬相如傳第二十七上……二五二九
卷五十七下　司馬相如傳第二十七下……二五七七
卷五十八　公孫弘卜式兒寬傳第二十八……二六一三
公孫弘……二六一三
卜式……二六二四
兒寬……二六二八
卷五十九　張湯傳第二十九……二六三七

張湯……二六三七
子安世……二六四七
孫延壽……二六五三
卷六十　杜周傳第三十……二六五九
杜周……二六五九
子延年……二六六二
孫緩……二六六六
緩弟欽……二六六七
卷六十一　張騫李廣利傳第三十一……二六八七
張騫……二六八七
李廣利……二六九九
卷六十二　司馬遷傳第三十二……二七〇七
卷六十三　武五子傳第三十三……二七四一
戾太子劉據……二七四一
齊懷王劉閎……二七四九
燕剌王劉旦……二七五〇
廣陵厲王劉胥……二七五九
昌邑哀王劉髆……二七六四
卷六十四上　嚴朱吾丘主父徐嚴終王賈傳第三十四上……二七七五
嚴助……二七七五
朱買臣……二七九一
吾丘壽王……二七九四
主父偃……二七九八
徐樂……二八〇四
卷六十四下　嚴朱吾丘主父徐嚴終王賈傳第三十四下……二八〇九
嚴安……二八〇九
終軍……二八一四

王褒……二八二一
賈捐之……二八三〇
卷六十五　東方朔傳第三十五……二八四一
卷六十六　公孫劉田王楊蔡陳鄭傳第三十六……二八七七
公孫賀……二八七七
子敬聲……二八七八
劉屈氂……二八七九
車千秋……二八八三
王訢……二八八七
楊敞……二八八八
子惲……二八八九
蔡義……二八九八
陳萬年……二八九九
子咸……二九〇〇
鄭弘……二九〇二
卷六十七　楊胡朱梅云傳第三十七……二九〇七
楊王孫……二九〇七
胡建……二九一〇
朱雲……二九一二
梅福……二九一七
云敞……二九二七
卷六十八　霍光金日磾傳第三十八……二九三一
霍光……二九三一
金日磾……二九五九
子安上……二九六三
卷六十九　趙充國辛慶忌傳第三十九……二九七一

趙充國……二九七一
辛慶忌……二九九六
卷七十　傅常鄭甘陳段傳第四十……三〇〇一
傅介子……三〇〇一
常惠……三〇〇三
鄭吉……三〇〇五
甘延壽……三〇〇七
陳湯……三〇〇七
段會宗……三〇二九
卷七十一　雋疏于薛平彭傳第四十一……三〇三五
雋不疑……三〇三五
疏廣……三〇三九
兄子受……三〇三九
于定國……三〇四一
薛廣德……三〇四六
平當……三〇四八
彭宣……三〇五一
卷七十二　王貢兩龔鮑傳第四十二……三〇五五
王吉……三〇五八
子駿……三〇六六
孫崇……三〇六七
貢禹……三〇六九
龔勝……三〇八〇
龔舍……三〇八〇
鮑宣……三〇八六
唐林……三〇九五
薛方……三〇九五

卷七十三　韋賢傳第四十三……三一〇一
韋賢……三一〇一
子玄成……三一〇八
卷七十四　魏相丙吉傳第四十四……三一三三
魏相……三一三三
丙吉……三一四二
卷七十五　眭兩夏侯京翼李傳第四十五……三一五三
眭弘……三一五三
夏侯始昌……三一五四
夏侯勝……三一五五
京房……三一六〇
翼奉……三一六七
李尋……三一七九
卷七十六　趙尹韓張兩王傳第四十六……三一九九
趙廣漢……三一九九
尹翁歸……三二〇六
韓延壽……三二一〇
張敞……三二一六
王尊……三二二六
王章……三二三八
卷七十七　蓋諸葛劉鄭孫毋將何傳第四十七……三二四三
蓋寬饒……三二四三
諸葛豐……三二四八
劉輔……三二五一
鄭崇……三二五四
孫寶……三二五七

毋將隆……三二六三
何並……三二六六
卷七十八　蕭望之傳第四十八……三二七一
蕭望之……三二七一
子育……三二八九
子咸……三二九一
子由……三二九一
卷七十九　馮奉世傳第四十九……三二九三
馮奉世……三二九三
子野王……三三〇二
子逡……三三〇五
子立……三三〇五
子參……三三〇六
卷八十　宣元六王傳第五十……三三一一
淮陽憲王劉欽……三三一一
楚孝王劉囂……三三一九
東平思王劉宇……三三二〇
中山哀王劉竟……三三二六
定陶共王劉康……三三二七
中山孝王劉興……三三二七
卷八十一　匡張孔馬傳第五十一……三三三一
匡衡……三三三一
張禹……三三四七
孔光……三三五二
馬宮……三三六五
卷八十二　王商史丹傅喜傳第五十二……三三六九
王商……三三六九
史丹……三三七五

傅喜……三三八〇
卷八十三　薛宣朱博傳第五十三……三三八五
薛宣……三三八五
朱博……三三九八
卷八十四　翟方進傳第五十四……三四一一
翟方進……三四一一
子宣……三四二四
子義……三四二四
卷八十五　谷永杜鄴傳第五十五……三四四三
谷永……三四四三
杜鄴……三四七三
卷八十六　何武王嘉師丹傳第五十六……三四八一
何武……三四八一
王嘉……三四八八
師丹……三五〇三
卷八十七上　揚雄傳第五十七上……三五一三
卷八十七下　揚雄傳第五十七下……三五五七
卷八十八　儒林傳第五十八……三五八九
丁寬……三五九七
施讎……三五九八
孟喜……三五九九
梁丘賀……三六〇〇
京房……三六〇一
費直……三六〇二
高相……三六〇二

伏生……三六〇三
歐陽生……三六〇三
林尊……三六〇四
夏侯勝……三六〇四
周堪……三六〇四
張山拊……三六〇五
孔安國……三六〇七
申公……三六〇八
王式……三六一〇
轅固……三六一二
后蒼……三六一三
韓嬰……三六一三
趙子……三六一四
毛公……三六一四
孟卿……三六一五
胡母生……三六一五
嚴彭祖……三六一六
顏安樂……三六一七
瑕丘江公……三六一七
房鳳……三六一九
卷八十九　循吏傳第五十九……三六二三
文翁……三六二五
王成……三六二七
黃霸……三六二七
朱邑……三六三五
龔遂……三六三七
召信臣……三六四一
卷九十　酷吏傳第六十……三六四五
郅都……三六四七
甯成……三六四九

周陽由……三六五〇
趙禹……三六五一
義縱……三六五二
王温舒……三六五五
尹齊……三六五九
楊僕……三六五九
咸宣……三六六一
田廣明……三六六三
田延年……三六六五
嚴延年……三六六七
尹賞……三六七三
卷九十一　貨殖傳第六十一……三六七九
范蠡……三六八三
子贛……三六八四
白圭……三六八五
猗頓……三六八五
烏氏贏……三六八五
巴寡婦清……三六八六
蜀卓氏……三六九〇
程鄭……三六九〇
宛孔氏……三六九一
丙氏……三六九一
刀閒……三六九一
師史……三六九二
宣曲任氏……三六九三
卷九十二　游俠傳第六十二……三六九七
朱家……三六九九
劇孟……三七〇〇
郭解……三七〇一
萬章……三七〇五

樓護……三七〇六
陳遵……三七〇九
原涉……三七一四
卷九十三　佞幸傳第六十三……三七二一
鄧通……三七二二
趙談……三七二四
韓嫣……三七二四
李延年……三七二五
石顯……三七二六
淳于長……三七三〇
董賢……三七三三
卷九十四上　匈奴傳第六十四上……三七四三
卷九十四下　匈奴傳第六十四下……三七九五
卷九十五　西南夷兩粵朝鮮傳第六十五……三八三七
西南夷……三八三七
南粵……三八四七
閩粵……三八五九
朝鮮……三八六三
卷九十六上　西域傳第六十六上……三八七一
婼羌……三八七五
鄯善國……三八七五
且末國……三八七九
小宛國……三八七九
精絕國……三八八〇
戎盧國……三八八〇
扜彌國……三八八〇

渠勒國……三八八一
于闐國……三八八一
皮山國……三八八一
烏秅國……三八八二
西夜國……三八八二
蒲犂國……三八八三
依耐國……三八八三
無雷國……三八八四
難兜國……三八八四
罽賓國……三八八四
烏弋山離國……三八八八
安息國……三八八九
大月氏國……三八九〇
康居國……三八九一
大宛國……三八九四
桃槐國……三八九六
休循國……三八九六
捐毒國……三八九七
莎車國……三八九七
疏勒國……三八九八
尉頭國……三八九八
卷九十六下　西域傳第六十
六下……三九〇一
烏孫國……三九〇一
姑墨國……三九一〇
温宿國……三九一〇
龜茲國……三九一一
烏壘……三九一一
渠犂……三九一一
尉犂國……三九一七

危須國……三九一七
焉耆國……三九一七
烏貪訾離國……三九一八
卑陸國……三九一八
卑陸後國……三九一八
郁立師國……三九一九
單桓國……三九一九
蒲類國……三九一九
蒲類後國……三九一九
西且彌國……三九二〇
東且彌國……三九二〇
劫國……三九二〇
狐胡國……三九二〇
山國……三九二一
車師前國……三九二一
車師後國……三九二一

卷九十七上　外戚傳第六十

七上……三九三三
高祖呂皇后……三九三七
孝惠張皇后……三九四〇
高祖薄姬……三九四一
孝文竇皇后……三九四二
孝景薄皇后……三九四五
孝景王皇后……三九四五
孝武陳皇后……三九四八
孝武衞皇后……三九四九
孝武李夫人……三九五一
孝武鉤弋趙倢伃……三九五六
孝昭上官皇后……三九五七
衞太子史良娣……三九六一

史皇孫王夫人……三九六一
孝宣許皇后……三九六四
孝宣霍皇后……三九六八
孝宣王皇后……三九六九
卷九十七下　外戚傳第六十七下……三九七三
孝成許皇后……三九七三
孝成班倢伃……三九八三
孝成趙皇后……三九八八
孝元傅昭儀……三九九九
定陶丁姬……四〇〇二
孝哀傅皇后……四〇〇四
孝元馮昭儀……四〇〇五
中山衞姬……四〇〇七
孝平王皇后……四〇〇九
卷九十八　元后傳第六十八……四〇一三
卷九十九上　王莽傳第六十九上……四〇三九
卷九十九中　王莽傳第六十九中……四〇九九
卷九十九下　王莽傳第六十九下……四一四九
卷一百上　敘傳第七十上……四一九七
卷一百下　敘傳第七十下……四二三五

漢書卷一上

高帝紀第一上

師古曰：「紀，理也，統理衆事而繫之於年月者也。」

高祖，〔一〕沛豐邑中陽里人也，〔二〕姓劉氏。〔三〕母媪〔四〕嘗息大澤之陂，〔五〕夢與神遇。〔六〕是時雷電晦冥，〔七〕父太公往視，則見交龍於上。已而有娠，〔八〕遂產高祖。

〔一〕荀悅曰：「諱邦，字季。邦之字曰國。」張晏曰：「禮謚法無『高』，以爲功最高而爲漢帝之太祖，故特起名焉。」師古曰：「邦之字曰國者，臣下所避以相代也。」

〔二〕應劭曰：「沛，縣也。豐，其鄉也。」孟康曰：「後沛爲郡而豐爲縣。」師古曰：「沛者，本秦泗水郡之屬縣。豐者，沛之聚邑耳。方言高祖所生，故舉其本稱以說之也。此下言『縣鄉邑告喻之』，故知邑繫於縣也。」

〔三〕師古曰：「本出劉累，而范氏在秦者又爲劉，因以爲姓。」

〔四〕文穎曰：「幽州及漢中皆謂老嫗爲媪。」孟康曰：「媪，母別名，音烏老反。」師古曰：「媪，女老稱也，孟音是矣。史家不詳著高祖母之姓氏，無得記之，故取當時相呼稱號而言也。其下王媪之屬，意義皆同。至如皇甫謐等妄引讖記，好奇騁博，強爲高祖父母名字，皆非正史所說，蓋無取焉。寧有劉媪本姓實存，史遷肯不詳載？即理而言，斷可知矣。他皆類此。」

〔五〕師古曰：「蓄水曰陂。蓋於澤陂隄塘之上休息而寢寐也。陂音彼皮反。」

〔六〕師古曰：「遇，會也。不期而會曰遇。」

〔七〕師古曰：「晦冥皆謂暗也。言大雷電而雲霧晝暗。」

〔八〕應劭曰：「娠，動，懷任之意。左傳曰邑姜方娠。」孟康曰：「娠音身，漢史身多作娠，古今字也。」師古曰：「孟說是也。漢書皆以娠為任身字。『邑姜方震』，自為震動之字，不作娠。」

高祖為人，隆準而龍顏，〔一〕美須髯，〔二〕左股有七十二黑子。〔三〕寬仁愛人，意豁如也。〔四〕常有大度，不事家人生產作業。及壯，試吏，〔五〕為泗上亭長，〔六〕廷中吏無所不狎侮。〔七〕好酒及色。常從王媼、武負貰酒，〔八〕時飲醉臥，武負、王媼見其上常有怪。高祖每酤留飲，酒讎數倍。〔九〕及見怪，歲竟，此兩家常折券棄責。〔一〇〕

〔一〕服虔曰：「準音拙。」應劭曰：「隆，高也。準，頰權準也。顏，頟顙也。」李斐曰：「準，鼻也。」文穎曰：「音準的之準。」晉灼曰：「戰國策云『眉目準（頰）〔頞〕權衡』，史記秦始皇蜂目長準。李說文音是也。」師古曰：「頰權頤字，豈當借準為之？服音應說皆失之。」

〔二〕師古曰：「在頤曰須，在頰曰髯。髯音人占反。」

〔三〕師古曰：「今中國通呼為黶子，吳楚俗謂之誌。誌者，記也。」

〔四〕師古曰：「豁然開大之貌，音呼活反。」

〔五〕應劭曰：「試用補吏。」

〔六〕師古曰：「秦法十里一亭。亭長者，主亭之吏也。亭謂停留行旅宿食之館。」

〔七〕師古曰：「廷中，郡府廷之中。廷音定。他皆類此。」

〔八〕如淳曰：「武，姓也。俗謂老大母爲阿負。」師古曰：「劉向列女傳云『魏曲沃負者，魏大夫如耳之母也』。此則古語謂老母爲負耳。王媼，王家之媼也。武負，武家之母也。貰，賒也，李登、呂忱並音式制反，而今之讀者謂與射同，乃引地名射陽其字作貰以爲證驗，此說非也。假令地名爲射，自是假借，亦猶鮦陽音紂，蓮勺音酌，當時所呼，別有意義，豈得即定其字以爲正音乎？」

〔九〕如淳曰：「讎，亦售也。」

〔一〇〕師古曰：「以簡牘爲契券，既不徵索，故折毀之，棄其所負。」

高祖常繇咸陽，〔一〕縱觀秦皇帝，〔二〕喟然大息，曰：「嗟乎，大丈夫當如此矣！」〔三〕

〔一〕應劭曰：「繇者，役也。」文穎曰：「咸陽，今渭北渭城是也。」師古曰：「咸陽，秦所都。繇讀曰傜，古通用字。」

〔二〕師古曰：「縱，放也。天子出行，放人令觀。觀音工喚反。」

〔三〕師古曰：「喟，歎息貌。大息言其歎息之大。喟音丘位反。」

單父人呂公〔一〕善沛令，辟仇，從之客，因家焉。〔二〕沛中豪傑吏聞令有重客，皆往賀。〔三〕蕭何爲主吏，〔四〕主進，〔五〕令諸大夫曰：「進不滿千錢，坐之堂下。」〔六〕高祖爲亭長，素易諸吏，〔七〕乃紿爲謁曰「賀錢萬」，〔八〕實不持一錢。謁入，呂公大驚，起，迎之門。〔九〕呂公者，好相人，見高祖狀貌，因重敬之，引入坐上坐。〔一〇〕蕭何曰：「劉季固多大言，少成事。」高祖因狎侮諸客，遂坐上坐，無所詘。〔一一〕酒闌，〔一二〕呂公因目固留高祖。〔一三〕竟酒，後。呂公曰：「臣少好相人，〔一四〕相人多矣，無如季相，願季自愛。臣有息女，願為箕帚妾。」〔一五〕酒罷，呂媼怒呂公曰：「公始常欲奇此女，與貴人。〔一六〕沛令善公，求之不與，何自妄許與劉季？」呂公曰：「此非兒女子所知。」卒與高祖。〔一七〕呂公女即呂后也，生孝惠帝、魯元公主。〔一八〕

〔一〕孟康曰：「單音善。父音甫。」師古曰：「地理志山陽縣也。」

〔二〕師古曰：「與沛令相善，因辟仇亡匿，初就為客，後遂家沛也。仇，讎也，音求。」

〔三〕師古曰：「以禮物相慶曰賀。」

〔四〕孟康曰：「主吏，功曹也。」

〔五〕文穎曰：「主賦斂禮進，為之帥也。」鄭氏曰：「主賦斂禮錢也。」師古曰：「進者，會禮之財也。字本作賮，又作贐，音皆同耳。古字假借，故轉而為進。賮又音才忍反。陳遵傳云陳遂與宣帝博，數負進，帝後詔云可以償博進矣。其進雖有別解，然而所賭者之財疑充會食，義又與此通。」

〔六〕師古曰：「令，號令也。大夫，客之貴者總稱耳。」

〔七〕師古曰：「素，故也，謂舊時也。易，輕也，音弋豉（也）〔反〕。」

〔八〕應劭曰：「紿，欺也。」師古曰：「為謁者，書刺自言爵里，若今參見尊貴而通名也。蓋當時自陳姓名，并列賀錢數耳。紿音徒在反。」

〔九〕師古曰：「以其錢多，故特禮之。」
〔一〇〕師古曰：「上坐，尊處也。令於尊處坐。上坐音才臥反，次下亦同。」
〔一一〕師古曰：「詘，曲橈也，音丘勿反。」
〔一二〕文穎曰：「闌言希也。謂飲酒者半罷半在，謂之闌。」
〔一三〕師古曰：「不欲對坐者顯言，故動目而留之。」
〔一四〕張晏曰：「古人相與語多自稱臣，自卑下之道也，若今人相與言自稱僕也。」
〔一五〕師古曰：「息，生也。言己所生之女。」
〔一六〕師古曰：「奇，異也。謂顯而異之，而嫁於貴人。」
〔一七〕師古曰：「卒，終也。」
〔一八〕服虔曰：「元，長也。食邑於魯。」韋昭曰：「元，謚也。」師古曰：「公主，惠帝之姊也，以其最長，故號曰元。呂后謂高帝曰張王以魯元故不宜有謀，齊悼惠王尊魯元公主爲太后，當時並已謂之元，不得爲謚也。韋說失之。」

高祖嘗告歸之田。〔一〕呂后與兩子居田中，有一老父過請飲，呂后因餔之。〔二〕老父相后曰：「夫人天下貴人也。」令相兩子，見孝惠帝，曰：「夫人所以貴者，乃此男也。」〔三〕相魯元公主，亦皆貴。老父已去，高祖適從旁舍來，呂后具言客有過，相我子母皆大貴。高祖問，曰：「未遠。」乃追及，問老父。老父曰：「鄉者夫人兒子皆以君，〔四〕君相貴不可言。」高祖乃謝曰：「誠如父言，不敢忘德。」〔五〕及高祖貴，遂不知老父處。

〔一〕服虔曰：「告音如嗥呼之嗥。」李斐曰：「休謁之名，吉曰告，凶曰寧。」孟康曰：「古者名吏休假曰告。告又音嚳。漢律，吏二千石有予告，有賜告。予告者，在官有功最，法所當得也。賜告者，病滿三月當免，天子優賜其告，使得帶印綬將官屬歸家治病。至成帝時，郡國二千石賜告不得歸家。至和帝時，予賜皆絕。」師古曰：「告者，請謁之言，謂請休耳。或謂之謝，謝亦告也。假爲嗥嚳二音，並無別義，固當依本字以讀之。左氏傳曰『韓獻子告老』，禮記曰『若不得謝』。漢書諸云謝病皆同義。」

〔二〕師古曰：「餔食之餔，屈原曰『餔其糟』是也。以食食人亦謂之餔，國語曰『國中童子無不餔也』，呂氏春秋曰『下壺飧以餔之』，是也。父本請飲，后因食之，故言餔也。餔音必胡反。」

〔三〕師古曰：「言因有此男，故大貴。」

〔四〕如淳曰：「言并得君之貴相也。以或作似。」師古曰：「如說非也。言夫人及兒子以君之故，因得貴耳，不當作似也。鄉讀曰嚮。」

〔五〕師古曰：「誠，實也。」

高祖爲亭長，乃目竹皮爲冠，令求盜之薛治，〔一〕時時冠之，〔二〕及貴常冠，所謂「劉氏冠」也。〔三〕

〔一〕應劭曰：「以竹始生皮作冠，今鵲尾冠是也。求盜者，亭卒。舊時亭有兩卒，一爲亭父，掌開閉埽除，一爲求盜，掌逐捕盜賊。薛，魯國縣也，有作冠師，故往治之。」文穎曰：「高祖居貧志大，取其約省，與衆有異。」韋昭曰：「竹皮，竹筠也。今南夷取竹幼時績以爲帳。」師古曰：「之，往也。竹皮，筍皮，謂筍上所解之籜耳，非竹筠也。今人亦往往爲筍皮巾，古之遺制也。韋說失之。目，古以字。籜音托。」

〔九〕師古曰：「以其錢多，故特禮之。」

〔一0〕師古曰：「上坐，尊處也。令於尊處坐。上坐音才臥反，次下亦同。」

〔一一〕師古曰：「詘，曲懾也，音丘勿反。」

〔一二〕文穎曰：「闌言希也。謂飲酒者半罷半在，謂之闌。」

〔一三〕師古曰：「不欲對坐者顯言，故動目而留之。」

〔一四〕張晏曰：「古人相與語多自稱臣，自卑下之道也，若今人相與言自稱僕也。」

〔一五〕師古曰：「息，生也。言已所生之女。」

〔一六〕師古曰：「奇，異也。謂顯而異之，而嫁於貴人。」

〔一七〕師古曰：「卒，終也。」

〔一八〕服虔曰：「元，長也。食邑於魯。」韋昭曰：「元，謚也。」師古曰：「公主，惠帝之姊也，以其最長，故號曰元。呂后謂高帝曰張王以魯元故不宜有謀，齊悼惠王尊魯元公主爲太后，當時並已謂之元，不得爲謚也。韋說失之。」

高祖嘗告歸之田。〔一〕呂后與兩子居田中，有一老父過請飲，呂后因餔之。〔二〕老父相后曰：「夫人天下貴人也。」令相兩子，見孝惠帝，曰：「夫人所以貴者，乃此男也。」〔三〕相魯元公主，亦皆貴。老父已去，高祖適從旁舍來，呂后具言客有過，相我子母皆大貴。高祖問，曰：「未遠。」乃追及，問老父。老父曰：「鄉者夫人兒子皆以君，〔四〕君相貴不可言。」高祖乃謝曰：「誠如父言，不敢忘德。」〔五〕及高祖貴，遂不知老父處。

〔一〕服虔曰：「告音如嘷呼之嘷。」李斐曰：「休謁之名，吉曰告，凶曰寧。」孟康曰：「古者名吏休假曰告。告又音嚳。漢律，吏二千石有予告，有賜告。予告者，在官有功最，法所當得也。賜告者，病滿三月當免，天子優賜其告，使得帶印綬將官屬歸家治病。至成帝時，郡國二千石賜告不得歸家。至和帝時，予賜皆絕。」師古曰：「告者，請謁之言，謂請休耳。或謂之謝，謝亦告也。假爲嘷嚳二音，並無別義，固當依本字以讀之。左氏傳曰『韓獻子告老』，禮記曰『若不得謝』。漢書諸云謝病皆同義。」

〔二〕師古曰：「餔食之餔，屈原曰『餔其糟』是也。以食食人亦謂之餔，國語曰『國中童子無不餔也』，呂氏春秋曰『下壺飧以餔之』，是也。父本請飲，后因食之，故言餔也。餔音必胡反。」

〔三〕師古曰：「言因有此男，故大貴。」

〔四〕如淳曰：「言并得君之貴相也。以或作似。」師古曰：「如說非也。言夫人及兒子以君之故，因得貴耳，不當作似也。鄉讀曰嚮。」

〔五〕師古曰：「誠，實也。」

高祖爲亭長，乃目竹皮爲冠，令求盜之薛治，〔一〕時時冠之，〔二〕及貴常冠，所謂「劉氏冠」也。〔三〕

〔一〕應劭曰：「以竹始生皮作冠，今鵲尾冠是也。求盜者，亭卒。舊時亭有兩卒，一爲亭父，掌開閉埽除，一爲求盜，掌逐捕盜賊。薛，魯國縣也，有作冠師，故往治之。」文穎曰：「高祖居貧志大，取其約省，與衆有異。」韋昭曰：「竹皮，竹筠也。今南夷取竹幼時績以爲帳。」師古曰：「之，往也。竹皮，笋皮，謂笋上所解之籜耳，非竹筠也。今人亦往往爲笋皮巾，古之遺制也。韋說失之。目，古以字。籜音托。」

〔二〕師古曰：「愛珍此冠，休息之暇則冠之。」

〔三〕師古曰：「後遂號爲『劉氏冠』者，卽此冠也。後詔曰『爵非公乘以上不得冠劉氏冠』者，卽此冠。」

高祖以亭長爲縣送徒驪山，〔一〕徒多道亡。自度比至皆亡之，〔二〕到豐西澤中亭，止飲，〔三〕夜皆解縱所送徒。〔四〕曰：「公等皆去，吾亦從此逝矣！」〔五〕徒中壯士願從者十餘人。高祖被酒，〔六〕夜徑澤中，〔七〕令一人行前。〔八〕行前者還報曰：「前有大蛇當徑，願還。」高祖醉，曰：「壯士行，何畏！」乃前，拔劍斬蛇。蛇分爲兩，道開。行數里，醉困臥。後人來至蛇所，有一老嫗夜哭。人問嫗何哭，嫗曰：「人殺吾子。」人曰：「嫗子何爲見殺？」嫗曰：「吾子，白帝子也，化爲蛇，當道，今者赤帝子斬之，〔九〕故哭。」人乃以嫗爲不誠，〔一〇〕欲苦之，〔一一〕嫗因忽不見。〔一二〕後人至，高祖覺。〔一三〕告高祖，高祖乃心獨喜，自負。〔一四〕諸從者日益畏之。

〔一〕應劭曰：「秦始皇葬於驪山，故郡國送徒士往作。」文穎曰：「在新豐南。」項氏曰：「故驪戎國也。」

〔二〕師古曰：「度音徒各反。比音必寐反。他皆類此。」

〔三〕師古曰：「豐邑之西，其亭在澤中，因以爲名。」

〔四〕師古曰：「縱，放也。」

〔五〕師古曰：「逝，往也。」

〔六〕師古曰：「被，加也。被酒者，爲酒所加。被音皮義反。」

〔七〕師古曰：「徑，小道也。言從小道而行，於澤中過，故其下曰有大蛇當徑。」

〔八〕師古曰：「行，案行也，音胡更反。」

〔九〕應劭曰：「秦襄公自以居西，主少昊之神，作西畤，祠白帝。至獻公時櫟陽雨金，以為瑞，又作畦畤，祠白帝。少昊，金德也。赤帝堯後，謂漢也。殺之者，明漢當滅秦也。」

〔一〇〕師古曰：「謂所言不實。」

〔一一〕蘇林曰：「欲困苦辱之。」師古曰：「今書苦字或作笞。笞，擊也，音丑之反。」

〔一二〕師古曰：「見音胡電反。他皆類此。」

〔一三〕師古曰：「覺謂寢寐而寤也，音功效反。」

〔一四〕應劭曰：「負，恃也。」

秦始皇帝嘗曰「東南有天子氣」，於是東游以猒當之。〔一〕高祖隱於芒、碭山澤間，〔二〕呂后與人俱求，常得之。高祖怪問之，呂后曰：「季所居上常有雲氣，故從往常得季。」〔三〕高祖又喜。沛中子弟或聞之，多欲附者矣。

〔一〕師古曰：「猒，塞也，音一涉反。」

〔二〕應劭曰：「芒屬沛國，碭屬梁國，二縣之界有山澤之固，故隱其間。」蘇林曰：「芒音忙遽之忙。碭音唐。」師古曰：「碭亦音宕。所言屬沛國、梁國者，皆是注釋之人據見在所屬，非必本當時稱號境界。他皆類此。」

〔三〕師古曰：「言隨雲氣所在而求得之。」

秦二世元年〔一〕秋七月，陳涉起蘄，〔二〕至陳，自立爲楚王，〔三〕遣武臣、張耳、陳餘略趙地。〔四〕八月，武臣自立爲趙王。郡縣多殺長吏以應涉。九月，沛令欲以沛應之。掾、主吏蕭何、曹參曰：〔五〕「君爲秦吏，今欲背之，帥沛子弟，恐不聽。願君召諸亡在外者，〔六〕可得數百人，因以劫衆，〔七〕衆不敢不聽。」乃令樊噲召高祖。〔八〕高祖之衆已數百人矣。

〔一〕應劭曰：「始皇欲以一至萬，示不相襲。始者一，故稱二世。」
〔二〕蘇林曰：「蘄音機，縣名，屬沛國。」
〔三〕李奇曰：「秦滅楚，楚人怨秦，故涉因民之欲，自稱楚王，從民望也。」
〔四〕師古曰：「凡言略地者，皆謂行而取之，用功力少。」
〔五〕師古曰：「曹參爲掾，蕭何爲主吏。」
〔六〕師古曰：「時苦秦虐政，賦役煩多，故有逃亡辟吏。」
〔七〕師古曰：「劫謂威脅之。」
〔八〕師古曰：「噲音快。」

於是樊噲從高祖來。沛令後悔，恐其有變，乃閉城城守，〔一〕欲誅蕭、曹。蕭、曹恐，踰城保高祖。〔二〕高祖乃書帛射城上，與沛父老曰：「天下同苦秦久矣。今父老雖爲沛令守，諸侯並起，今屠沛。〔三〕沛今共誅令，擇可立立之，以應諸侯，卽室家完。〔四〕不然，父子俱屠，無爲也。」父老乃帥子弟共殺沛令，開城門迎高祖，欲以爲沛令。高祖曰：「天下方擾，諸侯並起，〔五〕（令）〔今〕置將不善，一敗塗地。〔六〕吾非敢自愛，恐能薄，〔七〕不能完父兄子弟。〔八〕此大事，願（吏）〔更〕擇可者。」蕭、曹（等）皆文吏，自愛，恐事不就，〔九〕後秦種族其家，〔一〇〕盡讓高祖。諸父老皆曰：「平生所聞劉季奇怪，當貴，且卜筮之，莫如劉季最吉。」高祖數讓。衆莫肯爲，〔一一〕高祖乃立爲沛公。〔一二〕祠黃帝，祭蚩尤於沛廷，〔一三〕而釁鼓旗。〔一四〕幟皆赤，〔一五〕由所殺蛇白帝子，（所）殺者赤帝子故也。於是少年豪吏如蕭、曹、樊噲等皆爲收沛子弟，得三千人。

〔一〕師古曰：「城守者，守其城也。守音狩。他皆類此。」

〔二〕師古曰：「保，安也，就高祖以自安。」

〔三〕師古曰：「屠謂破取城邑，誅殺其人，如屠六畜然。」

〔四〕師古曰：「完，全也。」

〔五〕師古曰：「擾，亂也。」

〔六〕師古曰：「一見破敗，即當肝腦塗地。」

〔七〕師古曰：「能謂材也。能本獸名，形似熊，足似鹿，爲物堅中而強力，故人之有賢材者，皆謂之能。」

〔八〕師古曰：「鄉邑之人，老及長者父兄之行，少及幼者子弟之黨，故總而言之。」

〔九〕師古曰：「就，成也。」

〔一〇〕師古曰：「誅及種族也。」

〔一〕師古曰：「數音所角反。他皆類此。」

〔二〕孟康曰：「楚舊僭稱王，其縣宰爲公。陳涉爲楚王，沛公起應涉，故從楚制，稱曰公。」

〔三〕應劭曰：「黃帝戰於阪泉，以定天下。蚩尤亦古天子，好五兵，故祠祭之，求福祥也。」臣瓚曰：「孔子三朝記云蚩尤庶人之貪者，非天子也。管仲曰『割盧山發而出水，金從之出，蚩尤受之以作劍戟』也。」師古曰：「瓚所引者同是大戴禮，出用兵篇，而非三朝記也。其餘則如應說。沛廷，沛縣之廷。」

〔四〕應劭曰：「釁，祭也。殺牲以血塗鼓釁呼爲釁。」臣瓚曰：「禮記及大戴禮有釁廟之禮，皆無祭事。」師古曰：「許慎云『釁，血祭也』，然即凡殺牲以血祭者皆爲釁，安在其無祭事乎？又古人新成鐘鼎，亦必釁之，豈取釁呼爲義？應氏之說亦未允也。呼音火亞反。」

〔五〕師古曰：「幟，幖也，音式志反。旗旃之屬，幟即總稱焉，史家字或作識，或作志，音義皆同。」

是月，項梁與兄子羽起吳。田儋與從弟榮、橫起齊，〔一〕自立爲齊王。韓廣自立爲燕王。魏咎自立爲魏王。陳涉之將周章西入關，至戲，〔二〕秦將章邯距破之。〔三〕

〔一〕服虔曰：「儋音負擔之擔。」師古曰：「音丁甘反。」

〔二〕應劭曰：「章字文，陳人也。戲，弘農湖縣西界也。」孟康曰：「水名也。」蘇林曰：「在新豐東南三十里。」師古曰：戲在新豐東，今有戲水驛。其水本出藍田北界橫嶺，至此而北流入渭。孟、蘇說是。東越鄭及華陰數百里，然始至湖西界，應說大失之矣。戲音許宜反。」

〔三〕蘇林曰：「邯音酒酣之酣。」師古曰：「音下甘反。」

秦二年十月，〔一〕沛公攻胡陵、〔二〕方與，〔三〕還守豐。秦泗川監平將兵圍豐。〔四〕二日，出與戰，破之。令雍齒守豐。十一月，沛公引兵之薛。秦泗川守壯兵敗於薛，〔五〕走至戚，〔六〕沛公左司馬得殺之。〔七〕沛公還軍亢父，〔八〕至方與。趙王武臣爲其將所殺。十二月，楚王陳涉爲其御莊賈所殺。魏人周市略地豐沛，使人謂雍齒曰：「豐，故梁徙也，〔九〕今魏地已定者數十城。齒今下魏，魏以齒爲侯守豐；〔一〇〕不下，且屠豐。」雍齒雅不欲屬沛公，〔一一〕及魏招之，卽反爲魏守豐。〔一二〕沛公攻豐，不能取。沛公還之沛，怨雍齒與豐子弟畔之。

〔一〕文穎曰：「十月，秦正月。始皇卽位，周火德，以五勝之法勝火者水，秦文公獲黑龍，此水德之瑞，於是更名河爲『德水』，十月爲正月，謂建亥之月水得位，故以爲歲首。」

〔二〕鄧展曰：「屬山陽，章帝元和元年改爲胡陵。」

〔三〕鄭氏曰：「音房預，屬山陽郡。」

〔四〕文穎曰：「泗川，今沛郡也，高祖更名沛。秦時御史監郡，若今刺史。平，其名也。」師古曰：「泗川郡川字或爲水，其實一也。」

〔五〕如淳曰：「秦幷天下爲三十六郡，置守、尉、監。此泗川有監有守。壯，其名也。」

〔六〕鄭氏曰：「音憂戚之戚。」如淳曰：「音將毒反。」師古曰：「東海之縣也，讀如本字。」

〔七〕師古曰：「得者，司馬之名。」

〔八〕鄭氏曰：「亢音人相抗答，父音甫，屬任城郡。」

〔九〕文穎曰：「晉大夫畢萬封魏，今河東河北縣是也。其後爲秦所逼徙都，今魏郡魏縣是也。至文侯孫惠王，畏秦，徙徙都大梁，今浚儀縣大梁亭是也。故世或言魏惠王，或言梁惠王。至孫假爲秦所滅，轉東徙於豐，故曰豐故梁徙也。」臣瓚曰：「史記及世本畢萬居魏，昭子徙安邑，文侯亦居之。汲郡古文云惠王之六年自安邑遷於大梁。」師古曰：「魏不常都於魏郡魏縣，瓚說是也。其他則如文氏之釋。」

〔一〇〕師古曰：「封爲侯，因令守豐。」

〔一一〕蘇林曰：「雅，素也。」

〔一二〕師古曰：「爲音于僞反。」

正月，張耳等立趙後趙歇爲趙王。〔一〕東陽甯君、秦嘉立景駒爲楚王，〔二〕在留。〔三〕沛公往從之，道得張良，遂與俱見景駒，請兵以攻豐。時章邯從陳，別將〔四〕司馬尼將兵北定楚地，〔五〕屠相，〔六〕至碭。東陽甯君、沛公引兵西，與戰蕭西，〔七〕不利，還收兵聚留。二月，攻碭，三日拔之。〔八〕收碭兵，得六千人，與故合九千人。三月，攻下邑，拔之。〔九〕還擊豐，不下。四月，項梁擊殺景駒、秦嘉，止薛，沛公往見之。項梁益沛公卒五千人，五大夫將十人。〔一〇〕沛公還，引兵攻豐，拔之。雍齒奔魏。

〔一〕鄭氏曰：「歇音遏絕之遏。」蘇林曰：「歇音毒歇。」師古曰：「依本字以讀之，不當借音。」

〔二〕文穎曰：「秦嘉，東陽郡人，爲甯縣君。景駒，楚族。景，氏；駒，名也。」晉灼曰：「東陽，縣也。」臣瓚曰：「陳勝傳云『淩人秦嘉』，然卽嘉非東陽人。嘉初起於郯，號大司馬，又不爲甯縣君。東陽甯君自一人，秦嘉又一人。」師古曰：「東陽甯君及秦嘉二人是也。東陽者，爲其所屬縣名。甯君者，姓甯，時號爲君。」

〔三〕師古曰：「留，縣名。」

〔四〕如淳曰：「從陳涉將也。涉在陳，其將相別在他許，皆稱陳。」師古曰：「從謂追討也。尚書曰『夏師敗績，湯遂從之』。」

〔五〕如淳曰：「巳，章邯司馬。」師古曰：「巳，古夷字。」

〔六〕師古曰：「相，縣名。」

〔七〕師古曰：「蕭縣之西。」

〔八〕師古曰：「拔者，破城邑而取之，言若拔樹木，並得其根本也。」

〔九〕師古曰：「下邑，縣名。」

〔一〇〕蘇林曰：「五大夫，弟九爵名。以五大夫爲將，凡十人。」

五月，項羽拔襄城還。項梁盡召別將。〔一〕六月，沛公如薛，〔二〕與項梁共立楚懷王孫心爲楚懷王。〔三〕章邯破殺魏王咎、齊王田儋於臨濟。〔四〕七月，大霖雨。〔五〕沛公攻亢父。章邯圍田榮於東阿。沛公與項梁共救田榮，大破章邯東阿。田榮歸，沛公、項羽追北，〔六〕至城陽，攻屠其城。軍濮陽東，復與章邯戰，又破之。

〔一〕師古曰：「別將，謂小將別在他所者。」

〔二〕師古曰：「如，往也。他皆類此。」

〔三〕應劭曰：「六國爲秦所幷，楚最無罪，爲百姓所思，故求其後，立爲楚懷王，以祖謚爲號，順民望也。」

〔四〕師古曰：「破其軍而殺其身。」

〔五〕師古曰：「雨三日以上爲霖。」

〔六〕服虔曰：「師敗曰北。」韋昭曰：「古背字也，背去而走也。」師古曰：「北，陰幽之處，故謂退敗奔走者爲北。老子曰『萬物向陽而負陰』。許慎說文解字云『北，乖也』。史記樂書曰『紂爲朝歌北鄙之音』，『朝歌者不時，北者敗也，鄙者陋也』。是知北卽訓乖，訓敗，無勞借音。韋昭之徒並爲妄矣。」

章邯復振，〔一〕守濮陽，環水。〔二〕沛公、項羽去，攻定陶。八月，田榮立田儋子市爲齊王。定陶未下，沛公與項羽西略地至雍丘，與秦軍戰，大敗之，斬三川守李由。〔三〕還攻外黃，外黃未下。

〔一〕李奇曰：「振，整也。」如淳曰：「振，起也，收散卒自振迅而起。」晉灼曰：「左氏云『振廢滯』，如說是也。」

〔二〕文穎曰：「決水以自環守爲固也。」張晏曰：「依河水以自環繞作壘。」師古曰：「文說是也。環音宦。」

〔三〕應劭曰：「三川，今河南郡也。由，李斯子。」韋昭曰：「有河、洛、伊，故曰三川也。」

項梁再破秦軍，有驕色。宋義諫，不聽。秦益章邯兵。九月，章邯夜銜枚擊項梁定陶，〔一〕大破之，殺項梁。時連雨自七月至九月。沛公、項羽方攻陳留，聞梁死，士卒恐，乃與將軍呂臣引兵而東，徙懷王自盱台都彭城。〔二〕呂臣軍彭城東，項羽軍彭城西，沛公軍碭。魏咎弟豹自立爲魏王。後九月，〔三〕懷王并呂臣、項羽軍自將之。以沛公爲碭郡長，〔四〕封武安侯，將碭郡兵。以羽爲魯公，封長安侯，呂臣爲司徒，其父呂青爲令尹。〔五〕

〔一〕師古曰：「銜枚者，止言語讙囂，欲令敵人不知其來也。周官有銜枚氏。枚狀如箸，橫銜之，繣絜於項。繣者，結礙也。絜，繞也。蓋爲結紐而繞項也。繣音獲。絜音頡。」

〔二〕鄭氏曰：「音昫怡。」師古曰：「昫音許于反。」

〔三〕文穎曰：「即閏九月也。時律曆廢，不知閏，謂之後九月。」如淳曰：「時因秦以十月爲歲首，至九月則歲終。後九月即閏月。」師古曰：「文說非也。若以律曆廢不知閏者，則當徑謂之十月，不應有後九月。蓋秦之曆法，應置閏者總致之於歲末。觀其此意，當取左傳所謂歸餘於終耳。何以明之？據漢書表及史記，漢未改秦曆之前，迄至高后、文帝，屢書後九月，是知故然，非曆廢也。」

〔四〕蘇林曰：「長如郡守也。」韋昭曰：「秦名曰守，是時改曰長。」

〔五〕應劭曰：「天子曰師尹，諸侯曰令尹。時去六國尚近，故置令尹。」臣瓚曰：「諸侯之卿，唯楚稱令尹，其餘國稱相。時立楚之後，故置官司皆如楚舊也。」師古曰：「瓚說得之。」

章邯已破項梁，以爲楚地兵不足憂，乃渡河北擊趙王歇，大破之。歇保鉅鹿城，秦將王離圍之。趙數請救，懷王乃以宋義爲上將，項羽爲次將，范增爲末將，北救趙。

初，懷王與諸將約，先入定關中者王之。〔一〕當是時，秦兵彊，常乘勝逐北，諸將莫利先入關。〔二〕獨羽怨秦破項梁，奮勢，〔三〕願與沛公西入關。懷王諸老將皆曰：「項羽爲人慓悍禍賊，〔四〕嘗攻襄城，襄城無噍類，〔五〕所過無不殘滅。且楚數進取，〔六〕前陳王、項梁皆敗，〔七〕不如更遣長者扶義而西，〔八〕告諭秦父兄。秦父兄苦其主久矣，今誠得長者往，毋侵暴，宜可下。項羽不可遣，獨沛公素寬大長者。」卒不許羽，而遣沛公西收陳王、項梁散卒。乃道碭〔九〕至（陽城）〔城陽〕與杠里，〔一〇〕攻秦軍壁，破其二軍。

〔一〕師古曰：「約，要也，謂言契也。自函谷關以西總名關中。」

〔二〕師古曰：「不以入關爲利，言畏秦也。」

〔三〕晉灼曰：「憤激也。」

〔四〕師古曰：「慓，疾也。悍，勇也。禍賊者，好爲禍害而殘賊也。慓音頻妙反，又匹妙反。悍音胡旦反。」

〔五〕如淳曰：「噍音祚笑反。無復有活而噍食者也。青州俗呼無孑遺爲無噍類。」

〔六〕如淳曰：「楚謂陳涉。數進取，多所攻取也。」師古曰：「楚者，總言楚兵，陳涉、項梁皆是。」

〔七〕孟康曰：「前陳王，陳涉也。」師古曰：「孟說非也。此言前者陳王及項梁皆敗，今須得長者往，非謂涉爲前陳王也，安有後陳王乎？」

〔八〕師古曰：「扶，助也，以義自助也。扶字或作枎，枎亦倚任之意。」

〔九〕孟康曰：「道由碭。」

〔一〇〕孟康曰：「二縣名也。」師古曰：「杠音江。」

秦三年十月，齊將田都畔田榮，將兵助項羽救趙。沛公攻破東郡尉於成武。〔一〕十一月，項羽殺宋義，并其兵渡河，自立爲上將軍，諸將黥布等皆屬。十二月，沛公引兵至栗，〔二〕遇剛武侯，〔三〕奪其軍四千餘人，并之，與魏將皇欣、武滿軍合，攻秦軍，破之。故齊王建孫田

安〔四〕下濟北，從項羽救趙。羽大破秦軍鉅鹿下，虜王離，走章邯。〔五〕

〔一〕孟康曰：「尉，郡都尉也。」師古曰：「本謂之郡尉，至景帝時乃改曰都尉。」

〔二〕韋昭曰：「栗，沛郡縣名也。」

〔三〕應劭曰：「楚懷王將也。功臣表棘蒲剛侯陳武。武一姓柴。剛武侯宜爲剛侯武，魏將也。」孟康曰：「功臣表柴武以將軍起薛，至霸上，入漢中，非懷王將，又非魏將也，例未有稱謚者。」師古曰：「史失其名姓，唯識其爵號，不知誰也。不當改剛武侯爲剛侯武。應氏以爲懷王將，又云魏將，無所據矣。」

〔四〕師古曰：「建，齊襄王子也，立四十四年爲秦兵所擊，以兵降秦。秦虜之，遷建於河內，遂滅齊。」

〔五〕師古曰：「章邯被破而走。」

二月，沛公從碭北攻昌邑，遇彭越。越助攻昌邑，未下。沛公西過高陽，〔一〕酈食其爲里監門，〔二〕曰：「諸將過此者多，吾視沛公大度。」乃求見沛公。沛公方踞牀，使兩女子洗。〔三〕酈生不拜，長揖曰：〔四〕「足下必欲誅無道秦，不宜踞見長者。」於是沛公起，攝衣謝之，延上坐。食其說沛公襲陳留。〔五〕沛公以爲廣野君，以其弟商爲將，將陳留兵。三月，攻開封，未拔。〔六〕西與秦將楊熊會戰白馬，〔七〕又戰曲遇東，〔八〕大破之。楊熊走之滎陽，〔九〕二世使使斬之以徇。〔一〇〕四月，南攻潁川，屠之。因張良遂略韓地。〔一一〕

〔一〕文穎曰：「聚邑名，屬陳留圉。」臣瓚曰：「陳留傳在雍丘西南。」

〔二〕服虔曰：「音歷異基。」蘇林曰：「監門，門卒也。」

〔三〕師古曰：「踞，反企也。洗，洗足也。踞音據。洗音先典反。」
〔四〕師古曰：「長揖者，手自上而極下。」
〔五〕臣瓚曰：「輕行無鐘鼓曰襲。」
〔六〕師古曰：「開封，縣名，屬滎陽。」
〔七〕師古曰：「白馬亦縣名，屬東郡。」
〔八〕文穎曰：「地名也。」蘇林曰：「曲音齲。遇音顒。」師古曰：「齲音丘羽反。」
〔九〕師古曰：「西走也。」
〔一〇〕師古曰：「徇，行示也。司馬法曰『斬以徇』，言使人將行徧示衆士以爲戒。」
〔一一〕文穎曰：「河南新鄭南至潁川南北，皆韓地也。以良累世相韓，故因之。」

時趙別將司馬卬〔一〕方欲渡河入關，沛公乃北攻平陰，〔二〕絕河津。南，戰雒陽東，軍不利，從轘轅〔三〕至陽城，收軍中馬騎。六月，與南陽守齮戰犨東，〔四〕（大）破之。略南陽郡，南陽守走，保城守宛。〔五〕沛公引兵過宛西。〔六〕張良諫曰：「沛公雖欲急入關，秦兵尚衆，距險。〔七〕今不下宛，宛從後擊，彊秦在前，此危道也。」於是沛公乃夜引軍從他道還，偃旗幟，遲明，圍宛城三帀。〔八〕南陽守欲自剄，〔九〕其舍人陳恢曰：〔一〇〕「死未晚也。」乃踰城見沛公，曰：「臣聞足下約先入咸陽者王之，今足下留守宛。宛郡縣連城數十，其吏民自以爲降必死，故皆堅守乘城。〔一一〕今足下盡日止攻，士死傷者必多；引兵去宛，宛必隨足下。足下前則失咸陽之約，後有彊宛之患。爲足下計，莫若約降，〔一二〕封其守，因使止守，〔一三〕引其甲卒與之西。諸城未下者，聞聲爭開門而待足下，足下通行無所累。」〔一四〕沛公曰：「善。」七月，南陽守齮降，封爲殷侯，封陳恢千戶。引兵西，無不下者。至丹水，高武侯鰓、襄侯王陵降。〔一五〕還攻胡陽，遇番君別將梅鋗，〔一六〕與偕攻析、酈，〔一七〕皆降。所過毋得鹵掠，〔一八〕秦民喜。遣魏人甯昌使秦。是月章邯舉軍降項羽，羽以爲雍王。瑕丘申陽下河南。〔一九〕

〔一〕師古曰：「卬音五剛反。」

〔二〕孟康曰：「縣名也，屬河南。魏文帝改曰河陰。」

〔三〕臣瓚曰：「險道名也，在緱氏東南。」師古曰：「直渡曰絕。轘音環。」

〔四〕師古曰：「犨，縣名也。齮音蟻。犨音昌由反。」

〔五〕師古曰：「宛，南陽之縣也，音於元反。」

〔六〕師古曰：「未拔宛城而兵過宛城西出。」

〔七〕師古曰：「依險阻而自固以距敵。」

〔八〕服虔曰：「欲天疾明也。」文穎曰：「遲，未（明）也。天未明之頃已圍其城矣。」晉灼曰：「文說是也。」師古曰：「文、晉二家得其大意耳。此言圍城事畢，然後天明，明遲於事，故曰遲明。變爲去聲，音丈二反。漢書諸言遲某事者，義皆類此。史記遲字作遯，亦徐緩之意也，音黎。」

〔九〕鄭氏曰：「剄音姑鼎反。以刀割頸爲剄。」

〔一〇〕文穎曰：「主廄內小吏，官名也。」蘇林曰：「藺相如為宦者令舍人。韓信為侯，亦有舍人。」師古曰：「舍人，親近左右之通稱也，後遂以為私屬官號。恢音口回反。」

〔一一〕師古曰：「乘，登也，謂上城而守也。春秋左氏傳曰『授兵登陴』。」

〔一二〕師古曰：「共為要約，許其降也。」

〔一三〕師古曰：「封其郡守為侯，即令守其郡。」

〔一四〕師古曰：「纍音力瑞反。」

〔一五〕蘇林曰：「鰓音魚鰓之鰓。」晉灼曰：「功臣表戚鰓也。王陵，安國侯王陵也。」韋昭曰：「漢封王陵為安國侯，初起兵時在南陽。南陽有穰縣，疑襄當為穰，而無禾，字省耳。」臣瓚曰：「時韓成封穰侯，江夏有襄，是陵所封也。」師古曰：「戚鰓初從即為郎，以都尉守蘄城，非至丹水乃降也。此自一人耳，不知其姓。王陵亦非安國侯者。晉說非也。韋氏改襄為穰者，蓋亦穿鑿也。」

〔一六〕蘇林曰：「番，音婆，豫章番陽縣。」韋昭曰：「吳芮初為番令，故號曰番君。鋗音呼玄反。」

〔一七〕蘇林曰：「酈音蹢躅之蹢。」如淳曰：「音持益反。」師古曰：「析、酈，二縣名。蘇、如兩音並同耳。析縣今內鄉。酈即菊潭縣也。」

〔一八〕應劭曰：「鹵與虜同。」師古曰：「毋，止之辭也，音與無同。他皆類此。掠音力向反，謂略奪也。」

〔一九〕服虔曰：「瑕丘，縣名。申，姓；陽，名也。」文穎曰：「姓瑕丘，字申陽。」臣瓚曰：「項羽傳瑕丘公申陽，是瑕丘縣公也。」師古曰：「文說非也。此申陽即項羽所封河南王者耳，何云姓瑕丘乎？」

八月，沛公攻武關，〔一〕入秦。秦相趙高恐，乃殺二世，使人來，欲約分王關中，〔二〕沛公不許。九月，趙高立二世兄子子嬰爲秦王。子嬰誅滅趙高，遣將將兵距嶢關。〔三〕沛公欲擊之，張良曰：「秦兵尙彊，未可輕。願先遣人益張旗幟於山上爲疑兵，〔四〕使酈食其、陸賈往說秦將，啗以利。」〔五〕秦將果欲連和，沛公欲許之。張良曰：「此獨其將欲叛，恐其士卒不從，不如因其怠懈擊之。」沛公引兵繞嶢關，踰蕢山，〔六〕擊秦軍，大破之藍田南。遂至藍田，又戰其北，秦兵大敗。

〔一〕應劭曰：「武關，秦南關，通南陽。」文穎曰：「武關在析西百七十里。」

〔二〕師古曰：「自與沛公中分關中之地。」

〔三〕應劭曰：「嶢音堯。嶢山之關。」李奇曰：「在上洛北，藍田南，武關之西。」

〔四〕師古曰：「益，多也。多張旗幟，過其人數，令敵疑有多兵。」

〔五〕師古曰：「啗者，本謂食啗耳，音徒敢反。以食餧人，令其啗食，音則改變爲徒濫反。今言以利誘之，取食爲譬。他皆類此。」

〔六〕鄭氏曰：「蕢音匱。」蘇林曰：「蕢音蒯。」師古曰：「蘇音是也，丘怪反。」

元年冬十月，〔一〕五星聚于東井。〔二〕沛公至霸上。〔三〕秦王子嬰素車白馬，係頸以組，〔四〕封皇帝璽符節，〔五〕降枳道旁。〔六〕諸將或言誅秦王，沛公曰：「始懷王遣我，固以能寬容，且人已服降，殺之不祥。」乃以屬吏。〔七〕遂西入咸陽，欲止宮休舍，〔八〕樊噲、張良諫，乃封秦重寶財物府庫，還軍霸上。蕭何盡收秦丞相府圖籍文書。十一月，召諸縣豪桀曰：「父老苦秦苛法久矣，〔九〕誹謗者族，耦語者棄市。〔一〇〕吾與諸侯約，先入關者王之，吾當王關中。與父老約，法三章耳：殺人者死，傷人及盜抵罪。〔一一〕餘悉除去秦法。吏民皆按堵如故。〔一二〕凡吾所以來，爲父兄除害，非有所侵暴，毋恐！且吾所以軍霸上，待諸侯至而定要束耳。」〔一三〕乃使人與秦吏行至縣鄉邑告諭之。〔一四〕秦民大喜，爭持牛羊酒食獻享軍士。沛公讓不受，曰：「倉粟多，不欲費民。」民又益喜，唯恐沛公不爲秦王。

〔一〕如淳曰：「張(倉)〔蒼〕傳云以高祖十月至霸上，故因秦以十月爲歲首。」

〔二〕應劭曰：「東井，秦之分野。五星所在，其下當有聖人以義取天下。占見天文志。」

〔三〕應劭曰：「霸上，地名，在長安東三十里，古曰滋水，秦穆公更名霸。」師古曰：「霸水上，故曰霸上，即今所謂霸頭。」

〔四〕應劭曰：「子嬰不敢襲帝號，但稱王耳。素車白馬，喪人之服。組者，天子韍也。係頸者，言欲自殺也。」師古曰：「此組謂綬也，所以帶璽也。韍音弗。」

〔五〕應劭曰：「璽，信也，古者尊卑共之。左傳襄公在楚，季武子使公冶問璽書，追而與之。秦漢尊者以爲信，羣下乃避之。」師古曰：「符謂諸所合符以爲契者也。節以毛爲之，上下相重，取象竹節，因以爲名，將命者持之以爲信。」

〔六〕蘇林曰：「亭名也，在長安東十三里。」師古曰：「枳音軹。軹道亭在霸成觀西四里。」

〔七〕師古曰：「屬，委也，音之欲反。」
〔八〕師古曰：「舍，息也，於殿中休息也。一曰舍謂屋舍也。」
〔九〕師古曰：「苛，細也，音何。」
〔一〇〕應劭曰：「秦法禁民聚語。耦，對也。」師古曰：「族謂誅及其族也。棄市者，取刑人於市，與衆棄之。」
〔一一〕服虔曰：「隨輕重制法也。」李奇曰：「傷人有曲直，盜臧有多少，罪名不可豫定，故凡言抵罪，未知抵何罪也。」師古曰：「抵，至也，當也。服、李二說，意並得之，自外諸家，皆妄解釋，故不取也。抵音丁禮反。」
〔一二〕應劭曰：「按，按次第。堵，牆堵也。」師古曰：「言不遷動也。堵音覩。」
〔一三〕師古曰：「要亦約。」
〔一四〕師古曰：「軍中遣人與秦吏相隨，徧至諸縣鄉邑而告諭也。」

或說沛公曰：「秦富十倍天下，地形彊。今聞章邯降項羽，羽號曰雍王，王關中。即來，沛公恐不得有此。可急使守函谷關，〔一〕毋內諸侯軍，稍徵關中兵以自益，距之。」沛公然其計，從之。十二月，項羽果帥諸侯兵欲西入關，關門閉。聞沛公已定關中，羽大怒，使黥布等攻破函谷關，遂至戲下。沛公左司馬曹毋傷聞羽怒，欲攻沛公，使人言羽曰：「沛公欲王關中，令子嬰相，珍寶盡有之。」欲以求封。亞父范增說羽曰：〔二〕「沛公居山東時，貪財好色，今聞其入關，珍物無所取，婦女無所幸，此其志不小。吾使人望其氣，皆爲龍，成五色，此天子氣。急擊之，勿失。」於是饗士，旦日合戰。〔三〕是時，羽兵四十萬，號百萬。沛公兵十萬，號二十萬，〔四〕力不敵。會羽季父左尹項伯素善張良，〔五〕夜馳見張良，具告其實，欲與俱去，毋特俱死。〔六〕良曰：「臣爲韓王送沛公，不可不告，亡去不義。」乃與項伯俱見沛公。沛公與伯約爲婚姻，曰：「吾入關，秋豪無所敢取，〔七〕籍吏民，封府庫，待將軍。〔八〕所以守關者，備他盜也。日夜望將軍到，豈敢反邪！願伯明言不敢背德。」項伯許諾，即夜復去。戒沛公曰：「旦日不可不早自來謝。」項伯還，具以沛公言告羽，因曰：「沛公不先破關中兵，公巨能入乎？〔九〕且人有大功，擊之不祥，不如因善之。」羽許諾。

〔一〕文穎曰：「是時關在弘農縣衡嶺，今移東，在河南穀城縣。」師古曰：「今桃林縣南有洪溜澗水，即古所謂函谷也。其水北流入河，夾河之岸尙有舊關餘跡焉。穀城即新安。」

〔二〕如淳曰：「亞，次也。尊敬之次父，猶管仲爲仲父。」

〔三〕師古曰：「饗謂飲食也。旦日，明旦也。」

〔四〕師古曰：「兵家之法，不言實數，皆增之。」

〔五〕師古曰：「伯者，其字也，名纏。」

〔六〕文穎曰：「特，獨也。無爲獨與沛公俱死。」蘇林曰：「特，但也。」師古曰：「蘇說是也。但，空也，空死而無成名。」

〔七〕文穎曰：「豪，秋乃成好，舉盛而言也。」師古曰：「豪成之時，端極纖細，適足諭小，非言其盛。」

〔八〕師古曰：「籍謂爲簿籍。」

〔九〕服虔曰：「巨音渠，猶未應得入也。」師古曰：「服說非也。巨讀曰詎，詎猶豈也。」

沛公旦日從百餘騎見羽鴻門，〔一〕謝曰：「臣與將軍勠力攻秦，〔二〕將軍戰河北，臣戰河南，不自意先入關，能破秦，與將軍復相見。〔三〕今者有小人言，令將軍與臣有隙。」〔四〕羽曰：「此沛公左司馬曹毋傷言之，不然，籍何以(生)〔至〕此？」羽因留沛公飲。范增數目羽擊沛公，〔五〕羽不應。范增起，出謂項莊曰：「君王爲人不忍，〔六〕汝入以劍舞，因擊沛公，殺之。不者，汝屬且爲所虜。」莊入爲壽。〔七〕壽畢，曰：「軍中無以爲樂，請以劍舞。」因拔劍舞。項伯亦起舞，常以身翼蔽沛公。樊噲聞事急，直入，怒甚。羽壯之，賜以酒。噲因譙讓羽。〔八〕有頃，沛公起如廁，招樊噲出，置車官屬，〔九〕獨騎，與樊噲、靳彊、滕公、紀成步，從間道走軍，〔一○〕使張良留謝羽。羽問：「沛公安在？」〔一一〕曰：「聞將軍有意督過之，〔一二〕脫身去，間至軍，〔一三〕故使臣獻璧。」羽受之。又獻玉斗范增。增怒，撞其斗，起曰：「吾屬今爲沛公虜矣！」〔一四〕

〔一〕孟康曰：「在新豐東十七里，舊大道北下坂口名。」

〔二〕師古曰：「勠力，并力也，音力竹反，又力周反。」

〔三〕師古曰：「意不自謂得然。」

〔四〕師古曰：「隙謂間隙，言乖離不合。」

〔五〕師古曰：「動目以諭之。」

〔六〕師古曰：「莊，項羽從弟。」

〔七〕師古曰：「凡言爲壽，謂進爵於尊者，而獻無疆之壽。」

〔八〕師古曰：「譙讓，以辭相責也。譙音才笑反。」

〔九〕師古曰：「置，留也，不以自隨。」

〔一〇〕晉灼曰：「紀成，紀通父也。」服虔曰：「走音奏。」師古曰：「間，空也，投空隙而行，不公顯也。走謂趣向也，服音是矣。凡此之類，音義皆同。」

〔一一〕師古曰：「安在，何在也。他皆類此。」

〔一二〕師古曰：「督謂視責也。」

〔一三〕師古曰：「脫，免也，不敢謁辭，苟自免而去，間行以至軍也。脫音他活反。」

〔一四〕師古曰：「撞音丈江反。」

沛公歸數日，羽引兵西屠咸陽，殺秦降王子嬰，燒秦宮室，所過無不殘滅。秦民大失望。羽使人還報懷王，懷王曰：「如約。」〔一〕羽怨懷王不肯令與沛公俱西入關，而北救趙，後天下約。乃曰：「懷王者，吾家所立耳，非有功伐，何以得專主約！〔二〕本定天下，諸將與籍也。」

春正月，〔三〕陽尊懷王爲義帝，實不用其命。

〔一〕師古曰：「謂令沛公王關中。」

〔二〕師古曰：「積功曰伐。春秋左氏傳曰『大夫稱伐』。」

〔三〕如淳曰：「以十月爲歲首，而正月更爲三時之月。」服虔曰：「漢正月也。」師古曰：「凡此諸月號，皆太初正曆之後，記事者追改之，非當時本稱也。以十月爲歲首，即謂十月爲正月。今此眞正月，當時謂之四月耳。他皆類此。」

二月，羽自立爲西楚霸王，〔一〕王梁、楚地九郡，都彭城。背約，更立沛公爲漢王，王巴、蜀、漢中四十一縣，都南鄭。〔二〕三分關中，立秦三將：章邯爲雍王，都廢丘；〔三〕司馬欣爲塞王，〔四〕都櫟陽；〔五〕董翳爲翟王，〔六〕都高奴。〔七〕楚將瑕丘申陽爲河南王，都洛陽。趙將司馬卬爲殷王，都朝歌。〔八〕當陽君英布爲九江王，都六。〔九〕懷王柱國共敖爲臨江王，〔一〇〕都江陵。〔一一〕番君吳芮爲衡山王，都邾。〔一二〕故齊王建孫田安爲濟北王。徙魏王豹爲西魏王，都平陽。徙燕王韓廣爲遼東王。燕將臧荼爲燕王，〔一三〕都薊。〔一四〕徙齊王田市爲膠東王。齊將田都爲齊王，都臨菑。〔一五〕徙趙王歇爲代王。趙相張耳爲常山王。漢王怨羽之背約，欲攻之，丞相蕭何諫，乃止。〔一六〕

〔一〕文穎曰：「史記貨殖傳曰淮以北沛、陳、汝南、南郡爲西楚，彭城以東東海、吳、廣陵爲東楚，衡山、九江、江南、豫章、長沙爲南楚。羽欲都彭城，故自稱西楚。」孟康曰：「舊名江陵爲南楚，吳爲東楚，彭城爲西楚。」師古曰：「孟說是也。」

〔二〕師古曰：「即今之梁州南鄭縣。」

〔三〕孟康曰：「縣名，今槐里是。」韋昭曰：「即周時犬丘，懿王所都，秦欲廢之，更名廢丘。」

〔四〕韋昭曰：「在長安東，名桃林塞。」師古曰：「取河、華之固爲阸塞耳，非桃林也。塞音先代反。」

〔五〕蘇林曰：「櫟音藥。」師古曰：「即今之櫟陽縣是其地。」

〔六〕文穎曰：「本上郡，秦所置，項羽以董翳爲王，更名爲翟。」

〔七〕師古曰：「今在鄜州界。」

〔八〕師古曰：「即今之朝歌縣也。」

〔九〕師古曰：「六者，縣名，本古國，皋陶之後。」

〔一〇〕應劭曰：「柱國，上卿官也，若相國矣。共敖，其姓名也。」孟康曰：「本南郡，改爲臨江國。」師古曰：「共音龔。」

〔一一〕師古曰：「即今之荆州江陵縣。」

〔一二〕文穎曰：「邾音朱，縣名，屬江夏。」

〔一三〕鄭氏曰：「荼音荼毒之荼。」如淳曰：「音舒。」師古曰：「鄭音是也，音大胡反。」

〔一四〕師古曰：「薊即幽州薊縣。」

〔一五〕師古曰：「在今青州。」

〔一六〕服虔曰：「稱丞相者，錄事追言之。」

夏四月，諸侯罷戲下，各就國。〔一〕羽使卒三萬人從漢王，楚子、諸侯人之慕從者數萬人，〔二〕從杜南入蝕中。〔三〕張良辭歸韓，漢王送至褒中，〔四〕因說漢王燒絕棧道，〔五〕以備諸侯盜兵，亦視項羽無東意。〔六〕

〔一〕師古曰：「戲謂軍之旌麾也，音許宜反，亦讀曰麾。先是，諸侯從項羽入關者，各帥其軍，聽命於羽，今既受封爵，各使就國，故總言罷戲下也。一說云時從項羽在戲水之上，故言罷戲下，此說非也。項羽見高祖於鴻門，已過戲矣。又入秦燒秦宮室，不復在戲也。漢書通以戲為麾字，義見竇田灌韓傳。」

〔二〕文穎曰：「楚子，猶言楚人也。諸侯人，猶諸侯國人。」

〔三〕李奇曰：「蝕音力，在杜南。」如淳曰：「蝕，入漢中道川谷名。」

〔四〕師古曰：「即今梁州之褒縣也。舊曰褒中，言居褒谷之中。隋室諱忠，改為褒內。」

〔五〕師古曰：「棧即閣也，今謂之閣道。」

〔六〕如淳曰：「視音示。」師古曰：「言令羽知漢王更無東出之意也。漢書多以視為示，古通用字。」

漢王既至南鄭，諸將及士卒皆歌謳思東歸，〔一〕多道亡還者。〔二〕韓信為治粟都尉，亦亡去，蕭何追還之，因薦於漢王，曰：「必欲爭天下，非信無可與計事者。」於是漢王齊戒設壇場，〔三〕拜信為大將軍，問以計策。信對曰：「項羽背約而王君王於南鄭，〔四〕是遷也。〔五〕吏卒皆山東之人，日夜企而望歸，〔六〕及其鋒而用之，可以有大功。天下已定，民皆自寧，不可復用。〔七〕不如決策東向。」因陳羽可圖、〔八〕三秦易并之計。〔九〕漢王大說，〔一〇〕遂聽信策，部署諸將。〔一一〕留蕭何收巴蜀租，給軍〔糧〕食。

〔一〕師古曰：「謳，齊歌也，謂齊聲而歌，或曰齊地之歌。謳音一侯反。」

〔二〕師古曰：「未至南鄭，在道即亡歸。」

〔三〕師古曰：「齊讀曰齋。築土而高曰壇，除地為場。」

〔四〕師古曰：「上王音于放反。」

〔五〕如淳曰：「秦法，有罪遷徙之於蜀漢。」
〔六〕師古曰：「企謂舉足而竦身。」
〔七〕師古曰：「寧，安也，各安其處。」
〔八〕師古曰：「圖謂謀而取之。」
〔九〕應劭曰：「章邯爲雍王，司馬欣爲塞王，董翳爲翟王，分王秦地，故曰三秦。」
〔一〇〕師古曰：「說讀曰悅。」
〔一一〕師古曰：「分部而署置。」

五月，漢王引兵從故道〔一〕出襲雍。雍王邯迎擊漢陳倉，雍兵敗，還走；戰好畤，〔二〕又大敗，走廢丘。漢王遂定雍地。東如咸陽，引兵圍雍王廢丘，而遣諸將略地。

〔一〕孟康曰：「縣名，屬武都。」
〔二〕孟康曰：「畤音止，神靈之所止也。好畤，縣名，屬右扶風。」師古曰：「即今雍州好畤縣。」

田榮聞羽徙齊王市於膠東而立田都爲齊王，大怒，以齊兵迎擊田都。都走降楚。六月，田榮殺田市，自立爲齊王。時彭越在鉅野，〔一〕衆萬餘人，無所屬。榮與越將軍印，因令反梁地。越擊殺濟北王安，榮遂幷三齊之地。〔二〕燕王韓廣亦不肯徙遼東。秋八月，臧荼殺韓廣，幷其地。塞王欣、翟王翳皆降漢。

〔一〕師古曰：「鉅野，澤名，因以爲縣，今屬鄆州。」

〔三〕服虔曰：「齊與濟北、膠東。」

初，項梁立韓後公子成爲韓王，張良爲韓司徒。羽以良從漢王，韓王成又無功，故不遣就國，與俱至彭城，殺之。及聞漢王并關中，而齊、梁畔之，羽大怒，乃以故吳令鄭昌爲韓王，距漢。令蕭公角擊彭越，〔一〕越敗角兵。時張良徇韓地，〔二〕遺羽書曰：「漢欲得關中，如約即止，不敢復東。」羽以故無西意，而北擊齊。

〔一〕蘇林曰：「蕭公，官號也。」孟康曰：「蕭令也，時令皆稱公。」師古曰：「孟說是也。」

〔二〕蘇林曰：「徇音巡，撫其民人也。」孟康曰：「徇，略也。」師古曰：「孟說是。音辭峻反。」

九月，漢王遣將軍薛歐、王吸出武關，〔一〕因王陵兵，〔二〕從南陽迎太公、呂后於沛。羽聞之，發兵距之陽夏，〔三〕不得前。

〔一〕師古曰：「歐音烏垢反。吸音翕。」

〔二〕如淳曰：「王陵亦聚黨數千人，居南陽。」

〔三〕鄭氏曰：「音假借之假。」師古曰：「即今亳州陽夏縣。」

二年冬十月，項羽使九江王布殺義帝於郴。〔一〕陳餘亦怨羽獨不王己，從田榮藉助兵，〔二〕以擊常山王張耳。耳敗走降漢，漢王厚遇之。陳餘迎代王歇還趙，歇立餘爲代王。張良自韓間行歸漢，漢王以爲成信侯。

〔一〕文穎曰：「郴，縣名，屬桂陽。」如淳曰：「郴音綝。」師古曰：「說者或以爲史記本紀及漢注云衡山、臨江王殺之江中，謂漢書言黥布殺之爲錯。然今據史記黥布傳四月陰令九江王等行擊義帝，其八月布使將追殺之郴，又與漢書項羽、英布傳相合，是則衡山、臨江與布同受羽命，而殺之者布也。非班氏之錯。郴綝二字並音丑林反。」

〔二〕師古曰：「藉，借也。」

漢王如陝，〔一〕鎮撫關外父老。〔二〕河南王申陽降，置河南郡。使韓太尉韓信擊韓，韓王鄭昌降。十一月，立韓太尉信爲韓王。漢王還歸，都櫟陽，使諸將略地，拔隴西。以萬人若一郡降者，封萬戶。〔三〕繕治河上塞。〔四〕故秦苑囿園池，令民得田之。〔五〕

〔一〕師古曰：「陝，今陝州陝縣也，音式冉反。」

〔二〕師古曰：「鎮，安也。撫，慰也。」

〔三〕師古曰：「若者，豫及之辭，言以萬人或以一郡降者，皆封萬戶。」

〔四〕晉灼曰：「鼂錯傳秦北攻胡，築河上塞。」師古曰：「繕，補也。」

〔五〕師古曰：「養鳥獸曰苑，苑有垣曰囿，所以種植謂之園。田謂耕作也。囿音宥。」

春正月，羽擊田榮城陽，榮敗走平原，平原民殺之。齊皆降楚，楚焚其城郭，齊人復畔之。諸將拔北地，虜雍王弟章平。赦罪人。二月癸未，令民除秦社稷，立漢社稷。施恩德，賜民爵。〔一〕蜀漢民給軍事勞苦，復勿租稅二歲。〔二〕關中卒從軍者，復家一歲。舉民年五十以上，有脩行，能帥衆爲善，置以爲三老，鄉一人。擇鄉三老一人爲縣三老，與縣令丞尉以事相教，復勿繇戍。〔三〕以十月賜酒肉。

〔一〕臣瓚曰：「爵者，祿位。民賜爵，有罪得以減也。」

〔二〕師古曰：「復者，除其賦役也，音方目反。其下並同。」

〔三〕師古曰：「繇讀曰傜。」

三月，漢王自臨晉渡河，〔一〕魏王豹降，將兵從。下河內，虜殷王卬，置河內郡。至脩武，陳平亡楚來降。漢王與語，說之，〔二〕使參乘，監諸將。南渡平陰津，〔三〕至洛陽，新城三老董公遮說漢王曰：「臣聞『順德者昌，逆德者亡』，『兵出無名，事故不成』。〔四〕故曰：『明其爲賊，敵乃可服。』〔五〕項羽爲無道，放殺其主，〔六〕天下之賊也。夫仁不以勇，義不以力，〔七〕三軍之衆爲之素服，以告之諸侯，爲此東伐，〔八〕四海之內莫不仰德。此三王之舉也。」〔九〕漢王曰：「善，非夫子無所聞。」於是漢王爲義帝發喪，袒而大哭，〔一〇〕哀臨三日。〔一一〕發使告諸侯曰：「天下共立義帝，北面事之。今項羽放殺義帝江南，大逆無道。寡人親爲發喪，兵皆縞素。〔一二〕悉發關中兵，收三河士，〔一三〕南浮江漢以下，願從諸侯王〔一四〕擊楚之殺義帝者。」

〔一〕師古曰：「舊縣名，其地居河之西濱，東臨晉境，本列國時秦所名也，即今之同州朝邑縣界也。」

〔二〕師古曰：「說讀曰悅。」

〔三〕蘇林曰：「在河陰。」

〔四〕蘇林曰：「名者，伐有罪。」

〔五〕應劭曰：「爲音無爲之爲。布告天下，言項羽殺義帝，明其爲賊亂，舉兵征之，乃可服也。」鄭氏曰：「爲音人相爲之爲。」師古曰：「應說是也。」

〔六〕師古曰：「殺讀曰弒。諸弒君者，其例皆同。」

〔七〕李奇曰：「彼有仁，我不能以勇服；彼有義，我不能以力服。」文穎曰：「以，用也。己有仁，天下歸之，可不用勇而天下自服；己有義，天下奉之，可不用力而天下自定。」師古曰：「爲義帝發喪，此爲行仁義，不用勇力，文說是也。」

〔八〕師古曰：「爲並音于僞反。」

〔九〕師古曰：「三王：夏、殷、周也。言以德義取天下，則可比蹤於三王。」

〔一〇〕如淳曰：「袒亦如禮袒踊也。」師古曰：「袒謂脫衣之袖也，音徒旱反。」

〔一一〕師古曰：「衆哭曰臨，音力禁反。」

〔一二〕師古曰：「縞，白素也，音工老反。」

〔一三〕韋昭曰：「河南、河東、河內也。」

〔一四〕服虔曰：「漢名王爲諸侯王。」師古曰：「服說非也。當時漢未有此稱號，直言諸侯及王耳。自謙言隨諸侯王之後也。」

夏四月，田榮弟橫收得數萬人，立榮子廣爲齊王。羽雖聞漢東，既擊齊，欲遂破之而後擊漢，漢王以故得劫五諸侯兵，〔一〕東伐楚。到外黃，彭越將三萬人歸漢。漢王拜越爲魏相國，令定梁地。漢王遂入彭城，收羽美人貨賂，置酒高會。〔二〕羽聞之，令其將擊齊，而自以精兵三萬人從魯出胡陵，至蕭，晨擊漢軍，大戰彭城靈壁東〔三〕睢水上，〔四〕大破漢軍，多殺士卒，睢水為之不流。〔五〕圍漢王三帀。大風從西北起，折木發屋，揚砂石，晝晦，〔六〕楚軍大亂，而漢王得與數十騎遁去。過沛，使人求室家，室家亦已亡，不相得。漢王道逢孝惠、魯元，載行。楚騎追漢王，漢王急，推墮二子。滕公下收載，遂得脫。〔七〕審食其從太公、呂后間行，反遇楚軍，〔八〕羽常置軍中以為質。諸侯見漢敗，皆亡去。塞王欣、翟王翳降楚，殷王卬死。

〔一〕應劭曰：「雍、翟、塞、殷、韓也。」如淳曰：「塞、翟、魏、殷、河南也。」韋昭曰：「塞、翟、韓、殷、魏也。雍時已敗。」師古曰：「諸家之說皆非也。張良遺羽書云：『漢欲得關中，如約即止，不敢復東。』東謂出關之東。今羽聞漢東之時，漢固已得三秦矣。五諸侯者，謂常山、河南、韓、魏、殷也。此年十月，常山王張耳降，河南王申陽降，韓王鄭昌降。(二)〔三〕月，魏王豹降，虜殷王卬。皆在漢東之後，故知謂此為五諸侯。時雖未得常山之地，據功臣表云張耳棄國，與大臣歸漢，則亦有士卒也。又叔孫通傳云二年漢王從五諸侯入彭城。爾時雍王猶在廢丘被圍，即非五諸侯之數也。尋此紀文昭然可曉，前賢注釋，並失指趣。」

〔二〕服虔曰：「大會也。」

〔三〕孟康曰：「故小縣，在彭城南。」

〔四〕師古曰：「睢音雖。」

〔五〕師古曰：「殺人既多，填於睢水。」

〔六〕師古曰：「晦，暗也。」

〔七〕鄭氏曰：「滕公，夏侯嬰也。」師古曰：「脫音他活反。」

〔八〕師古曰：「此審食其及武帝時趙食其讀皆與酈食其同，音異基。而近代學者，酈則爲異基，審則爲食基，趙則食其，非也。同是人名，更無別義，就中舛駮，何所據依？且荀悅漢紀三者並爲異基字，斷可知矣。太公、呂后本避楚軍，乃反與之遇，而見拘執。」

呂后兄周呂侯〔一〕將兵居下邑，〔二〕漢王往從之。稍收士卒，軍碭。

〔一〕蘇林曰：「以姓名侯也。」晉灼曰：「外戚表周呂令武侯澤也。呂，縣名，封於呂以爲國。」師古曰：「周呂，封名；令武，其謚也。蘇云以姓名侯，非也。」

〔二〕師古曰：「縣名也。」

漢王西過梁地，至虞，〔一〕謂謁者隨何曰：「公能說九江王布使舉兵畔楚，項王必留擊之。得留數月，吾取天下必矣。」隨何往說布，果使畔楚。

〔一〕師古曰：「即今宋州虞城縣。」

五月，漢王屯滎陽，蕭何發關中老弱未傅者悉詣軍。〔一〕韓信亦收兵與漢王會，兵復大振。與楚戰滎陽南京、索閒，破之。〔二〕築甬道，屬河，〔三〕以取敖倉粟。〔四〕魏王豹謁歸視親疾，〔五〕至則絕河津，反爲楚。〔六〕

〔一〕服虔曰：「傅音附。」孟康曰：「古者二十而傅，三年耕有一年儲，故二十三而後役之。」如淳曰：「律，年二十三傅之疇官，各從其父疇學之，高不滿六尺二寸以下爲罷癃。漢儀注云民年二十三爲正，一歲爲衞士，一歲爲材官騎士，習射御騎馳戰陳。又曰年五十六衰老，乃得免爲庶民，就田里。今老弱未嘗傅者皆發之。未二十三爲弱，過五十六爲老。」師古曰：「傅，著也。言著名籍，給公家徭役也。服音是。」

〔二〕應劭曰：「京，縣名。今有大索、小索亭。」晉灼曰：「音册。」師古曰：「音求索之索。」

〔三〕應劭曰：「恐敵鈔輜重，故築垣牆如街巷也。」鄭氏曰：「甬音踊。」師古曰：「屬，聯也，音之欲反。」

〔四〕孟康曰：「敖，地名，在滎陽西北，山上臨河有大倉。」

〔五〕師古曰：「謁，請也。親謂母也。」

〔六〕師古曰：「斷其津濟以距漢軍。爲音于僞反。」

六月，漢王還櫟陽。壬午，立太子，赦罪人。令諸侯子在關中者皆集櫟陽爲衞。引水灌廢丘，廢丘降，章邯自殺。雍（州）〔地〕定，八十餘縣，置河上、渭南、中地、隴西、上郡。〔一〕令祠官祀天地四方上帝山川，以時祠之。興關中卒乘邊塞。〔二〕關中大飢，米斛萬錢，〔三〕人相食。令民就食蜀漢。

〔一〕服虔曰：「河上，即左馮翊也。渭南，京兆也。中地，右扶風也。」師古曰：「凡新置五郡。」

〔二〕李奇曰：「乘，守也。」師古曰：「乘，登也。登而守之，義與上乘城同。」

〔三〕師古曰：「一斛直萬錢。」

秋八月，漢王如滎陽，謂酈食其曰：「緩頰往說魏王豹，〔一〕能下之，以魏地萬戶封生。」〔二〕食其往，豹不聽。漢王以韓信爲左丞相，與曹參、灌嬰俱擊魏。食其還，漢王問：

「魏大將誰也？」對曰：「柏直。」王曰：「是口尚乳臭，不能當韓信。〔三〕騎將誰也？」曰：「馮敬。」曰：「是秦將馮無擇子也，雖賢，不能當灌嬰。步卒將誰也？」曰：「項它。」〔四〕曰：「是不能當曹參。吾無患矣。」九月，信等虜豹，傳詣滎陽。定魏地，置河東、太原、上黨郡。信使人請兵三萬人，願以北舉燕趙，東擊齊，南絕楚糧道。漢王與之。

〔一〕張晏曰：「緩頰，徐言引譬喻也。」
〔二〕師古曰：「生猶言先生。他皆類此。」
〔三〕師古曰：「乳臭，言其幼少。」
〔四〕師古曰：「它字與他同，並音徒何反。」

三年冬十月，韓信、張耳東下井陘擊趙，〔一〕斬陳餘，獲趙王歇。置常山、代郡。甲戌晦，日有食之。十一月癸卯晦，日有食之。

〔一〕服虔曰：「井陘，山名，在常山，今為縣。」師古曰：「陘音形。」

隨何既說黥布，布起兵攻楚。楚使項聲、龍且攻布，〔一〕布戰不勝。十二月，布與隨何間行歸漢。漢王分之兵，與俱收兵至成皋。

〔一〕韋昭曰：「且音子閭反。」

項羽數侵奪漢甬道，漢軍乏食，與酈食其謀橈楚權。〔一〕食其欲立六國後以樹黨，〔二〕漢王刻印，將遣食其立之。以問張良，良發八難。漢王輟飯吐哺，〔三〕曰：「豎儒〔四〕幾敗乃公事！」〔五〕令趣銷印。〔六〕又問陳平，乃從其計，與平黃金四萬斤，以間疏楚君臣。〔七〕

〔一〕服虔曰：「橈，弱也。」師古曰：「音女教（而）〔反〕，其字從木。」

〔二〕師古曰：「樹，立也。」

〔三〕師古曰：「輟，止也。哺，口中所含食也。飯音扶晚反。哺音步。」

〔四〕師古曰：「言其賤劣無智，若童豎也。」

〔五〕師古曰：「幾，近也。乃，汝也。公，漢王自謂也。幾音鉅依反。」

〔六〕師古曰：「趣讀曰促。促，速也。他皆類此。」

〔七〕師古曰：「間音居莧反。次下反間，其音亦同。」

夏四月，項羽圍漢滎陽，漢王請和，割滎陽以西者爲漢。亞父勸項羽急攻滎陽，漢王患之。陳平反間既行，羽果疑亞父。亞父大怒而去，發病死。

五月，將軍紀信曰：「事急矣！臣請誑楚，可以間出。」〔一〕於是陳平夜出女子東門二千餘人，楚因四面擊之。紀信乃乘王車，黃屋左纛，〔二〕曰：「食盡，漢王降楚。」楚皆呼萬歲，之城東觀，以故漢王得與數十騎出西門遁。令御史大夫周苛、魏豹、樅公守滎陽。〔三〕羽見紀信，問：「漢王安在？」曰：「已出去矣。」羽燒殺信。而周苛、樅公相謂曰：「反國之王，難與守城。」〔四〕因殺魏豹。

〔一〕師古曰：「間出，投間隙私出，若言間行微行耳。紀信詐爲漢王，而王出西門遁，是私出也。」

〔二〕李斐曰：「天子車以黃繒爲蓋裏。纛，毛羽幢也，在乘輿車衡左方上注之。蔡邕曰以氂牛尾爲之，如斗，或在騑頭，或在衡。」應劭曰：「雉尾爲之，在左驂，當鑣上。」師古曰：「纛音毒，又徒到反。應說非也。」

〔三〕應劭曰：「樅公者，不知其名，故曰公。」蘇林曰：「音樅木之樅。」師古曰：「音千容反。」

〔四〕師古曰：「謂豹先已經畔漢。」

漢王出滎陽，至成皋。自成皋入關，收兵欲復東。轅生說漢王〔一〕曰：「漢與楚相距滎陽數歲，漢常困。願君王出武關，項王必引兵南走，〔二〕王深壁，令滎陽成皋間且得休息。使韓信等得輯河北趙地，〔三〕連燕齊，君王乃復走滎陽。如此，則楚所備者多，力分。漢得休息，復與之戰，破之必矣。」漢王從其計，出軍宛葉間，〔四〕與黥布行收兵。

〔一〕文穎曰：「轅姓，生謂諸生。」

〔二〕師古曰：「走亦謂趨，嚮也，音奏。次後亦同。」

〔三〕師古曰：「輯與集同，謂和合也。詩序曰『勞來還定安集之』。春秋左氏傳曰『羣臣輯睦』。他皆類此。」

〔四〕師古曰：「葉，縣名，古葉公之國，音式涉反。宛縣葉縣之間也。」

羽聞漢王在宛，果引兵南，漢王堅壁不與戰。是月，彭越渡睢，〔一〕與項聲、薛公戰下邳，破殺薛公。羽使終公守成皋，而自東擊彭越。漢王引兵北，擊破終公，復軍成皋。六月，羽已破走彭越，〔二〕聞漢復軍成皋，乃引兵西拔滎陽城，生得周苛。羽謂苛：「爲我將，以公爲上將軍，封三萬戶。」周苛罵曰：「若不趨降漢，今爲虜矣！〔三〕若非漢王敵也。」羽亨周苛，〔四〕并殺樅公，而虜韓王信，遂圍成皋。漢王跳，〔五〕獨與滕公共車出成皋玉門，〔六〕北渡河，宿小脩武。〔七〕自稱使者，晨馳入張耳、韓信壁，而奪之軍。乃使張耳北收兵趙地。

〔一〕師古曰：「過睢水也。睢音雖。」

〔二〕師古曰：「破之而令遁走。」

〔三〕師古曰：「若，汝也。趨讀曰促。」

〔四〕師古曰：「亨謂煮而殺之，音普庚反。他皆類此。」

〔五〕如淳曰：「跳音逃，謂走也。史記作逃。」晉灼曰：「跳，獨出意也。」師古曰：「晉說是也，音徒彫反。」

〔六〕張晏曰：「成皋北門。」

〔七〕晉灼曰：「在大脩武城東。」

秋七月，有星孛于大角。〔一〕漢王得韓信軍，復大振。八月，臨河南鄉，〔二〕軍小脩武，欲復戰。郎中鄭忠說止漢王，高壘深塹勿戰。漢王聽其計，使盧綰、劉賈將卒二萬人，騎數百，〔三〕渡白馬津入楚地，佐彭越燒楚積聚，〔四〕復擊破楚軍燕郭西，〔五〕攻下睢陽、外黃十七城。九月，羽謂海春侯大司馬曹咎曰：「謹守成皋。即漢王欲挑戰，慎勿與戰，〔六〕勿令得東而已。我十五日必定梁地，復從將軍。」〔七〕羽引兵東擊彭越。

〔一〕李奇曰：「孛，彗類也，是謂妖星，所以除舊布新也。」師古曰：「孛音步內反。」

〔二〕師古曰：「鄉讀曰嚮。」

〔三〕蘇林曰：「綰音以繩綰結物之綰。」師古曰：「音烏板反。」

〔四〕師古曰：「所畜軍糧芻稾之屬也。積音子賜反。聚音才喻反。」

〔五〕師古曰：「燕，縣名，古南燕國。」

〔六〕李奇曰：「挑音徒了反。」臣瓚曰：「挑戰，擿嬈敵求戰也，古謂之致師。」師古曰：「李音瓚說是。擿音他歷反。嬈音乃了反。」

〔七〕師古曰：「從，就也。」

漢王使酈食其說齊王田廣，罷守兵與漢和。

四年冬十月，韓信用蒯通計，襲破齊。齊王亨酈生，東走高密。項羽聞韓信破齊，且欲擊楚，使龍且救齊。

漢果數挑成皋戰，楚軍不出，使人辱之數日，大司馬咎怒，渡兵汜水。〔一〕士卒半渡，漢擊之，大破楚軍，盡得楚國金玉貨賂。大司馬咎、長史欣皆自剄汜水上。漢王引兵渡河，復取成皋，軍廣武，〔二〕就敖倉食。

〔一〕張晏曰：「汜水在濟陰界。」如淳曰：「汜音祀。左傳曰『鄙在鄭地汜』。」臣瓚曰：「高祖攻曹咎於成皋，咎渡汜水而戰，今成皋城東汜水是也。」師古曰：「瓚說得之，此水不在濟陰也。『鄙在鄭地汜』，釋者又云在襄城，則非此也。此水舊讀音凡，今彼鄉人呼之音祀。」

〔二〕孟康曰：「於滎陽築兩城而相對，名爲廣武城，在敖倉西三室山上。」

羽下梁地十餘城，聞海春侯破，乃引兵還。漢軍方圍鍾離眛於滎陽東，〔一〕聞羽至，盡走險阻。〔二〕羽亦軍廣武，與漢相守。丁壯苦軍旅，老弱罷轉餉。〔三〕漢王、羽相與臨廣武之間而語。羽欲與漢王獨身挑戰，漢王數羽曰：〔四〕「吾始與羽俱受命懷王，曰先定關中者王之。羽負約，王我於蜀漢，罪一也。羽矯殺卿子冠軍，自尊，罪二也。〔五〕羽當以救趙還報，〔六〕而擅劫諸侯兵入關，罪三也。懷王約入秦無暴掠，羽燒秦宮室，掘始皇帝冢，收私其財，罪四也。〔七〕又彊殺秦降王子嬰，罪五也。詐阬秦子弟新安二十萬，王其將，〔八〕罪六也。皆王諸將善地，而徙逐故主，令臣下爭畔逆，罪七也。出逐義帝彭城，自都之，奪韓王地，并王梁楚，多自與，罪八也。使人陰殺義帝江南，罪九也。夫爲人臣而殺其主，殺其已降，爲政不平，主約不信，天下所不容，大逆無道，罪十也。吾以義兵從諸侯誅殘賊，使刑餘罪人擊公，〔九〕何苦乃與公挑戰！」羽大怒，伏弩射中漢王。漢王傷胸，乃捫足曰：「虜中吾指！」〔一〇〕漢王病創臥，張良彊請漢王起行勞軍，以安士卒，〔一一〕毋令楚乘勝。漢王出行軍，疾甚，因馳入成臯。

〔一〕師古曰：「眛音莫葛反。其字從本末之末。」

〔二〕師古曰：「走音奏。」

〔三〕師古曰：「罷讀曰疲。轉，運；餉，饋也，音式向反。」

〔四〕師古曰：「數，責其罪也，音所具反。」

〔五〕如淳曰：「卿者，卿大夫之號。子者，子男之爵。冠軍，人之首也。」文穎曰：「卿子，時人相褒尊之辭，猶言公子也。時上將，故言冠軍。」師古曰：「矯，託也，託懷王命而殺之也。卿子冠軍，文說是也。」

〔六〕李奇曰：「前受命於懷王往救趙，當還反報。」

〔七〕師古曰：「掘而發之，收取其財以私自有也。掘音其勿反。」

〔八〕李奇曰：「章邯等爲王。」

〔九〕師古曰：「言輕賤也。」

〔一〇〕師古曰：「捫，摸也。傷胸而捫足者，以安衆也。捫音門。中音竹仲反。」

〔一一〕師古曰：「行音下更反。其下亦同。」

十一月，韓信與灌嬰擊破楚軍，殺楚將龍且，追至城陽，虜齊王廣。齊相田橫自立爲齊王，奔彭越。漢立張耳爲趙王。

漢王疾瘉，〔一〕西入關，至櫟陽，存問父老，置酒。梟故塞王欣頭櫟陽市。〔二〕留四日，復如軍，軍廣武。關中兵益出，而彭越、田橫居梁地，往來苦楚兵，絕其糧食。

〔一〕師古曰：「瘉與愈同。愈，差也。」

〔三〕師古曰：「梟，縣首於木上。」

韓信已破齊，使人言曰：「齊邊楚，〔一〕權輕，不爲假王，恐不能安齊。」漢王怒，欲攻之。張良曰：「不如因而立之，使自爲守。」春二月，遣張良操印，立韓信爲齊王。〔二〕秋七月，立黥布爲淮南王。八月，初爲算賦。〔三〕北貉、燕人來致梟騎助漢。〔四〕漢王下令：〔五〕軍士不幸死者，吏爲衣衾棺斂，〔六〕轉送其家。〔七〕四方歸心焉。〔八〕

〔一〕師古曰：「邊，共爲邊界。」

〔二〕師古曰：「操，持也，音千高反。」

〔三〕如淳曰：「漢儀注民年十五以上至五十六出賦錢，人百二十爲一算，爲治庫兵車馬。」

〔四〕應劭曰：「北貉，國也。梟，健也。」張晏曰：「梟，勇也，若六博之梟也。」師古曰：「貉在東北方，三韓之屬皆貉類也，音莫客反。」

〔五〕師古曰：「令，教命也。下音胡嫁反。他皆類此。」

〔六〕師古曰：「棺音工喚反。斂音力贍反。與作衣衾而斂尸於棺。」

〔七〕師古曰：「轉，傳送也。」

〔八〕師古曰：「以仁愛故。」

項羽自知少助食盡，韓信又進兵擊楚，羽患之。漢遣陸賈說羽，請太公，羽弗聽。漢復使侯公說羽，羽乃與漢約，中分天下，割鴻溝以西爲漢，〔一〕以東爲楚。九月，歸太公、呂后，軍皆稱萬歲。乃封侯公爲平國君。〔二〕羽解而東歸。漢王欲西歸，張良、陳平諫曰：「今漢有天下太半，〔三〕而諸侯皆附，楚兵罷食盡，〔四〕此天亡之時，不因其幾而遂取之，〔五〕所謂養虎自遺患也。」漢王從之。

〔一〕應劭曰：「在滎陽東南二十里。」文穎曰：「於滎陽下引河東南爲鴻溝，以通宋、鄭、陳、蔡、曹、衞，與濟、汝、淮、泗會於楚，即今官渡水也。」

〔二〕師古曰：「以其善說，能平和邦國。」

〔三〕韋昭曰：「凡數三分有二爲（大）〔太〕半，有一分爲少半。」

〔四〕師古曰：「罷讀曰疲。」

〔五〕鄭氏曰：「幾，微也。」師古曰：「幾，危也。」

校勘記

二頁三行　眉目準（頰）〔頯〕權衡，　景祐、汲古、殿、局本都作「頯」，王先謙說作「頯」是。

四頁一四行　晉弋致（也）〔反〕。　景祐、殿、局本都作「反」。王先謙說作「反」是。

一〇頁一行　（令）〔今〕置將不善，　景祐、殿本都作「今」。王先謙說作「今」是。

一〇頁二行　願（吏）〔更〕擇可者。　景祐、殿本都作「更」。王先謙說作「更」是。

一〇頁二行　蕭、曹（等）皆文吏，　景祐本無「等」字。楊樹達說無「等」字是。

一〇頁四行　祭蚩尤於沛廷，而釁鼓旗。〔四〕幟皆赤，　注〔一四〕原在「鼓」字下，明顏讀「釁鼓」句絕。吳仁傑據封禪書「祠蚩尤，釁鼓旗」之文，以爲「旗」字當屬上句。王先謙、楊樹達都說吳讀是。

一〇頁五行　(所)殺者赤帝子故也。王念孫說下「所」字涉上「所」字而衍。

一七頁二行　至(陽城)〔城陽〕齊召南據史記及曹參傳改。王先謙說齊說是。

一九頁一二行　(大)破之。景祐本無「大」字，史記亦無。王念孫說係後人所加。

二〇頁一三行　遲，未(明)也。景祐、殿本都無「明」字。王先謙說無「明」字是。

二三頁七行　張(倉)〔蒼〕傳云　殿本作「蒼」。王先謙說作「蒼」是。

二六頁三行　籍何以(生)〔至〕此？錢大昭說明南監、閩本都作「至」。王念孫據史記項羽紀、高祖紀及通鑑漢紀，以爲「生」當爲「至」字之誤。

三〇頁一二行　給軍〔糧〕食。景祐、殿本及通鑑都有「糧」字。

三六頁九行　(二)〔三〕月，景祐、汲古、殿、局本都作「三」。王先謙說作「三」是。

三八頁九行　雍(州)〔地〕王先謙說「州」字誤，當爲「地」。按通鑑亦作「地」。

四〇頁三行　音女教(而)〔反〕，景祐、殿本都作「反」。王先謙說作「反」是。

四七頁七行　爲(大)〔太〕牢，景祐、汲古、殿、局本都作「太」。

漢書卷一下

高帝紀第一下

五年冬十月，漢王追項羽至陽夏南〔一〕止軍，與齊王信、魏相國越期會擊楚，至固陵，〔二〕不會。楚擊漢軍，大破之。漢王復入壁，深塹而守。謂張良曰：「諸侯不從，柰何？」良對曰：「楚兵且破，未有分地，〔三〕其不至固宜。〔四〕君王能與共天下，可立致也。〔五〕齊王信之立，非君王意，信亦不自堅。〔六〕彭越本定梁地，始君王以魏豹故，拜越爲相國。今豹死，越亦望王，而君王不早定。今能取睢陽以北至穀城皆以王彭越，〔七〕從陳以東傅海與齊王信，〔八〕信家在楚，其意欲復得故邑。能出捐此地以許兩人，〔九〕使各自爲戰，則楚易敗也。」於是漢王發使使韓信、彭越。至，皆引兵來。

〔一〕師古曰：「夏音工雅反，已解於上。」

〔二〕晉灼曰：「即固始也。」師古曰：「後改爲固始耳。地理志固始屬淮陽。」

〔三〕李奇曰：「信、越等未有益地之分。」師古曰：「分音扶問反。」

〔四〕師古曰：「理宜然也。」
〔五〕師古曰：「共有天下之地，割而封之。」
〔六〕師古曰：「因信自請爲假王，遂立之耳，故曰非君王意。」
〔七〕師古曰：「睢音雖。」
〔八〕師古曰：「傅讀曰附。」
〔九〕師古曰：「捐，棄也，音弋全反。」

十一月，劉賈入楚地，圍壽春。漢亦遣人誘楚大司馬周殷。殷畔楚，以舒屠六，〔一〕舉九江兵迎黥布，並行屠城父，〔二〕隨劉賈皆會。

〔一〕如淳曰：「以舒之衆屠破六縣。」師古曰：「六者，縣名，即上所謂九江王都六者也，後屬廬江郡。」
〔二〕如淳曰：「並行，並磐也。」師古曰：「城父，縣名。父音甫。」

十二月，圍羽垓下。〔一〕羽夜聞漢軍四面皆楚歌，〔二〕知盡得楚地，羽與數百騎走，是以兵大敗。灌嬰追斬羽東城。〔三〕楚地悉定，獨魯不下。漢王引天下兵欲屠之，爲其守節禮義之國，乃持羽頭示其父兄，魯乃降。初，懷王封羽爲魯公，及死，魯又爲之堅守，故以魯公葬羽於穀城。〔四〕漢王爲發（葬）〔喪〕，哭臨而去。〔五〕封項伯等四人爲列侯，賜姓劉氏。〔六〕諸民略在楚者皆歸之。漢王還至定陶，馳入齊王信壁，奪其軍。初項羽所立臨江王共敖前死，子尉嗣立爲王，不降。遣盧綰、劉賈擊虜尉。

〔一〕應劭曰：「垓音該。」李奇曰：「沛洨縣聚邑名也。」師古曰：「洨音銜交反。」

〔二〕應劭曰：「楚歌者，雞鳴歌也。漢已略得其地，故楚歌者多雞鳴時歌也。」師古曰：「楚歌者，爲楚人之歌，猶言吳歈越吟耳。若以雞鳴爲歌曲之名，於理則可，不得云雞鳴時也。高祖令戚夫人楚舞，自爲作楚歌，豈亦雞鳴時乎？」

〔三〕晉灼曰：「九江縣。」

〔四〕師古曰：「即濟北穀城。」

〔五〕師古曰：「臨音力禁反。」

〔六〕師古曰：「皆羽之族，先有功於漢者。」

春正月，追尊兄伯號曰武哀侯。〔一〕下令曰：「楚地已定，義帝亡後，欲存恤楚衆，以定其主。齊王信習楚風俗，更立爲楚王，〔二〕王淮北，都下邳。魏相國建城侯彭越勤勞魏民，卑下士卒，〔三〕常以少擊衆，數破楚軍，其以魏故地王之，號曰梁王，都定陶。」又曰：「兵不得休八年，萬民與苦甚，〔四〕今天下事畢，其赦天下殊死以下。」〔五〕

〔一〕應劭曰：「兄伯早亡，追謚之。」

〔二〕師古曰：「更，改也。」

〔三〕師古曰：「言安輯魏地，保其人衆也。下音胡稼反。」

〔四〕如淳曰：「與音相干與之與。」師古曰：「音弋庶反。」

〔五〕如淳曰：「死罪之明白也。左傳曰斬其木而弗殊。」韋昭曰：「殊死，斬刑也。」師古曰：「殊，絕也，異也，言其身首離絕而異處也。」

於是諸侯上疏曰：「楚王韓信、韓王信、淮南王英布、梁王彭越、故衡山王吳芮、〔一〕趙王張敖、燕王臧荼昧死再拜言，〔二〕大王陛下：〔三〕先時秦為亡道，天下誅之。大王先得秦王，定關中，於天下功最多。存亡定危，救敗繼絕，以安萬民，功盛德厚。又加惠於諸侯王有功者，使得立社稷。地分已定，而位號比儗，亡上下之分，〔四〕大王功德之著，於後世不宣。〔五〕昧死再拜上皇帝尊號。」漢王曰：「寡人聞帝者賢者有也，〔六〕虛言亡實之名，非所取也。今諸侯王皆推高寡人，將何以處之哉？」諸侯王皆曰：「大王起於細微，滅亂秦，威動海內。又以辟陋之地，〔七〕自漢中行威德，誅不義，立有功，平定海內，功臣皆受地食邑，非私之也。大王德施四海，諸侯王不足以道之，居帝位甚實宜，願大王以幸天下。」〔八〕漢王曰：「諸侯王幸以為便於天下之民，則可矣。」於是諸侯王及太尉長安侯臣綰等三百人，〔九〕與博士稷嗣君叔孫通〔一〇〕謹擇良日二月甲午，上尊號。漢王即皇帝位于氾水之陽。〔一一〕尊王后曰皇后，太子曰皇太子，追尊先媼曰昭靈夫人。

〔一〕張晏曰：「漢元年，項羽立芮為衡山王，後又奪之地，謂之番君，是以曰故。」

〔二〕張晏曰：「秦以為人臣上書當言昧犯死罪而言，漢遂遵之。」

〔三〕應劭曰：「陛者，升堂之陛。王者必有執兵陳於階陛之側，羣臣與至尊言，不敢指斥，故呼在陛下者而告之，因卑以達尊之意也。若今稱殿下、閤下、侍者、執事，皆此類也。」

〔四〕師古曰：「言大王與臣等並稱王，是爲比類相儗，無尊卑之差別也。地分音扶問反。」

〔五〕師古曰：「言位號不殊，則功德之著明者，不宜於後世也。」

〔六〕師古曰：「言賢德之人乃可有帝號。」

〔七〕師古曰：「辟讀曰僻。」

〔八〕晉灼曰：「漢儀注民臣被其德以爲僥倖也。」師古曰：「倖者，吉而免凶，可慶幸也，故福喜之事皆稱爲幸，而死謂之不幸。」

〔九〕師古曰：「綰，盧綰也。」

〔一〇〕孟康曰：「稷嗣，邑名。」

〔一一〕張晏曰：「在濟陰界，取其汜愛弘大而潤下也。」師古曰：「據叔孫通傳曰爲皇帝於定陶，則此水在濟陰是也。音敷劍反。」

詔曰：〔一〕「故衡山王吳芮與子二人、兄子一人，從百粵之兵，〔二〕以佐諸侯，誅暴秦，有大功，諸侯立以爲王。項羽侵奪之地，謂之番君。〔三〕其以長沙、豫章、象郡、桂林、南海立番君芮爲長沙王。」〔四〕又曰：「故粵王亡諸世奉粵祀，秦侵奪其地，使其社稷不得血食。〔五〕諸侯伐秦，亡諸身帥閩中兵以佐滅秦，〔六〕項羽廢而弗立。今以爲閩粵王，王閩中地，勿使失職。」

〔一〕如淳曰：「詔，告也。自秦漢以下，唯天子獨稱之。」

〔二〕服虔曰：「非一種，若今言百蠻也。」

〔三〕師古曰：「番音蒲何反。」

〔四〕臣瓚曰：「茂陵書象郡治臨塵，去長安萬七千五百里。」文穎曰：「桂林，今鬱林也。」師古曰：「桂林，今之桂州境界左右皆是其地，非鬱林也。」

〔五〕師古曰：「祭者尙血腥，故曰血食也。」

〔六〕如淳曰：「閩音緡。」應劭曰：「音文飾之文。」師古曰：「閩越，今泉州建安是其地也。其人本蛇種，故其字從虫。如音是也。虫音許尾反。」

帝乃西都洛陽。夏五月，兵皆罷歸家。詔曰：「諸侯子在關中者，復之十二歲，〔一〕其歸者半之。〔二〕民前或相聚保山澤，不書名數，〔三〕今天下已定，令各歸其縣，復故爵田宅，〔四〕吏以文法敎訓辨告，勿笞辱。〔五〕民以飢餓自賣爲人奴婢者，皆免爲庶人。軍吏卒會赦，其亡罪而亡爵及不滿大夫者，皆賜爵爲大夫。〔六〕故大夫以上賜爵各一級，〔七〕其七大夫以上，皆令食邑，〔八〕非七大夫以下，皆復其身及戶，勿事。」〔九〕又曰：「七大夫、公乘以上，皆高爵也。〔一〇〕諸侯子及從軍歸者，甚多高爵，吾數詔吏先與田宅，及所當求於吏者，亟與。〔一一〕爵或人君，上所尊禮，〔一二〕久立吏前，曾不爲決，〔一三〕甚亡謂也。〔一四〕異日秦民爵公大夫以上，令丞與亢禮。〔一五〕今吾於爵非輕也，吏獨安取此！〔一六〕且法以有功勞行田宅，〔一七〕今小吏未嘗從軍者多滿，〔一八〕而有功者顧不得，〔一九〕背公立私，守尉長吏敎訓甚不善。〔二〇〕其令諸吏善遇高爵，

稱吾意。〔一四〕且廉問，有不如吾詔者，以重論之。」〔一五〕

〔一〕師古曰：「復音方目反。」

〔二〕師古曰：「各已還其本土者，復六歲也。」

〔三〕師古曰：「保，守也，安也。守而安之，以避難也。名數，謂戶籍也。」

〔四〕師古曰：「復，還也，音扶目反。」

〔五〕師古曰：「辨告者，分別義理以曉喻之。」

〔六〕如淳曰：「軍吏卒會赦，得免罪，及本無罪而亡爵級者，皆賜爵爲大夫。」師古曰：「大夫，第五爵也。」

〔七〕師古曰：「就加之也。級，等也。」

〔八〕臣瓚曰：「秦制，列侯乃得食邑，今七大夫以上皆食邑，所以寵之也。」師古曰：「七大夫，公大夫也，爵第七，故謂之七大夫。」

〔九〕應劭曰：「不輸戶賦也。」如淳曰：「事謂役使也。」師古曰：「復其身及一戶之內皆不傜賦也。復音扶目反。」

〔一〇〕師古曰：「公乘，第八爵。」

〔一一〕師古曰：「亟，急也，音居力反。」

〔一二〕師古曰：「爵高有國邑者，則自君其人，故云或人君也。上謂天子。」

〔一三〕師古曰：「有辨（說）〔訟〕及陳請者，不早爲決斷。」

〔一四〕師古曰：「亡謂者，失於事宜，不可以訓。」

〔一五〕應劭曰：「言從公大夫以上，民與令丞亢禮。亢禮者，長揖不拜。」師古曰：「異日，猶言往日也。亢者，當也，言高下相當，無所卑屈，不獨謂揖拜也。」

〔一六〕師古曰：「於何得此輕爵之法也。」

〔一七〕蘇林曰：「行音行酒之行，猶付與也。」

〔一八〕如淳曰：「多自滿足也。」

〔一九〕師古曰：「顧猶反也，言若人反顧然。」

〔二〇〕師古曰：「守，郡守也。尉，郡尉也。長吏，謂縣之令長。」

〔二一〕師古曰：「稱，副也。」

〔二二〕師古曰：「廉，察也。廉字本作覝，其音同耳。」

帝置酒雒陽南宮。上曰：〔一〕「通侯諸將〔二〕毋敢隱朕，〔三〕皆言其情。吾所以有天下者何？項氏之所以失天下者何？」高起、王陵對曰：〔四〕「陛下嫚而侮人，〔五〕項羽仁而敬人。然陛下使人攻城略地，所降下者，因以與之，與天下同利也。項羽妒賢嫉能，有功者害之，賢者疑之，戰勝而不與人功，得地而不與人利，此其所以失天下也。」上曰：「公知其一，未知其二。夫運籌帷幄之中，決勝千里之外，吾不如子房；塡國家，撫百姓，給餉餽，不絕糧道，吾不如蕭何；〔六〕連百萬之衆，戰必勝，攻必取，吾不如韓信。三者皆人傑，吾能用之，〔七〕此吾所以取天下者也。項羽有一范增而不能用，此所以爲我禽也。」羣臣說服。〔八〕

〔一〕如淳曰：「蔡邕云上者尊位所在也。但言上，不敢言尊號耳。」

〔二〕應劭曰：「舊曰徹侯，避武帝諱曰通侯。通亦徹也。通者，言其功德通於王室也。」張晏曰：「後改爲列侯。列者，見序列也。」

〔三〕如淳曰：「朕，我也。蔡邕曰古者上下共之。咎繇與帝舜言稱朕，屈原曰『朕皇考』，至秦獨以爲尊稱，漢遂因之而不改也。」

〔四〕張晏曰：「詔使高官者起，故陵先對。」孟康曰：「姓高，名起。」臣瓚曰：「漢帝年紀高帝時有信平侯臣陵、都武侯臣起。魏相、邴吉高帝時奏事有將軍臣陵、臣起。」師古曰：「張說非也。若言高官者起，則丞相蕭何、太尉盧綰及張良、陳平之屬時皆在陵上，陵不得先對也。」

〔五〕師古曰：「嫚，易也，讀與慢同。」

〔六〕師古曰：「塡與鎭同。鎭，安也。餽亦饋字。」

〔七〕師古曰：「傑言桀然獨出也。」

〔八〕師古曰：「說讀曰悅。」

初，田橫歸彭越。項羽已滅，橫懼誅，與賓客亡入海。上恐其久爲亂，遣使者赦橫，曰：「橫來，大者王，小者侯；〔一〕不來，且發兵加誅。」橫懼，乘傳詣雒陽，〔二〕未至三十里，自殺。上壯其節，爲流涕，發卒二千人，以王禮葬焉。

〔一〕師古曰：「大者，謂其長率，即橫身也。小者，其徒屬也。」

〔二〕如淳曰：「律，四馬高足爲置傳，四馬中足爲馳傳，四馬下足爲乘傳，一馬二馬爲軺傳。急者乘一乘傳。」師古曰：

「傳者，若今之驛，古者以車，謂之傳車，其後又單置馬，謂之驛騎。傳音張戀反。」

戍卒婁敬求見，說上曰：「陛下取天下與周異，而都雒陽，不便，不如入關，據秦之固。」上以問張良，良因勸上。是日，車駕西都長安。〔一〕拜婁敬爲奉春君，〔二〕賜姓劉氏。六月壬辰，大赦天下。

〔一〕師古曰：「凡言車駕者，謂天子乘車而行，不敢指斥也。是日，即其日也。著是日者，言從善之速也。長安本秦之鄉名，高祖作都焉。」

〔二〕張晏曰：「春，歲之始也，今婁敬發事之始，故號曰奉春君也。」

秋七月，燕王臧荼反，上自將征之。九月，虜荼。詔諸侯王視有功者立以爲燕王。荆王臣信等十人〔一〕皆曰：「太尉長安侯盧綰功最多，請立以爲燕王。」使丞相噲將兵平代地。

〔一〕如淳曰：「荆亦楚也。」賈逵曰：「秦莊襄王名楚，故改諱荆，遂行於世。」晉灼曰：「詩曰『奮伐荆楚』，自秦之先故以稱荆也。」師古曰：「晉說是也。左傳又云『荆尸而舉』，亦已久矣。」

利幾反，上自擊破之。利幾者，項羽將。羽敗，利幾爲陳令，降，上侯之潁川。上至雒陽，舉通侯籍召之，〔一〕而利幾恐，反。〔二〕

〔一〕蘇林曰：「都以侯籍召之。」

〔二〕師古曰：「普召通侯，而利幾自以項羽將，故恐懼而反也。」

後九月，徙諸侯子關中。治長樂宮。

六年冬十月，令天下縣邑城。〔一〕

〔一〕張晏曰：「皇后、公主所食曰邑。令各自築其城也。」師古曰：「縣之與邑，皆令築城。」

人告楚王信謀反，上問左右，左右爭欲擊之。用陳平計，乃僞游雲夢。〔一〕十二月，會諸侯于陳，楚王信迎謁，因執之。詔曰：「天下既安，豪桀有功者封侯，新立，未能盡圖其功。〔二〕身居軍九年，或未習法令，或以其故犯法，〔三〕大者死刑，吾甚憐之。其赦天下。」田肯賀上曰：「甚善，陛下得韓信，又治秦中。〔四〕秦，形勝之國也，〔五〕帶河阻山，縣隔千里，〔六〕持戟百萬，秦得百二焉。〔七〕地勢便利，其以下兵於諸侯，譬猶居高屋之上建瓴水也。〔八〕夫齊，東有琅邪、即墨之饒，〔九〕南有泰山之固，西有濁河之限，〔一〇〕北有勃海之利，地方二千里，持戟百萬，縣隔千里之外，齊得十二焉。〔一一〕此東西秦也。非親子弟，莫可使王齊者。」上曰：「善。」賜金五百斤。上還至雒陽，赦韓信，封爲淮陰侯。

〔一〕韋昭曰：「在南郡之華容也。」師古曰：「夢讀如本字，又音莫風反。」

〔二〕師古曰：「新立，言新即帝位也。圖謂謀而賞之。」

〔三〕韋昭曰：「言未習知法令而犯之者，有司因以故犯法之罪罪之，故帝愍焉。」師古曰：「此說非也，言以未習法令之故，不知避罪，遂致犯刑，帝原其本情，故加憐之。」

〔四〕師古曰：「治謂都之也。秦中謂關中，秦地也。」

〔五〕張晏曰：「得形勢之勝便也。」

〔六〕鄭氏曰：「縣音懸。」師古曰：「此本古之懸字耳，後人轉用爲州縣字，乃更加心以別之，非當借音。他皆類此。」

〔七〕應劭曰：「言河山之險，與諸侯相縣隔，絕千里也。所以能禽諸侯者，得天下之利百二也。」李斐曰：「河山之險，由地勢高，順流而下易，故天下於秦縣隔千里也。持戟百萬，秦得百二焉。」蘇林曰：「百二，得百中之二，二萬人也。秦地險固，二萬人足當諸侯百萬人也。」師古曰：「縣隔千里，李、應得之。秦得百二，蘇說是也。」

〔八〕如淳曰：「瓴，盛水瓶也。居高屋之上而幡瓴水，言其向下之勢易也。建音謇。」蘇林曰：「瓴讀曰鈴。」師古曰：「如、蘇音說皆是。建音居偃反。」

〔九〕師古曰：「二縣近海，財用之所出。」

〔一〇〕晉灼曰：「齊西有平原，河水東北過高唐。高唐卽平原也。孟津號黃河，故曰濁河也。」

〔一一〕應劭曰：「齊得十之二耳，故愍王稱東帝，後復歸之，卒爲秦所滅者，利鈍之勢異也。」李斐曰：「齊有山河之限，地方二千里，是與天下縣隔也。設有持戟百萬之衆，齊得十中之二焉。百萬十分之二，亦二十萬也。但文相避，故言東西秦，其勢敵也。」蘇林曰：「十二，得十中之二，二十萬人當百萬。言齊雖固，不如秦二萬乃當百萬也。」晉灼曰：「案文攷義，蘇說是也。」師古曰：「蘇、晉之釋得其意也。秦得百二者，二萬人當諸侯百萬人也。齊得十二者，二十萬人當諸侯百萬也。所以言縣隔千里之外者，除去秦地，而齊乃與諸侯計利便也。」

甲申，始剖符封功臣曹參等爲通侯。〔一〕詔曰：「齊，古之建國也，今爲郡縣，其復以爲諸侯。〔二〕將軍劉賈數有大功，及擇寬惠脩絜者，王齊、荊地。」春正月丙午，韓王信等奏請以故東陽郡、鄣郡、吳郡五十三縣立劉賈爲荆王，〔三〕以碭郡、薛郡、郯郡三十六縣立弟文信君交爲楚王。〔四〕壬子，以雲中、鴈門、代郡五十三縣立兄宜信侯喜爲代王，以膠東、膠西、臨淄、濟北、博陽、城陽郡七十三縣立子肥爲齊王，以太原郡三十一縣爲韓國，徙韓王信都晉陽。

〔一〕師古曰：「剖，破也，與其合符而分授之也。剖音普口反。」

〔二〕師古曰：「爲國以封諸侯王。」

〔三〕文穎曰：「東陽，今下邳也。鄣郡，今丹（楊）〔陽〕也。吳郡，本會稽也。」韋昭曰：「鄣郡，今故鄣縣也，後郡徙丹（楊）〔陽〕，轉以爲縣，故謂之故鄣也。」師古曰：「鄣音章。」

〔四〕文穎曰：「薛郡，今魯國是也。郯郡，今東海郡也。」師古曰：「郯音談。」

上已封大功臣（三）〔二〕十餘人，其餘爭功，未得行封。上居南宮，從復道上〔一〕見諸將往往耦語，以問張良。良曰：「陛下與此屬共取天下，今已爲天子，而所封皆故人所愛，所誅皆平生仇怨。今軍吏計功，以天下爲不足用徧封，〔二〕而恐以過失及誅，故相聚謀反耳。」上曰：「爲之奈何？」良曰：「取上素所不快，〔三〕計羣臣所共知最甚者一人，先封以示羣臣。」三月，上置酒，封雍齒，因趣丞相急定功行封。〔四〕罷酒，羣臣皆喜，曰：「雍齒且侯，吾屬亡患矣！」

〔一〕如淳曰：「復音複，上下有道，故謂之復。」

〔二〕師古曰：「言有功者多，而土地少。」

〔三〕師古曰：「言有舊嫌者也。」

〔四〕師古曰：「趣讀曰促。」

上歸櫟陽，五日一朝太公。太公家令說太公曰：「天亡二日，土亡二王。皇帝雖子，人主也；太公雖父，人臣也。奈何令人主拜人臣！如此，則威重不行。」後上朝，太公擁彗，〔一〕迎門卻行。〔二〕上大驚，下扶太公。太公曰：「帝，人主，奈何以我亂天下法！」於是上心善家令言，〔三〕賜黃金五百斤。夏五月丙午，詔曰：「人之至親，莫親於父子，故父有天下傳歸於子，子有天下尊歸於父，此人道之極也。前日天下大亂，兵革並起，萬民苦殃，朕親被堅執銳，〔四〕自帥士卒，犯危難，平暴亂，立諸侯，偃兵息民，天下大安，此皆太公之教訓也。諸王、通侯、將軍、羣卿、大夫已尊朕爲皇帝，而太公未有號。今上尊太公曰太上皇。」〔五〕

〔一〕李奇曰：「爲恭也，如今卒持帚也。」師古曰：「彗者，所以埽也，音似歲反。」

〔二〕師古曰：「卻，退而行也，音丘略反。」

〔三〕師古曰：「晉太子庶子劉寶云善其發悟己心，因得尊崇父號，非善其令父敬己。」

〔四〕師古曰：「被堅謂甲胄也。執銳謂利兵也。被音皮義反。」

〔五〕師古曰：「太上，極尊之稱也。皇，君也。天子之父，故號曰皇。不預治國，故不言帝也。」

秋九月，匈奴圍韓王信於馬邑，信降匈奴。

七年冬十月，上自將擊韓王信於銅鞮，〔一〕斬其將。信亡走匈奴，（與）其將曼丘臣、王黃〔二〕共立故趙後趙利爲王，〔三〕收信散兵，與匈奴共距漢。上從晉陽連戰，乘勝逐北，至樓煩，會大寒，士卒墮指者什二三。〔四〕遂至平城，爲匈奴所圍，七日，用陳平祕計得出。〔五〕使樊噲留定代地。

〔一〕師古曰：「縣名也。鞮音丁奚反。」

〔二〕師古曰：「姓曼丘，名臣也。曼丘、毋丘本一姓也，語有緩急耳。曼音萬。」

〔三〕師古曰：「故趙，六國時趙也。」

〔四〕師古曰：「十人之中，二三墮指。」

〔五〕應劭曰：「陳平使畫工圖美女，間遣人遺閼氏，云漢有美女如此，今皇帝困厄，欲獻之。閼氏畏其奪己寵，因謂單于曰：『漢天子亦有神靈，得其土地，非能有也。』於是匈奴開其一角，得突出。」鄭氏曰：「以計鄙陋，故祕不傳。」師古曰：「應氏之說出桓譚新論，蓋譚以意測之，事當然耳，非紀傳所說也。」

十二月，上還過趙，不禮趙王。是月，匈奴攻代，代王喜棄國，自歸雒陽，赦爲合陽侯。辛卯，立子如意爲代王。

春，令郎中有罪耐以上，請之。〔一〕民產子，復勿事二歲。〔二〕

〔一〕應劭曰：「輕罪不至于髡，完其耏鬢，故曰耏。古耏字從彡，髮膚之意也。杜林以爲法度之字皆從寸，後改如是。言耐罪已上，皆當先請也。耐音若能。」如淳曰：「耐猶任也，任其事也。」師古曰：「依應氏之說，耏當音而，如氏之解則音乃代反，其義亦兩通。(而)〔耏〕謂頰旁毛也。彡，毛髮貌也，音所廉反，又先廉反。而功臣侯表宣曲侯通耏爲鬼薪，則應氏之說斯爲長矣。」

〔二〕師古曰：「勿事，不役使也。」

二月，至長安。蕭何治未央宮，立東闕、北闕、前殿、武庫、大倉。〔一〕上見其壯麗，甚怒，謂何曰：「天下匈匈，勞苦數歲，成敗未可知，〔二〕是何治宮室過度也！」何曰：「天下方未定，故可因以就宮室。〔三〕且夫天子以四海爲家，非令壯麗亡以重威，且亡令後世有以加也。」上說。〔四〕自櫟陽徙都長安。置宗正(宮)〔官〕以序九族。夏四月，行如雒陽。〔五〕

〔一〕師古曰：「未央殿雖南嚮，而上書奏事謁見之徒皆詣北闕，公車司馬亦在北焉。是則以北闕爲正門，而又有東門、東闕。至於西南兩面，無門闕矣。蓋蕭何初立未央宮，以厭勝之術，理宜然乎？」

〔二〕師古曰：「匈匈，喧擾之意。」

〔三〕師古曰：「就，成也。」

〔四〕師古曰：「說讀曰悅。」

〔五〕師古曰：「如，往也。」

八年冬，上東擊韓信餘寇於東垣。〔一〕還過趙，趙相貫高等恥上不禮其王，陰謀欲弑上。上欲宿，心動，問「縣名何？」曰：「柏人。」上曰：「柏人者，迫於人也。」去弗宿。

〔一〕孟康曰：「眞定也。」師古曰：「垣音轅。」

十一月，令士卒從軍死者爲槥，〔一〕歸其縣，縣給衣衾棺葬具，〔二〕祠以少牢，長吏視葬。十二月，行自東垣至。〔三〕

〔一〕服虔曰：「槥音衞。」應劭曰：「小棺也，今謂之櫝。」

〔二〕如淳曰：「棺音貫，謂棺斂之服也。」臣瓚曰：「初以槥致其尸於家，縣官更給棺衣更斂之也。金布令曰『不幸死，死所爲櫝，傳歸所居縣，賜以衣棺』也。」師古曰：「初爲槥櫝，至縣更給衣及棺，備其葬具耳。不勞改讀音爲貫也。金布者，令篇（者）〔名〕，若今言倉庫令也。」

〔三〕師古曰：「至京師。」

春三月，行如雒陽。令吏卒從軍至平城及守城邑者〔一〕皆復終身勿事。〔二〕爵非公乘以上毋得冠劉氏冠。〔三〕賈人毋得衣錦繡綺縠絺紵罽，操兵，乘騎馬。〔四〕秋八月，吏有罪未發覺者，赦之。九月，行自雒陽至，淮南王、梁王、趙王、楚王皆從。

〔一〕如淳曰：「平城左右諸城能堅守（也）〔者〕。」

〔二〕師古曰：「復音方目反。」

〔三〕文穎曰：「即竹皮冠也。」

〔四〕師古曰：「賈人，坐販賣者也。綺，文繒也，即今之細綾也。絺，細葛也。紵，織紵爲布及疏也。罽，織毛若今毼及氍毹之類也。操，持也。兵，凡兵器也。乘，駕車也。騎，單騎也。賈音古。絺音丑知反。紵音佇。罽音居例反。操音千高反。」

九年冬十月，淮南王、梁王、趙王、楚王朝未央宮，置酒前殿。上奉玉卮〔一〕爲太上皇壽，〔二〕曰：「始大人常以臣亡賴，〔三〕不能治產業，不如仲力。〔四〕今某之業所就孰與仲多？」〔五〕殿上羣臣皆稱萬歲，大笑爲樂。

〔一〕應劭曰：「飲酒禮器也，古以角作，受四升。古卮字作觗。」晉灼曰：「音支。」師古曰：「卮，飲酒圓器也，今尚有之。」

〔二〕師古曰：「進酒而獻壽也，已解於上。」

〔三〕應劭曰：「賴者，恃也。」晉灼曰：「許慎云『賴，利也』，無利入於家也。或曰江淮之間謂小兒多詐狡獪爲亡賴。」師古曰：「晉說是也。獪音工外反。」

〔四〕服虔曰：「力，勤力也。」

〔五〕師古曰：「就，成也。與亦如也。」

十一月，徙齊楚大族昭氏、屈氏、景氏、懷氏、田氏五姓關中，與利田宅。〔一〕十二月，行如雒陽。

〔一〕師古曰：「利謂便好也。屈音九勿反。」

貫高等謀逆發覺，逮捕高等，〔一〕并捕趙王敖下獄。詔敢有隨王，罪三族。〔二〕郎中田叔、孟舒等十人自髡鉗爲王家奴，〔三〕從王就獄。王實不知其謀。春正月，廢趙王敖爲宣平侯。徙代王如意爲趙王，王趙國。丙寅，前有罪殊死以下，皆赦之。

〔一〕師古曰：「逮捕，謂事相連及者皆捕之也。一曰，在道守禁，相屬不絕，若今之傳送囚耳。」

〔二〕張晏曰：「父母兄弟妻子也。」如淳曰：「父族、母族、妻族也。」師古曰：「如說是也。」

〔三〕師古曰：「鉗，以鐵束頸也，音其炎反。」

二月，行自雒陽至。賢趙臣田叔、孟舒等十人，召見與語，漢廷臣無能出其右者。〔一〕上說，〔二〕盡拜爲郡守、諸侯相。

〔一〕師古曰：「古者以右爲尊，言材用無能過之者，故云不出其右也。他皆類此。」

〔二〕師古曰：「說讀曰悅。」

夏六月乙未晦，日有食之。

十年冬十月，淮南王、燕王、荊王、梁王、楚王、齊王、長沙王來朝。

夏五月，太上皇后崩。〔一〕秋七月癸卯，太上皇崩，葬萬年。〔二〕赦櫟陽囚死罪以下。〔三〕

八月，令諸侯王皆立太上皇廟于國都。

〔一〕如淳曰：「王陵傳楚取太上皇、呂后爲質。又項羽歸太公、呂后，不見歸媼也。又上五年追尊母媼爲昭靈夫人，高后時乃追尊爲昭靈后耳。漢儀注高帝母兵起時死小黃北，後於小黃作陵廟。以此二者推之，不得有太上皇后崩也。」李奇曰：「高祖後母也。」晉灼曰：「五年，追尊先媼曰昭靈夫人，言追尊，則明其已亡。史記十年春夏無事，七月太上皇崩，葬櫟陽宮，明此長『夏五月太上皇后崩』八字也。又漢儀注先媼已葬陳留小黃。」師古曰：「如、晉二說皆得之，無此太上皇后也。諸家之說更有異端，適爲煩穢，不足采也。」

〔二〕師古曰：「三輔黃圖云高祖初居櫟陽，故太上皇因在櫟陽。十年太上皇崩，葬其北原，起萬年邑，置長丞也。」

〔三〕臣瓚曰：「萬年陵在櫟陽縣界，故特赦之。」

九月，代相國陳豨反。〔一〕上曰：「豨嘗爲吾使，甚有信。〔二〕代地吾所急，故封豨爲列侯，以相國守代，今乃與王黃等劫掠代地！吏民非有罪也，能去豨、黃來歸者，皆赦之。」〔三〕上自東，至邯鄲。上喜曰：「豨不南據邯鄲而阻漳水，吾知其亡能爲矣。」趙相周昌奏常山二十五城亡其二十城，請誅守尉。〔四〕上曰：「守尉反乎？」對曰：「不。」上曰：「是力不足，亡罪。」上令周昌選趙壯士可令將者，白見四人。〔五〕上嫚罵曰：〔六〕「豎子能爲將乎！」四人慙，皆伏地。上封各千戶，以爲將。左右諫曰：「從入蜀漢，伐楚，賞未偏行，今封此，何功？」上曰：「非汝所知。陳豨反，趙代地皆豨有。吾以羽檄徵天下兵，未有至者，〔七〕今計唯獨邯鄲中兵耳。吾何愛四千戶，不以慰趙子弟！」皆曰：「善。」又求「樂毅有後乎？」〔八〕得其孫叔，封之樂鄉，號華成君。問豨將，皆故賈人。上曰：「吾知與之矣。」〔九〕乃多以金購豨將，〔一〇〕豨將多降。

〔一〕鄧展曰：「東海人名豬曰豨。」師古曰：「豨音許豈反。」

〔二〕師古曰：「爲音于僞反。」

〔三〕師古曰：「去謂棄離之而來也。」

〔四〕師古曰：「守者，郡守；尉者，郡尉也。」

〔五〕師古曰：「白於天子而召見也。」

〔六〕師古曰：「嫚者，渫汙也。」

〔七〕師古曰：「檄者，以木簡爲書，長尺二寸，用徵召也。其有急事，則加以鳥羽插之，示速疾也。魏武奏事云今邊有警，輒露檄插羽。檄音胡歷反。」

〔八〕師古曰：「樂毅，戰國時燕將也。」

〔九〕師古曰：「與，如也，言能如之何也。」

〔一〇〕師古曰：「購，設賞募也，〔音搆〕。」

十一年冬，上在邯鄲。豨將侯敞將萬餘人游行，王黃將騎千餘軍曲逆，〔一〕張春將卒萬餘人度河攻聊城。〔二〕漢將軍郭蒙與齊將擊，大破之。太尉周勃道太原入定代地，〔三〕至馬邑，馬邑不下，攻殘之。〔四〕豨將趙利守東垣，高祖攻之不下。卒罵，上怒。城降，卒罵者斬之。諸縣堅守不降反寇者，復租賦三歲。

〔一〕文穎曰：「今中山蒲陰是也。」
〔二〕師古曰：「即今博州聊城縣。」
〔三〕師古曰：「道由太原也。」
〔四〕師古曰：「殘謂多所殺戮也。」

春正月，淮陰侯韓信謀反長安，夷三族。將軍柴武斬韓王信於參合。〔一〕

〔一〕師古曰：「代之縣也。」

上還雒陽。詔曰：「代地居常山之北，與夷狄邊，趙乃從山南有之，遠，數有胡寇，難以爲國。頗取山南太原之地益屬代，〔一〕代之雲中以西爲雲中郡，則代受邊寇益少矣。王、相國、通侯、吏二千石擇可立爲代王者。」燕王綰、相國何等三十三人皆曰：「子恒賢知溫良，請立以爲代王，都晉陽。」〔二〕大赦天下。

〔一〕師古曰：「少割以益之，不盡取也。頗音普我反。後皆類此。」
〔二〕如淳曰：「文紀言都中都，又文帝過太原，復晉陽、中都二歲，似還都於中都也。」

二月，詔曰：「欲省賦甚。〔一〕今獻未有程，〔二〕吏或多賦以爲獻，而諸侯王尤多，民疾之。〔三〕令諸侯王、通侯常以十月朝獻，及郡各以其口數率，〔四〕人歲六十三錢，以給獻費。」

又曰：「蓋聞王者莫高於周文，伯者莫高於齊桓，〔五〕皆待賢人而成名。今天下賢者智能豈特古之人乎？〔六〕患在人主不交故也，士奚由進！〔七〕今吾以天之靈，賢士大夫定有天下，以爲一家，欲其長久，世世奉宗廟亡絕也。賢人已與我共平之矣，而不與吾共安利之，可乎？賢士大夫有肯從我游者，吾能尊顯之。布告天下，使明知朕意。御史大夫昌下相國，〔八〕相國酇侯下諸侯王，〔九〕御史中執法下郡守，〔一〇〕其有意稱明德者，必身勸，爲之駕，〔一一〕遣詣相國府，署行、義、年。〔一二〕有而弗言，覺，免。年老癃病，勿遣。」〔一三〕

〔一〕師古曰：「意甚欲省賦斂也。」

〔二〕師古曰：「程，法式也。」

〔三〕師古曰：「諸侯王賦其國中，以爲獻物，又多於郡，故百姓疾苦之。」

〔四〕師古曰：「率，計也。」

〔五〕師古曰：「伯讀曰霸。」

〔六〕師古曰：「特，獨也。」

〔七〕師古曰：「奚，何也。」

〔八〕臣瓚曰：「周昌已爲趙相，御史大夫是趙堯耳。」

〔九〕臣瓚曰：「茂陵書何封國在南陽。酇音贊。」師古曰：「瓚說是也。而或云何封沛郡酇縣，音才何反，非也。案地理志南陽酇縣云侯國，沛酇縣不云侯國也。又南陽酇者，本是春秋時陰國，所謂遷陰于下陰者也。今爲襄州陰城縣，有酇城，城西見有蕭何廟。彼土又有筑水，筑水之陽古曰筑陽縣，與酇側近連接。據何本傳，何薨之後子祿無嗣，高后封何夫人同爲酇侯，小子延爲筑陽侯。孝文罷同，更封延爲酇侯。是知何封酇國兼得筑陽，此明驗也。但酇字別有鄼音，是以沛之鄼縣，史記、漢書皆作酇字，明其音同也。班固泗水亭碑以蕭何相國所封，與何同韻，於義無爽。然其封邑實在南陽，非沛縣也。且地理志云王莽改沛酇曰贊治，然則沛酇亦有贊音。鄼、酇相亂，無所取信也。說者又引江統徂淮賦以爲證，此乃統之疏謬，不可考覈，亦猶潘岳西征以陝之曲沃爲成師所居耳。斯例甚多，不可具載。」

〔一〇〕晉灼曰：「中執法，中丞也。」

〔一一〕文穎曰：「有賢者，郡守身自往勸勉，令至京師，駕車遣之。」

〔一二〕蘇林曰：「行狀年紀也。」

〔一三〕師古曰：「癃，疲病也，音隆。」

三月，梁王彭越謀反，夷三族。〔一〕詔曰：「擇可以爲梁王、淮陽王者。」燕王綰、相國何等請立子恢爲梁王，子友爲淮陽王。罷東郡，頗益梁；罷潁川郡，頗益淮陽。

〔一〕師古曰：「夷，平也，謂盡誅除之。」

夏四月，行自雒陽至。令豐人徙關中者皆復終身。〔一〕

〔一〕應劭曰：「太上皇思（上）欲歸豐，高祖乃更築城寺市里如豐縣，號曰新豐，徙豐民以充實之。」師古曰：「徙豐人所居，即今之新豐古城是其處。復音方目反。」

五月，詔曰：「粵人之俗，好相攻擊，前時秦徙中縣之民南方三郡，〔一〕使與百粵雜處。〔二〕會天下誅秦，南海尉它居南方長治之，〔三〕甚有文理，中縣人以故不耗減，〔四〕粵人相攻擊之俗益止，俱賴其力。今立它為南粵王。」使陸賈即授璽綬。〔五〕它稽首稱臣。

〔一〕如淳曰：「中縣之民，中國縣民也。秦始皇略取（彊）〔陸〕梁地以為桂林、象郡、南海郡，故曰三郡。」

〔二〕李奇曰：「欲以介其間，使不相攻擊也。」

〔三〕晉灼曰：「長音長吏之長。」師古曰：「它，古佗字也，書本亦或作他，並音徒何反。它者，南海尉之名也，姓趙。長治，謂為之長（治）〔帥〕而治理之也。」

〔四〕師古曰：「耗，損也，音火到反。」

〔五〕師古曰：「即，就也，就其所居而立之。」

六月，令士卒從入蜀、漢、關中者皆復終身。〔一〕

〔一〕師古曰：「復音方目反。」

秋七月，淮南王布反。上問諸將，滕公言故楚令尹薛公有籌策。上（見公）〔召見〕，薛公言布形勢，上善之，封薛公千戶。詔王、相國擇可立為淮南王者，羣臣請立子長為王。上乃發上郡、北地、隴西車騎，巴蜀材官及中尉卒三萬人〔一〕為皇太子衞，軍霸上。布果如薛公言，東擊殺荊王劉賈，劫其兵，度淮擊楚，楚王交走入薛。上赦天下死罪以下，皆令從軍；徵諸侯兵，上自將以擊布。

〔一〕應劭曰：「材官，有材力者。」張晏曰：「材官、騎士習射御騎馳戰陳，常以八月，太守、都尉、令、長、丞會都試，課殿最。水處則習船，邊郡將萬騎行障塞。光武時省。」韋昭曰：「中尉卽執金吾也。」

十二年冬十月，上破布軍于會缶，〔一〕布走，令別將追之。

〔一〕孟康曰：「音儈保，邑名，屬沛國蘄縣。」蘇林曰：「缶音甀。」晉灼曰：「蘄縣鄉名也。」師古曰：「會音工外反。缶音丈瑞反。蘇音是也。此字本作甀，而轉寫者誤爲缶字耳。音保，非也。黥布傳則正作甀字，此足明其不作缶也。」

上還，過沛，留，置酒沛宮，悉召故人父老子弟佐酒。〔一〕發沛中兒得百二十人，敎之歌。酒酣，〔二〕上擊筑，〔三〕自歌曰：「大風起兮雲飛揚，威加海內兮歸故鄉，安得猛士兮守四方！」令兒皆和習之。〔四〕上乃起舞，忼慨傷懷，〔五〕泣數行下。〔六〕謂沛父兄曰：「游子悲故鄉。〔七〕吾雖都關中，萬歲之後吾魂魄猶思（樂）沛。且朕自沛公以誅暴逆，遂有天下，其以沛爲朕湯沐邑，〔八〕復其民，世世無有所與。」〔九〕沛父老諸母故人日樂飲極歡，道舊故爲笑樂。〔一〇〕十餘日，上欲去，沛父兄固請。上曰：「吾人衆多，父兄不能給。」乃去。沛中空縣皆之邑西獻。〔一一〕上留止，張飲三日。〔一二〕沛父兄皆頓首曰：「沛幸得復，豐未得，唯陛下哀矜。」上曰：「豐者，吾所生長，極不忘耳。〔一三〕吾特以其爲雍齒故反我爲魏。」沛父兄固請之，乃并復豐，比沛。

〔一〕應劭曰：「助行酒。」

〔二〕師古曰：「酣，洽也，音胡甘反。」

〔三〕鄧展曰：「筑音竹。」應劭曰：「狀似琴而大，頭安弦，以竹擊之，故名曰筑。」師古曰：「今筑形似瑟而細頸也。」

〔四〕師古曰：「和音胡臥反。」

〔五〕師古曰：「伉音口朗反。慨音口代反。」

〔六〕師古曰：「泣，目中淚也。」

〔七〕師古曰：「游子，行客也。悲謂顧念也。」

〔八〕師古曰：「凡言湯沐邑者，謂以其賦稅供湯沐之具也。」

〔九〕師古曰：「復音方目反。與讀曰豫。」

〔一〇〕師古曰：「言日日樂飲也。樂並音來各反。」

〔一一〕如淳曰：「獻牛酒也。」師古曰：「之，往也。皆往邑西，競有所獻，故縣中空無人。」

〔一二〕張晏曰：「張，帷帳也。」師古曰：「張音竹亮反。」

〔一三〕師古曰：「極，至也。至念之不忘也。」

漢別將擊布軍洮水南北，〔一〕皆大破之，追斬布番陽。〔二〕

〔一〕蘇林曰：「洮音兆。」

〔二〕師古曰：「番音蒲何反。」

周勃定代，斬陳豨於當城。〔一〕

〔一〕韋昭曰：「代郡縣也。」

詔曰：「吳，古之建國也，日者荆王兼有其地，〔一〕今死亡後。朕欲復立吳王，其議可者。」長沙王臣等言：〔二〕「沛侯濞重厚，〔三〕請立爲吳王。」已拜，上召謂濞曰：「汝狀有反相。」因拊其背，曰：「漢後五十年東南有亂，豈汝邪？〔四〕然天下同姓一家，汝慎毋反。」濞頓首曰：「不敢。」

〔一〕師古曰：「日者，猶往日也。」

〔二〕師古曰：「臣者，長沙王之名，吳芮之子也。今書本或臣下有芮字者，流俗妄加也。」

〔三〕服虔曰：「濞音滂濞。」師古曰：「音普懿反。」

〔四〕應劭曰：「高祖有聰略，反相徑可知。至於東南有亂，克期五十，占者所知也。若秦始皇東巡以厭氣，後劉項起東南，疑當如此耳。」如淳曰：「度其貯積足用爲難，又吳楚世不賓服。」師古曰：「應說是也。拊謂摩循之。」

十一月，行自淮南還。過魯，以大牢祠孔子。

十二月，詔曰：「秦皇帝、楚隱王、〔一〕魏安釐王、〔二〕齊愍王、〔三〕趙悼襄王〔四〕皆絕亡後。其與秦始皇帝守冢二十家，楚、魏、齊各十家，趙及魏公子亡忌各五家，〔五〕令視其冢，復亡與它事。」〔六〕

〔一〕師古曰：「陳勝也。」

〔二〕師古曰：「昭王之子也。釐讀曰僖。漢書僖謚及福禧字，例多爲釐。」
〔三〕師古曰：「宣王之子，爲淖齒所殺。」
〔四〕師古曰：「孝成王之子。」
〔五〕師古曰：「亡忌即信陵君也。」
〔六〕師古曰：「復音方目反。與讀曰豫。」

陳豨降將言豨反時燕王盧綰使人之豨所陰謀。〔一〕上使辟陽侯審食其迎綰，〔二〕綰稱疾。食其言綰反有端。春二月，使樊噲、周勃將兵擊綰。詔曰：「燕王綰與吾有故，愛之如子，聞與陳豨有謀，吾以爲亡有，故使人迎綰。綰稱疾不來，謀反明矣。燕吏民非有罪也，賜其吏六百石以上爵各一級。與綰居，去來歸者，赦之，〔三〕加爵亦一級。」詔諸侯王議可立爲燕王者，長沙王臣等請立子建爲燕王。

〔一〕師古曰：「之，往也。」
〔二〕師古曰：「辟音必亦反。食其音異基。」
〔三〕師古曰：「先與綰居，今能去之來歸漢者，赦其罪。」

詔曰：「南武侯織亦粵之世也，立以爲南海王。」〔一〕

〔一〕文穎曰：「高祖五年，以象郡、桂林、南海、長沙立吳芮爲長沙王。象郡、桂林、南海屬尉佗，佗未降，遥虚奪以封芮耳。後佗降漢，十一年，更立佗爲南越王，自此王三郡。芮唯得長沙、桂林、零陵耳。今復封織爲南海王，復遥奪佗一郡，織未得王之。」

三月，詔曰：「吾立爲天子，帝有天下，十二年于今矣。與天下之豪士賢大夫共定天下，同安輯之。〔一〕其有功者上致之王，次爲列侯，下乃食邑。〔二〕而重臣之親，或爲列侯，皆令自置吏，得賦斂，女子公主。〔三〕爲列侯食邑者，皆佩之印，賜大第室。〔四〕吏二千石，徙之長安，受小第室。入蜀漢定三秦者，皆世世復。〔五〕吾於天下賢士功臣，可謂亡負矣。其有不義背天子擅起兵者，與天下共伐誅之。〔六〕布告天下，使明知朕意。」

〔一〕師古曰：「輯與集同。」

〔二〕師古曰：「謂非列侯而特賜食邑者。」

〔三〕如淳曰：「公羊傳曰『天子嫁女於諸侯，必使諸侯同姓者主之』，故謂之公主。百官表『列侯所食曰國，皇后、公主所食曰邑』。帝姊妹曰長公主，諸王女曰翁主。」師古曰：「如說得之。天子不親主婚，故謂之公主。諸王卽自主婚，故其女曰翁主。翁者，父也，言父主其婚也。亦曰王主，言王自主其婚也。高祖答項羽曰『吾翁卽若翁也』。揚雄方言云『周、晉、秦、隴謂父曰翁』。而臣瓚、王楙或云公者比於上爵，或云主者婦人尊稱，皆失之。」

〔四〕孟康曰：「有甲乙次第，故曰第也。」

〔五〕師古曰：「復音方目反。」

〔六〕師古曰：「擅，專也，音上戰反。他皆類此。」

上擊布時，爲流矢所中，行道疾。疾甚，呂后迎良醫。醫入見，上問醫。曰：「疾可治

（不醫曰可治）。」於是上嫚罵之，曰：「吾以布衣提三尺取天下，〔一〕此非天命乎？命乃在天，雖扁鵲何益！」〔二〕遂不使治疾，賜黃金五十斤，罷之。呂后問曰：「陛下百歲後，蕭相國既死，誰令代之？」上曰：「曹參可。」問其次，曰：「王陵可，然少戇，〔三〕陳平可以助之。陳平知有餘，然難獨任。周勃重厚少文，然安劉氏者必勃也，可令爲太尉。」呂后復問其次，上曰：「此後亦非乃所知也。」〔四〕

〔一〕師古曰：「三尺，劍也。下韓安國傳所云三尺亦同，而流俗書本或云提三尺劍，劍字後人所加耳。」

〔二〕韋昭曰：「泰山盧人也。名越人，魏桓侯時醫也。」臣瓚曰：「史記云齊勃海人也，魏無桓侯。」師古曰：「瓚說是也。扁音步典反。」

〔三〕師古曰：「戇，愚也，古音下紺反，今則竹巷反。」

〔四〕師古曰：「乃，汝也。言自此之後，汝亦終矣，不復知之。」

盧綰與數千人居塞下候伺，幸上疾愈，自入謝。〔一〕夏四月甲辰，帝崩于長樂宮。〔二〕盧綰聞之，遂亡入匈奴。

〔一〕師古曰：「冀得上疾愈，自入謝以爲己身之幸也。」

〔二〕臣瓚曰：「帝年四十二即位，即位十二年，壽五十三。」

呂后與審食其謀曰：「諸將故與帝爲編戶民，〔一〕北面爲臣，心常鞅鞅，〔二〕今乃事少主，非盡族是，天下不安。」〔三〕以故不發喪。人或聞，以語酈商。酈商見審食其曰：「聞帝已崩，四日不發喪，欲誅諸將。誠如此，天下危矣。陳平、灌嬰將十萬守滎陽，樊噲、周勃將二十萬定燕代，此聞帝崩，諸將皆誅，必連兵還鄉，以攻關中。〔四〕大臣內畔，諸將外反，亡可蹻足待也。」〔五〕審食其入言之，乃以丁未發喪，大赦天下。

〔一〕師古曰：「編戶者，言列次名籍也。編音鞭。」
〔二〕師古曰：「鞅鞅，不滿足也，音於亮反。他皆類此。」
〔三〕師古曰：「族謂族誅之。是亦此也。」
〔四〕師古曰：「鄉讀曰嚮。還嚮，猶言反嚮、內嚮也。」
〔五〕文穎曰：「蹻猶翹也。」如淳曰：「蹻音如今作樂蹻行之蹻。」晉灼曰：「許愼云『蹻，舉足小高也』，音矯。」師古曰：「晉說是也。」

五月丙寅，葬長陵。〔一〕已下，〔二〕皇太子羣臣皆反至太上皇廟。羣臣曰：「帝起細微，撥亂世反之正，〔三〕平定天下，爲漢太祖，功最高。」上尊號曰高皇帝。〔四〕

〔一〕臣瓚曰：「自崩至葬凡二十三日。長陵在長安北四十里。」
〔二〕蘇林曰：「下音下書之下。」鄭氏曰：「已下棺也。」師古曰：「蘇音鄭說是也。下音胡亞反。」
〔三〕師古曰：「反，還也，還之於正道。」
〔四〕師古曰：「尊號，謚也。」

初，高祖不修文學，而性明達，好謀，能聽，自監門戍卒，見之如舊。初順民心作三章之約。天下既定，命蕭何次律令，韓信申軍法，張蒼定章程，〔一〕叔孫通制禮儀，陸賈造新語。又與功臣剖符作誓，〔二〕丹書鐵契，金匱石室，〔三〕藏之宗廟。雖日不暇給，規摹弘遠矣。〔四〕

〔一〕如淳曰：「章，曆數之章術也。程者，權衡丈尺斗斛之平法也。」師古曰：「程，法式也。」

〔二〕如淳曰：「謂功臣表誓『使河如帶，泰山若厲，國乃滅絕』。」

〔三〕如淳曰：「金匱，猶金縢也。」師古曰：「以金爲匱，以石爲室，重緘封之，保慎之義。」

〔四〕鄧展曰：「若畫工規模物之摹。」韋昭曰：「正員之器曰規。摹者，如畫工未施采事摹之矣。」師古曰：「取喻規摹，謂立制垂範也。給，足也。日不暇足，言衆事繁多，常汲汲也。」

贊曰：春秋晉史蔡墨有言，陶唐氏既衰，〔一〕其後有劉累，學擾龍，事孔甲，〔二〕范氏其後也。〔三〕而大夫范宣子亦曰：「祖自虞以上爲陶唐氏，〔四〕在夏爲御龍氏，〔五〕在商爲豕韋氏，〔六〕在周爲唐杜氏，〔七〕晉主夏盟爲范氏。」范氏爲晉士師，〔八〕魯文公世奔秦。〔九〕後歸于晉，其處者爲劉氏。〔一〇〕劉向云戰國時劉氏自秦獲於魏。〔一一〕秦滅魏，遷大梁，〔一二〕都于豐，故周市說雍齒曰「豐，故梁徙也」。是以頌高祖云：「漢帝本系，出自唐帝。降及于周，在秦作劉。涉魏而東，遂爲豐公。」〔一三〕豐公，蓋太上皇父。其遷日淺，墳墓在豐鮮焉。〔一四〕及高祖即位，置祠祀官，則有秦、晉、梁、荊之巫，〔一五〕世祠天地，綴之以祀，豈不信哉！〔一六〕由是推之，

漢承堯運，德祚已盛，斷蛇著符，旗幟上赤，協于火德，自然之應，得天統矣。〔一七〕

〔一〕荀悅曰：「唐者，帝堯有天下號。陶，發聲也。」韋昭曰：「陶唐皆國名，猶湯稱殷商矣。」臣瓚曰：「堯初居於唐，後居陶，故曰陶唐也。」師古曰：「三家之說皆非也。許慎說文解字云：『陶，丘再成也，在濟陰。夏書曰東至陶丘。陶丘有堯城，堯嘗居之，後居於唐，故堯號陶唐氏。』斯得之矣。」

〔二〕應劭曰：「擾，馴也，能順養得其嗜欲也。孔甲，夏天子也。」師古曰：「擾音繞，又音饒。」

〔三〕師古曰：「晉司空士蔿之孫士會爲晉大夫，食采於范，因號范氏。」

〔四〕師古曰：「范宣子即士會之孫士匄也。」

〔五〕師古曰：「即劉累也。」

〔六〕師古曰：「豕韋，國名，在東郡白馬縣東南。」

〔七〕師古曰：「唐、杜，二國名也。殷末豕韋徙國於唐，周成王滅唐，遷之於杜，爲杜伯。杜伯之子隰叔奔晉。士會即隰叔之玄孫也。唐，太原晉陽縣也。杜，京兆杜縣也。」

〔八〕師古曰：「言晉爲霸，主諸夏之盟，而范氏爲晉正卿。」

〔九〕師古曰：「文公六年，晉襄公卒，士會與先蔑如秦逆公子雍，欲以爲嗣。七年，以秦師納雍，而趙宣子立靈公，與秦師戰，敗之于刳首。先蔑奔秦，士會從之。」

〔一〇〕師古曰：「文十三年，晉人使魏壽餘僞以魏畔，誘士會而納之。秦人歸其帑，其別族留在秦者既無官邑，而乃復劉累之姓也。」

〔一一〕文穎曰：「六國時，秦伐魏，劉氏隨軍爲魏所獲，故得復居魏也。」師古曰：「春秋之後，周室卑微，諸侯彊盛，交相攻伐，故總謂之戰國。」

〔二〕師古曰：「秦昭王伐魏，魏惠王棄安邑，東徙大梁，更號曰梁，非始皇滅六國之時。」

〔三〕晉灼曰：「涉猶入也。」

〔四〕師古曰：「鮮，少也，音先淺反。」

〔五〕應劭曰：「先人所在之國，悉致祠巫祝，博求神靈之意也。」文穎曰：「巫，掌神之位次者也。范氏世仕於晉，故祠祀有晉巫。范會支庶，留秦爲劉氏，故有秦巫。劉氏隨魏都大梁，故有梁巫。後徙豐，豐屬荊，故有荊巫也。」

〔六〕師古曰：「綴，言不絕也。」

〔七〕孟康曰：「十一月天統，物萌色赤，故云得天統也。」臣瓚曰：「漢承堯緒，爲火德。秦承周後，以火代木，得天之統序，故曰得天統。漢初因秦正，至太初元年始用夏正，不用十一月爲正也。」師古曰：「瓚說得之。」

校勘記

五〇頁一四行　漢王爲發(葬)〔喪〕，景祐、汲古、殿本都作「喪」。王先謙說作「喪」是。

五五頁一五行　有辨(說)〔訟〕及陳請者，景祐、殿本都作「訟」。王先謙說作「訟」是。

六一頁七行　丹(碭)〔陽〕景祐、殿本都作「陽」。

六二頁一〇行　上已封大功臣(三)〔二〕十餘人，周壽昌說高帝功臣表六年正月以前封二十七人，合韓信二十八人，「三」是「二」之誤。王先謙說通鑑亦作「二十餘人」，此積畫傳寫之誤。

六三頁二行　(與)其將曼丘臣、王黃共立故趙後趙利爲王，朱子文說「與」字衍。王先謙說朱說是。

六四頁三行　(而)〔耏〕謂頰旁毛也。　景祐、殿本都作「耏」。　按下句云「彡，毛髮貌也」，是釋「耏」字所從，則作「耏」是。

六四頁九行　置宗正(宮)〔官〕　景祐、殿、局本都作「官」。　錢大昭說「宮」當作「官」。

六五頁九行　金布者，令篇(者)〔名〕，　景祐、汲古、殿、局本都作「名」。

六五頁一四行　能堅守(也)〔者〕。　殿本作「者」。　王先謙說作「者」是。

六九頁一三行　購，設賞募也，〔音搆〕。　景祐、殿本都多「音搆」二字。

七二頁一五行　太上皇思(上)欲歸豐，　殿、局本「上」作「土」。　景祐本無此字。

七三頁五行　略取(彊)〔陸〕梁地以爲桂林　史記秦始皇本紀作「陸梁」，地名。　王先謙說作「陸」是。

七三頁七行　謂爲之長(治)〔帥〕而治理之也。　景祐、殿、局本都作「帥」。　王先謙說作「帥」是。

七三頁一三行　上(見公)〔召見〕，　景祐、殿本都作「召見」。

七四頁一〇行　吾魂魄猶思(樂)沛。　景祐本無「樂」字。

七九頁一行　(不醫曰可治)　宋祁說舊本及越本並無「不醫曰可治」五字。　王念孫說景祐本無五字是。

漢書卷二

惠帝紀第二

孝惠皇帝，〔一〕高祖太子也，母曰呂皇后。帝年五歲，高祖初爲漢王。二年，立爲太子。十二年四月，高祖崩。五月丙寅，太子卽皇帝位，尊皇后曰皇太后。賜民爵一級。〔二〕中郎、郎中滿六歲爵三級，四歲二級。〔三〕外郎滿六歲二級。〔四〕中郎不滿一歲一級。外郎不滿二歲賜錢萬。〔五〕宦官尚食比郎中。〔六〕謁者、執楯、執戟、武士、騶比外郎。〔七〕太子御驂乘賜爵五大夫，舍人滿五歲二級。〔八〕賜給喪事者，二千石錢二萬，六百石以上萬，五百石、二百石以下至佐史五千。〔九〕視作斥上者，將軍四十金，〔一〇〕二千石二十金，六百石以上六金，五百石以下至佐史二金。減田租，復十五稅一。〔一一〕爵五大夫、吏六百石以上及宦皇帝而知名者有罪當盜械者，皆頌繫。〔一二〕上造以上及內外公孫耳孫有罪當刑及當爲城旦舂者，皆耐爲鬼薪白粲。〔一三〕民年七十以上若不滿十歲有罪當刑者，皆完之。〔一四〕又曰：「吏所以治民也，能盡其治則民賴之，故重其祿，所以爲民也。〔一五〕今吏六百石以上父母妻子與同居，及故吏嘗佩將

軍都尉印將兵及佩二千石官印者，家唯給軍賦，他無有所與。」〔一〇〕

〔一〕荀悅曰：「諱盈之字曰滿。」應劭曰：「禮謚法『柔質慈民曰惠』。」師古曰：「孝子善述父之志，故漢家之謚，自惠帝已下皆稱孝也。臣下以滿字代盈者，則知帝諱盈也。他皆類此。」

〔二〕師古曰：「帝初即位爲恩惠也。」

〔三〕蘇林曰：「中郎，省中郎也。」

〔四〕蘇林曰：「外郎，散郎也。」

〔五〕張晏曰：「不滿一歲，謂不滿四歲之一歲，作郎三歲也。不滿二歲，謂不滿六歲之二歲，作郎四歲也。」師古曰：「此說非也。直謂作郎未經一歲二歲耳。」

〔六〕應劭曰：「宦官，閹寺也。尙，主也。舊有五尙。尙冠、尙帳、尙衣、尙席亦是。」如淳曰：「主天子物曰尙，主文書曰尙書，又有尙符璽郎也。漢儀注省中有五尙，而內官婦人有諸尙也。」

〔七〕應劭曰：「執楯、執戟，親近陛衞也。武士，力士也，高祖使武士縛韓信是也。騶，騶騎也。」師古曰：「騶本廐之御者，後又令爲騎，因謂騶騎耳。」

〔八〕師古曰：「武士、騶以上，皆舊侍從天子之人也。舍人以上，太子之官屬。」

〔九〕如淳曰：「律有斗食佐史。」韋昭曰：「若今曹史書佐也。」師古曰：「自五百石以下至於佐史皆賜五千。今又言二百石者，審備其等也。」

〔一〇〕服虔曰：「斥上，壙上也。」如淳曰：「斥，開也。開土地爲冢壙，故以開斥言之。」鄭氏曰：「四十金，四十斤金也。」晉灼曰：「近上二千石賜錢二萬，此言四十金，實金也。下凡言黃金，眞金也。不言黃，謂錢也。食貨志黃金一斤直萬錢。」師古曰：「諸賜言黄金者，皆與之金。不言黄者，一金與萬錢也。」

〔一一〕鄧展曰：「漢家初十五稅一，儉於周十稅一也。中間廢，今復之也。」如淳曰：「秦作阿房之宫，收太半之賦，遂行，至此乃復十五而稅一。」師古曰：「鄧說是也。復音房目反。」

〔一二〕文穎曰：「言皇帝者，以别仕諸王國也。」張晏曰：「時諸侯治民，新承六國之後，咸慕鄉邑，或貪逸豫，樂仕諸侯，今特爲京師作優裕法也。」如淳曰：「知名，謂宦人教帝書學，亦可表異者也。盜者逃也，恐其逃亡，故著械也。頌者容也，言見寬容，但處曹吏舍，不入(陛)〔狴〕牢也。」師古曰：「諸家之說皆非也。宦皇帝而知名者，謂雖非五大夫爵、六百石吏，而早事惠帝，特爲所知，故亦優之，所以云及耳，非謂凡在京師異於諸王國，亦不必在於宦人教書學也。左官之律起自武帝，此時未有。禮記曰『宦學事師』，謂凡仕宦，非閹寺也。盜械者，凡以罪著械皆得稱爲，不必逃亡也。據山海經，貳負之臣、相柳之尸皆云盜械，其義是也。古者頌與容同。五大夫，第九爵也。」

〔一三〕應劭曰：「上造，爵滿十六者也。內外公孫謂王侯內外孫也。耳孫者，玄孫之子也，言去其曾高益遠，但耳聞之也。今以上造有功勞，內外孫有骨血屬𧹈，施德布惠，故事從其輕也。城旦者，旦起行治城；舂者，婦人不豫外徭，但舂作米：皆四歲刑也。今皆就鬼薪白粲。取薪給宗廟爲鬼薪，坐擇米使正白爲白粲，皆三歲刑也。」李斐曰：「耳孫，曾孫也。」張晏曰：「公孫，宗室侯王之孫也。」晉灼曰：「耳孫，玄孫之曾孫也，諸侯王表在八世。」師古曰：「上造，第二爵名也。內外公孫，國家宗室及外戚之孫也。耳孫，諸說不同。據平紀及諸侯王表說『梁孝王玄孫之(子)耳孫〔音〕』。耳音仍。又匈奴傳說握衍朐鞮單于，云『烏維單于耳孫』。以此參之，李云曾孫是也。然漢書諸處又皆云曾孫非一，不應雜兩稱而言。據爾雅『曾孫之子爲玄孫，玄孫之子爲來孫，來孫之子爲昆孫，昆孫之子爲仍孫』，從己而數，是爲八葉，則與晉說相同。仍、耳聲相近，蓋一號也。但班氏唯存古名，而計其葉數則錯也。嫥音連。」

〔四〕孟康曰：「不加肉刑髡鬄也。」師古曰：「若，預及之言也。謂七十以上及不滿十歲以下，皆完之也。鬄音他計反。」

〔五〕師古曰：「爲音于僞反。」

〔六〕師古曰：「同居，謂父母妻子之外若兄弟及兄弟之子等見與同居業者，若今言同籍及同財也。無有所與，與讀曰豫。」

令郡諸侯王立高廟。〔一〕

〔一〕師古曰：「諸郡及諸侯王國皆立廟也。今書本郡下或有國字者，流俗不曉妄加之。」

元年冬十二月，趙隱王如意薨。民有罪，得買爵三十級以免死罪。〔一〕賜民爵，戶一級。

〔一〕應劭曰：「一級直錢二千，凡爲六萬，若今贖罪入三十疋縑矣。」師古曰：「令出買爵之錢以贖罪。」

春正月，城長安。

二年冬十月，齊悼惠王來朝，獻城陽郡以益魯元公主邑，尊公主爲太后。〔一〕

〔一〕如淳曰：「張敖子偃爲魯王，故公主得爲太后。」師古曰：「此說非也。蓋齊王憂不得脫，故從內史之言，請尊公主爲齊太后，以母禮事之，用悅媚呂太后耳。若魯元以子爲魯王，自合稱太后，何待齊王尊之乎？據張耳傳『高后元年魯元太后薨，後六年宣平侯敖薨，呂太后立敖子偃爲王，以母爲太后故也』，是則偃因母爲齊王太后而得王，非母因偃乃爲太后也。」

春正月癸酉，有兩龍見蘭陵家人井中，〔一〕乙亥夕而不見。隴西地震。

〔一〕師古曰：「家人，言庶人之家。」

夏旱。郃陽侯仲薨。〔二〕秋七月辛未，相國何薨。〔三〕

〔二〕師古曰：「高帝之兄，吳王濞父也。」

〔三〕師古曰：「蕭何也。」

三年春，發長安六百里內男女十四萬六千人城長安，三十日罷。〔一〕

〔一〕鄭氏曰：「城一面，故速罷。」

以宗室女爲公主，嫁匈奴單于。

夏五月，立閩越君搖爲東海王。〔一〕

〔一〕應劭曰：「搖，越王句踐之苗裔也，帥百越之兵助高祖，故封。東海，在吳郡東南濱海云。」師古曰：「即今泉州是其地。」

六月，發諸侯王、列侯徒隸二萬人城長安。

秋七月，都廐災。南越王趙佗稱臣奉貢。〔一〕

〔一〕師古曰：「佗音徒何反。」

四年冬十月壬寅，立皇后張氏。〔一〕

〔一〕師古曰：「張敖之女也。史記及漢書無名字，皇甫謐作帝王世紀皆爲惠帝張后及孝文薄后已下別制名焉，至於薄父之徒亦立名字，何從而得之乎？雖欲示博聞，不知陷於穿鑿。」

春正月，舉民孝弟力田者復其身。〔一〕

〔一〕師古曰：「弟者，言能以順道事其兄也。弟音徒計反。復音方目反。」

三月甲子，皇帝冠，赦天下。省法令妨吏民者；除挾書律。〔一〕長樂宮鴻臺災。宜陽雨血。

〔一〕應劭曰：「挾，藏也。」張晏曰：「秦律敢有挾書者族。」

秋七月乙亥，未央宮凌室災；〔一〕丙子，織室災。〔二〕

〔一〕師古曰：「凌室，藏冰之室也。豳詩七月之篇曰『納于凌陰』。」

〔二〕師古曰：「主織作繒帛之處。」

五年冬十月，雷；桃李華，棗實。

春正月，復發長安六百里內男女十四萬五千人城長安，三十日罷。

夏，大旱。

秋八月己丑，相國參薨。〔一〕

〔一〕師古曰：「曹參也。」

九月，長安城成。賜民爵，戶一級。〔二〕

〔二〕師古曰：「家長受也。」

六年冬十月辛丑，齊王肥薨。

令民得賣爵。女子年十五以上至三十不嫁，五算。〔一〕

〔一〕應劭曰：「國語越王勾踐令國中女子年十七不嫁者父母有罪，欲人民繁息也。漢律人出一算，算百二十錢，唯賈人與奴婢倍算。今使五算，罪謫之也。」孟康曰：「或云復之也。」師古曰：「應說是。」

夏六月，舞陽侯噲薨。〔一〕

〔一〕師古曰：「樊噲也。」

起長安西市，修敖倉。

七年冬十月，發車騎、材官詣滎陽，〔一〕太尉灌嬰將。

〔一〕師古曰：「車，常擬軍興者，若近代之戍車也。騎，常所養馬，并其人使行充騎，若今武馬及所養者主也。材官，解在高紀。」

春正月辛丑朔，日有蝕之。夏五月丁卯，日有蝕之，既。〔一〕

〔一〕師古曰：「既，盡也。」

秋八月戊寅，帝崩于未央宮。〔一〕九月辛丑，葬安陵。〔二〕

〔一〕臣瓚曰：「帝年十七即位，即位七年，壽二十（四）〔三〕。」

〔二〕臣瓚曰：「自崩至葬凡二十四日。安陵在長安北三十五里。」師古曰：「三輔黃圖云去長陵十里。」

贊曰：孝惠內修親親，外禮宰相，優寵齊悼、趙隱，恩敬篤矣。〔一〕聞叔孫通之諫則懼然，〔二〕納曹相國之對而心說，〔三〕可謂寬仁之主。遭呂太后虧損至德，〔四〕悲夫！

〔一〕師古曰：「篤，厚也。」

〔二〕蘇林曰：「諫復道乘衣冠道也。」師古曰：「懼讀曰瞿。瞿然，失守貌，音居具反。」

〔三〕蘇林曰：「對修高帝制度、蕭何法也。」師古曰：「說讀曰悅。」

〔四〕師古曰：「謂殺趙王，戮戚夫人，因以憂疾不聽政而崩。」

校勘記

八七頁六行　不入（陛）〔狴〕牢也。殿、局本都作「狴」。王先謙說作「狴」是。

八七頁一五行　梁孝王玄孫之（子）耳孫〔音〕。景祐本無「子」字，有「音」字，與平紀文合。諸侯王表「王音以孝王玄孫之曾孫紹封」，故下文說「以此參之，李云曾孫是也」。

九三頁四行　壽二十（四）〔三〕。史記集解引皇甫謐曰「帝以秦始皇三十七年生，崩時年二十三」。王先謙說瓚說誤。

漢書卷三

高后紀第三

高皇后呂氏，〔一〕生惠帝。佐高祖定天下，父兄及高祖而侯者三人。〔二〕惠帝即位，尊呂后爲太后。太后立帝姊魯元公主女爲皇后，無子，取後宮美人子名之以爲太子。惠帝崩，太子立爲皇帝，年幼，太后臨朝稱制，〔三〕大赦天下。乃立兄子呂台、產、祿、台子通四人爲王，〔四〕封諸呂六人爲列侯。語在外戚傳。

〔一〕荀悅曰：「諱雉之字曰野雞。」應劭曰：「禮，婦人從夫諡，故稱高也。」師古曰：「呂后名雉，字娥姁，故臣下諱雉也。姁音許于反。」

〔二〕師古曰：「父謂臨泗侯呂公也。兄謂周呂侯澤、建成侯釋之。」

〔三〕師古曰：「天子之言一曰制書，二曰詔書。制書者，謂爲制度之命也，非皇后所得稱。今呂太后臨朝行天子事，斷決萬機，故稱制詔。」

〔四〕蘇林曰：「台音胞胎。」

元年春正月，詔曰：「前日孝惠皇帝言欲除三族辠、妖言令，〔一〕議未決而崩，今除之。」二月，賜民爵，戶一級。初置孝弟力田二千石者一人。〔二〕夏五月丙申，趙王宮叢臺災。〔三〕立孝惠後宮子强爲淮陽王，〔四〕不疑爲恒山王，〔五〕弘爲襄城侯，朝爲軹侯，〔六〕武爲壺關侯。秋，桃李華。

〔一〕師古曰：「罪之重者戮及三族，過誤之語以爲妖言，今謂重酷，皆除之。」

〔二〕師古曰：「特置孝弟力田官而尊其秩，欲以勸厲天下，令各敦行務本。」

〔三〕師古曰：「連聚非一，故名叢臺。蓋本六國時趙王故臺也，在邯鄲城中。」

〔四〕如淳曰：「外戚恩澤侯表曰皆呂氏子也，以孝惠子侯。」晉灼曰：「漢注名長。」韋昭曰：「今陳留郡。」

〔五〕如淳曰：「今常山也，因避文帝諱改曰常。」

〔六〕師古曰：「軹音只。」

二年春，詔曰：「高皇帝匡飭天下，〔一〕諸有功者皆受分地爲列侯，〔二〕萬民大安，莫不受休德。〔三〕朕思念至於久遠而功名不著，亡以尊大誼，施後世。今欲差次列侯功以定朝位，〔四〕臧于高廟，世世勿絕，嗣子各襲其功位。其與列侯議定奏之。」丞相臣平言：〔五〕「謹與絳侯臣勃、〔六〕曲周侯臣商、〔七〕潁陰侯臣嬰、〔八〕安國侯臣陵等議，〔九〕列侯幸得賜餐錢奉邑，〔一〇〕陛下加惠，以功次定朝位，〔一一〕臣請臧高廟。」奏可。春正月乙卯，地震，羌道、〔一二〕武

都道山崩。〔一三〕夏六月丙戌晦，日有蝕之。秋七月，恆山王不疑薨。行八銖錢。〔一四〕

〔一〕師古曰：「匡，正也。飭，整也。飭讀與敕同，其字從力。」

〔二〕師古曰：「分音扶問反。」

〔三〕師古曰：「休，美也，音虛虯反。他皆類此。」

〔四〕師古曰：「以功之高下爲先後之次。」

〔五〕師古曰：「陳平。」

〔六〕師古曰：「周勃。」

〔七〕師古曰：「酈商。」

〔八〕師古曰：「灌嬰。」

〔九〕師古曰：「王陵。」

〔一〇〕應劭曰：「餐與飡同。諸侯四時皆得賜餐錢。」文穎曰：「飡，邑中更名算錢，如今長吏食奉，自復除錢，即租奉也。」韋昭曰：「熟食曰飡，酒肴曰錢，粟米曰奉。稅租奉祿，正所食也。四時得閒賜，是爲飡錢。飡，小食也。」師古曰：「餐、飡同一字耳，音（于）〔千〕安反。飡，所謂吞食物也。餐錢，賜廚膳錢也。奉邑，本所食邑也。奉音扶用反。」

〔一一〕如淳曰：「功大者位在上。功臣侯表有第一、第二之次。」

〔一二〕服虔曰：「縣有夷蠻曰道。」師古曰：「羌道屬隴西郡。」

〔一三〕師古曰：「武都道屬武都郡。」

〔一四〕應劭曰：「本秦錢，質如周錢，文曰『半兩』，重如其文，即八銖也。漢以其太重，更鑄莢錢，今民間名榆莢錢是也。

民患其太輕，至此復行八銖錢。」

三年夏，江水、〔漢水〕溢，流民四千餘家。〔一〕秋，星晝見。

〔一〕師古曰：「水所漂沒也。」

四年夏，少帝自知非皇后子，出怨言，皇太后幽之永巷。〔一〕詔曰：「凡有天下治萬民者，蓋之如天，容之如地；上有驩心以使百姓，百姓欣然以事其上，驩欣交通而天下治。今皇帝疾久不已，乃失惑昏亂，不能繼嗣奉宗廟，守祭祀，不可屬天下。〔二〕其議代之。」羣臣皆曰：「皇太后爲天下計，所以安宗廟社稷甚深。頓首奉詔。」五月丙辰，立恆山王弘爲皇帝。〔三〕

〔一〕如淳曰：「列女傳周宣姜后脫簪珥，待罪永巷，後改爲掖庭。」師古曰：「永，長也。本謂宮中之長巷也。」

〔二〕師古曰：「屬，委也，晉之欲反。」

〔三〕晉灼曰：「史記惠帝元年，子不疑爲常山王，子山爲襄城侯。二年，常山王薨，即不疑也。以弟襄城侯山爲常山王，更名義。丙辰，立常山王義爲帝。義更名弘。漢書一之，謂弘以爲正也。」師古曰：「即元年所立弘爲襄城侯者，晉說是也。」

五年春，南粵王尉佗自稱南武帝。〔一〕秋八月，淮陽王彊薨。九月，發河東、上黨騎屯北地。

〔一〕韋昭曰：「生以武爲號，不稽古也。」師古曰：「此說非也。成湯曰『吾武甚』，因自號武王。佗言武帝亦猶是耳，何謂其不稽古乎？」

六年春，星晝見。夏四月，赦天下。秩長陵令二千石。〔一〕六月，城長陵。〔二〕匈奴寇狄道，攻阿陽。〔三〕行五分錢。〔四〕

〔一〕應劭曰：「長陵，高祖陵，尊之，故增其令秩也。」

〔二〕張晏曰：「起縣邑，故築城也。」師古曰：「此說非也。黃圖云長陵城周七里百八十步，因爲殿垣，門四出，及便殿掖庭諸官寺皆在中。是即就陵爲城，非止謂邑居也。」

〔三〕師古曰：「狄道屬隴西。阿陽，天水之縣也。今流俗書本或作河陽者，非也。」

〔四〕應劭曰：「所謂莢錢者。」

七年冬十二月，匈奴寇狄道，略二千餘人。春正月丁丑，趙王友幽死于邸。己丑晦，日有蝕之，既。以梁王呂產爲相國，趙王祿爲上將軍。立營陵侯劉澤爲琅邪王。夏五月辛未，詔曰：「昭靈夫人，太上皇妃也；武哀侯、〔一〕宣夫人，高皇帝兄姊也。〔二〕號謚不稱，其議尊號。」丞相臣平等請尊昭靈夫人曰昭靈后，武哀侯曰武哀王，宣夫人曰昭哀后。六月，趙王恢自殺。秋九月，燕王建薨。南越侵盜長沙，遣隆慮侯竈將兵擊之。〔三〕

〔一〕張晏曰：「高帝兄伯也。」

〔二〕如淳曰：「皆追謚。」

〔三〕應劭曰：「竈姓周，高祖功臣也。隆慮，今林慮也，後避殤帝諱，故改之。」師古曰：「慮音廬。」

八年春，封中謁者張釋卿爲列侯。〔一〕諸中官、宦者令丞皆賜爵關內侯，食邑。〔二〕夏，江水、漢水溢，流萬餘家。

〔一〕孟康曰：「宦官也。」如淳曰：「百官表謁者掌賓贊受事。灌嬰爲中謁者，後常以閹人爲之。諸官加中者，多閹人也。」

〔二〕如淳曰：「列侯出關就國，關內侯但爵耳。其有加（恩）〔異〕者，與之關內之邑，食其租稅。宣紀曰『德、武食邑』是也。」師古曰：「諸中官，凡閹人給事於中者皆是也。宦者令丞，宦者署之令丞。」

秋七月辛巳，皇太后崩于未央宮。遺詔賜諸侯王各千金，將相列侯下至郎吏各有差。大赦天下。

上將軍祿、相國產顓兵秉政，〔一〕自知背高皇帝約，〔二〕恐爲大臣諸侯王所誅，因謀作亂。時齊悼惠王子朱虛侯章在京師，以祿女爲婦，知其謀，乃使人告兄齊王，令發兵西。章欲與太尉勃、丞相平爲內應，以誅諸呂。齊王遂發兵，又詐琅邪王澤發其國兵，并將而西。產、祿等遣大將軍灌嬰將兵擊之。嬰至滎陽，使人諭齊王與連和，待呂氏變而共誅之。〔三〕

〔一〕師古曰：「顓讀與專同。」

〔二〕師古曰：「非劉氏而王，非有功而侯。」

〔三〕師古曰：「變謂發動也。」

太尉勃與丞相平謀，以曲周侯酈商子寄與祿善，使人劫商令寄紿說祿〔一〕曰：「高帝與呂后共定天下，劉氏所立九王，呂氏所立三王，皆大臣之議。事（以）〔已〕布告諸侯王，諸侯王以爲宜。今太后崩，帝少，足下不急之國守藩，〔二〕乃爲上將將兵留此，爲大臣諸侯所疑。何不速歸將軍印，以兵屬太尉，〔三〕請梁王亦歸相國印，與大臣盟而之國？齊兵必罷，大臣得安，足下高枕而王千里，此萬世之利也。」祿然其計，使人報產及諸呂老人。或以爲不便，計猶豫〔四〕未有所決。祿信寄，與俱出遊，過其姑呂嬃。〔五〕嬃怒曰：「汝爲將而棄軍，呂氏今無處矣！」〔六〕乃悉出珠玉寶器散堂下，曰：「無爲它人守也！」

〔一〕師古曰：「紿，誑也。」

〔二〕師古曰：「之，往也。」

〔三〕師古曰：「屬音之欲反。」

〔四〕師古曰：「猶，獸名也。爾雅曰『猶如麐，善登木』。此獸性多疑慮，常居山中，忽聞有聲，即恐有人且來害之，每豫上樹，久之無人，然後敢下，須臾又上。如此非一，故不決者稱猶豫焉。一曰隴西俗謂犬子爲猶，犬隨人行，每豫在前，待人不得，又來迎候，故云猶豫也。麂音几。」

〔五〕張晏曰：「嬃音須。」師古曰：「呂后妹。」

〔六〕師古曰：「言見誅滅，無處所也。處字或作類，言無種類也。」

八月庚申，平陽侯窋行御史大夫事，〔一〕見相國產計事。郎中令賈壽使從齊來，因數產〔二〕曰：「王不早之國，今雖欲行，尚可得邪？」具以灌嬰與齊楚合從狀告產。〔三〕平陽侯窋聞其語，馳告丞相平、太尉勃。勃欲入北軍，不得入。襄平侯紀通尚符節，〔四〕乃令持節矯內勃北軍。〔五〕勃復令酈寄、典客劉揭說祿，〔六〕曰：「帝使太尉守北軍，欲令足下之國，急歸將軍印辭去。不然，禍且起。」祿遂解印屬典客，〔七〕而以兵授太尉勃。勃入軍門，行令軍中曰：「爲呂氏右袒，爲劉氏左袒。」〔八〕軍皆左袒。勃遂將北軍。然尚有南軍，丞相平召朱虛侯章佐勃。勃令章監軍門，令平陽侯告衞尉，毋內相國產殿門。產不知祿已去北軍，入未央宮欲爲亂。殿門弗內，徘徊往來。〔九〕平陽侯馳語太尉勃，勃尚恐不勝，未敢誦言誅之，〔一〇〕乃謂朱虛侯章曰：「急入宮衞帝。」章從勃請卒千人，入未央宮掖門，〔一一〕見產廷中。日餔時，遂擊產。產走。天大風，從官亂，莫敢鬬者。逐產，殺之郎中府吏舍廁中。〔一二〕

〔一〕師古曰：「窋，曹參子也，音竹出反。」

〔二〕師古曰：「數，責之也，音數具反。」

〔三〕師古曰：「齊楚俱在山東，連兵西向，欲誅諸呂，亦猶六國爲從以敵秦，故言合從也。從音子容反。」

〔四〕張晏曰：「紀通，信子也。尙，主也，今符節令也。」晉灼曰：「紀信焚死，不見其後。功臣表云紀通紀成之子，以成死事，故封侯。」師古曰：「晉說是也。」

〔五〕師古曰：「矯，詐也，詐以天子之命也。」

〔六〕應劭曰：「典客，今大鴻臚也。」師古曰：「揭音竭。」

〔七〕師古曰：「屬音之欲反。」

〔八〕師古曰：「袒，脫衣袖而肉袒也。左右者，偏脫其一耳。袒音徒旱反。」

〔九〕師古曰：「徘徊猶傍偟，不進之意也。徘音裴。」

〔一〇〕鄧展曰：「誦言，公言也。」

〔一一〕師古曰：「非正門而在兩旁，若人之臂掖也。」

〔一二〕如淳曰：「百官表郎中令掌宮殿門戶，故其府在宮中，後轉爲光祿勳。」

章已殺產，帝令謁者持節勞章。〔一〕章欲奪節，謁者不肯，章乃從與載，因節信馳斬長樂衞尉呂更始。〔二〕還入北軍，復報太尉勃。勃起拜賀章，曰：「所患獨產，今已誅，天下定矣。」辛酉，(殺)〔斬〕呂祿，笞殺呂嬃。分部悉捕諸呂男女，無少長皆斬之。〔三〕

〔一〕師古曰：「慰問之。」

〔二〕師古曰：「因謁者所持之節，用爲信也。章與謁者同車，故爲門者所信，得入長樂宮。」

〔三〕師古曰：「分音扶問反。」

大臣相與陰謀，以爲少帝及三弟爲王者皆非孝惠子，復共誅之，尊立文帝。語在周勃、高五王傳。

贊曰：孝惠、高后之時，海內得離戰國之苦，君臣俱欲無爲，故惠帝拱己，〔一〕高后女主制政，不出房闥，〔二〕而天下晏然，刑罰罕用，民務稼穡，衣食滋殖。〔三〕

〔一〕師古曰：「垂拱而治。」

〔二〕師古曰：「闥，宮中小門，音他曷反。」

〔三〕師古曰：「滋，益也。殖，生也。」

校勘記

九七頁一三行　音(于)〔千〕安反。　景祐、殿本都作「千」。王先謙說作「千」是。

九八頁二行　江水、〔漢水〕溢。　錢大昭說「江水」下脫「漢水」二字。按景祐、殿本都有，通鑑亦有。

一〇〇頁一〇行　其有加(愚)〔異〕者，　景祐、殿、局本都作「異」。王先謙說作「異」是。

一〇二頁七行　事(以)〔已〕布告諸侯王，　景祐、汲古、殿、局本都作「已」。

一〇三頁一五行　(殺)〔斬〕呂祿，　景祐、殿本都作「斬」。

漢書卷四

文帝紀第四

孝文皇帝，〔一〕高祖中子也，母曰薄姬。〔二〕高祖十一年，誅陳豨，定代地，立爲代王，都中都。十七年秋，高后崩，〔三〕諸呂謀爲亂，欲危劉氏。丞相陳平、太尉周勃、朱虛侯劉章等共誅之，謀立代王。語在高后紀、高五王傳。

〔一〕荀悅曰：「諱恒之字曰常。」應劭曰：「謚法『慈惠愛民曰文』。」

〔二〕如淳曰：「姬音怡，衆妾之總稱。漢官儀曰姬妾數百，外戚傳亦曰幸姬戚夫人。」臣瓚曰：「漢秩祿令及茂陵書姬並內官也，秩比二千石，位次婕妤下，在八子上。」師古曰：「姬者，本周之姓，貴於衆國之女，所以婦人美號皆稱姬焉。故左氏傳曰：『雖有姬、姜，無棄蕉萃。』姜亦大國女也。後因總謂衆妾爲姬。史記云『高祖居山東時好美姬』是也。若姬是官號，不應云幸姬戚夫人，且外戚傳備列后妃諸官，無姬職也。如云衆妾總稱，則近之。不當音怡，宜依字讀耳。瓚說謬也。」

〔三〕張晏曰：「代王之十七年也。」

大臣遂使人迎代王。郎中令張武等議，皆曰：「漢大臣皆故高帝時將，習兵事，多謀詐，其屬意非止此也，〔一〕特畏高帝、呂太后威耳。今已誅諸呂，新喋血京師，〔二〕以迎大王爲名，實不可信。願稱疾無往，以觀其變。」中尉宋昌進曰：「羣臣之議皆非也。夫秦失其政，豪傑並起，人人自以爲得之者以萬數，然卒踐天子位者，劉氏也，〔三〕天下絕望，一矣。高帝王子弟，地犬牙相制，所謂盤石之宗也，〔四〕天下服其彊，二矣。漢興，除秦煩苛，約法令，施德惠，〔五〕人人自安，難動搖，三矣。夫以呂太后之嚴，立諸呂爲三王，擅權專制，然而太尉以一節入北軍，一呼〔六〕士皆袒左，爲劉氏，畔諸呂，卒以滅之。此乃天授，非人力也。今大臣雖欲爲變，百姓弗爲使，〔七〕其黨寧能專一邪？內有朱虛、東牟之親，外畏吳、楚、淮南、琅邪、齊、代之彊。方今高帝子獨淮南王與大王，大王又長，賢聖仁孝，聞於天下，故大臣因天下之心而欲迎立大王，大王勿疑也。」代王報太后，計猶豫未定。卜之，兆得大橫。〔八〕占曰：「大橫庚庚，余爲天王，夏啓以光。」〔九〕代王曰：「寡人固已爲王，又何王乎？」卜人曰：「所謂天王者，乃天子也。」於是代王乃遣太后弟薄昭見太尉勃，勃等具言所以迎立王者。〔一〇〕昭還報曰：「信矣，無可疑者。」代王笑謂宋昌曰：「果如公言。」乃令宋昌驂乘，〔一一〕張武等六人乘六乘傳〔一二〕詣長安。至高陵止，而使宋昌先之長安觀變。

〔一〕師古曰：「言常有異志也。屬意，猶言注意也。屬音之欲反。」

〔二〕服虔曰：「喋音蹀屣履之蹀。」如淳曰：「殺人流血滂沱爲喋血。」師古曰：「喋音大頰反，本字當作蹀。蹀謂履涉之耳。」

〔三〕師古曰：「卒，終也。」

〔四〕師古曰：「犬牙，言地形如犬之牙交相入也。」

〔五〕師古曰：「約，省也。」

〔六〕師古曰：「呼，叫也，音火故反。他皆類此。」

〔七〕師古曰：「爲音于僞反。」

〔八〕應劭曰：「龜曰兆，筮曰卦。卜以荆灼龜，文正橫也。」

〔九〕服虔曰：「庚庚，橫貌也。」李奇曰：「庚庚，其繇文也。占謂其繇也。」張晏曰：「先是五帝官天下，老則嬗賢，至夏啓始傳嗣，能光先君之業。文帝亦襲父迹，言似啓也。」師古曰：「繇音丈救反，本作籀。籀，書也，謂讀卜詞。」

〔一〇〕師古曰：「說所以迎代王之意也。」

〔一一〕師古曰：「乘車之法，尊者居左，御者居中，又有一人處車之右，以備傾側。是以戎事則稱車右，其餘則曰驂乘。驂者，三也，蓋取三人爲名義耳。」

〔一二〕張晏曰：「傳車六乘也。」師古曰：「傳音張戀反。」

昌至渭橋，〔一〕丞相已下皆迎。昌還報，代王乃進至渭橋。羣臣拜謁稱臣，代王下拜。太尉勃進曰：「願請間。」〔二〕宋昌曰：「所言公，公言之；所言私，王者無私。」太尉勃乃跪上天子璽。代王謝曰：「至邸而議之。」〔三〕

〔一〕蘇林曰：「在長安北三里。」

〔二〕師古曰：「閒，容也，猶今言中閒也。請容暇之頃，當有所陳，不欲於衆顯論也。他皆類此。」
〔三〕師古曰：「郡國朝宿之舍，在京師者率名邸。邸，至也，言所歸至也，音丁禮反。他皆類此。」

閏月己酉，入代邸。羣臣從至，上議曰：「丞相臣平、太尉臣勃、大將軍臣武、〔一〕御史大夫臣蒼、〔二〕宗正臣郢、〔三〕朱虛侯臣章、東牟侯臣興居、典客臣揭〔四〕再拜言大王足下：子弘等皆非孝惠皇帝子，〔五〕不當奉宗廟。臣謹請陰安侯、〔六〕頃王后、〔七〕琅邪王、〔八〕列侯、吏二千石議，大王高皇帝子，宜爲嗣。願大王卽天子位。」代王曰：「奉高帝宗廟，重事也。寡人不佞，〔九〕不足以稱。〔一〇〕願請楚王計宜者，〔一一〕寡人弗敢當。」羣臣皆伏，固請。代王西鄉讓者三，南鄉讓者再。〔一二〕丞相平等皆曰：「臣伏計之，大王奉高祖宗廟最宜稱，雖天下諸侯萬民皆以爲宜。臣等爲宗廟社稷計，不敢忽。〔一三〕願大王幸聽臣等。臣謹奉天子璽符再拜上。」代王曰：「宗室將相王列侯以爲（其）〔莫〕宜寡人，寡人不敢辭。」遂卽天子位。羣臣以次侍。〔一四〕使太僕嬰、東牟侯興居先清宮，〔一五〕奉天子法駕迎代邸。〔一六〕皇帝卽日夕入未央宮。夜拜宋昌爲衞將軍，領南北軍，張武爲郎中令，行殿中。〔一七〕還坐前殿，下詔曰：「制詔丞相、太尉、御史大夫：閒者諸呂用事擅權，〔一八〕謀爲大逆，欲危劉氏宗廟，賴將相列侯宗室大臣誅之，皆伏其辜。朕初卽位，其赦天下，賜民爵一級，女子百戶牛酒，〔一九〕酺五日。」〔二〇〕

〔一〕服虔曰：「柴武。」

〔二〕文穎曰：「張蒼。」

〔三〕文穎曰：「劉郢。」

〔四〕蘇林曰：「劉揭也。」師古曰：「揭音竭。」

〔五〕師古曰：「不詳其有爵位，故總謂之子。」

〔六〕蘇林曰：「高帝兄伯妻，羹頡侯母，丘嫂也。」晉灼曰：「若蕭何夫人封爲酇侯也。」

〔七〕蘇林曰：「高帝兄仲妻也。仲名喜，爲代王，後廢爲郃陽侯。子濞爲吳王，故追謚爲頃王。」如淳曰：「王子侯表曰合陽侯喜以子濞爲王，追謚爲頃王。頃王后封陰安侯，時呂嬃爲林光侯，蕭何夫人亦爲酇侯。又宗室侯表此時無陰安侯，知其爲頃王后也。案漢祠令，陰安侯高帝嫂也。」師古曰：「諸謚爲傾者，漢書例作頃字，讀皆曰傾。」

〔八〕文穎曰：「劉澤也。」

〔九〕師古曰：「不佞，不材也。」

〔一〇〕師古曰：「稱，副也，音尺孕反。其下皆同。」

〔一一〕蘇林曰：「楚王名交，高帝弟也。」

〔一二〕如淳曰：「讓羣臣也。或曰賓主位東西面，君臣位南北面，故西鄉坐三讓不受，羣臣猶稱宜，乃更南鄉坐，示變即君位之漸也。」師古曰：「鄉讀曰嚮。」

〔一三〕師古曰：「忽，怠忘也。」

〔一四〕師古曰：「各依職位。」

〔一五〕應劭曰：「舊典，天子行幸所至，必遣靜室令先案行清淨殿中，以虞非常。」

〔一六〕如淳曰：「法駕者，侍中驂乘，奉車郎御，屬車三十六乘。」

〔一七〕師古曰：「行謂案行也，音下更反。」

〔一八〕師古曰：「閒者，猶言中閒之時也。他皆倣此。」

〔一九〕蘇林曰：「男賜爵，女子賜牛酒。」師古曰：「賜爵者，謂一家之長得之也。女子謂賜爵者之妻也。率百戶共得牛若干頭，酒若干石，無定數也。」

〔二〇〕服虔曰：「酺音蒲。」文穎曰：「音步。漢律，三人以上無故羣飲酒，罰金四兩，今詔橫賜得令會聚飲食五日也。」師古曰：「酺之爲言布也，王德布於天下而合聚飲食爲酺。服音是也。字或作脯，音義同。」

元年冬十月辛亥，皇帝見于高廟。遣車騎將軍薄昭迎皇太后于代。詔曰：「前呂產自置爲相國，呂祿爲上將軍，擅遣將軍灌嬰將兵擊齊，欲代劉氏。嬰留滎陽，與諸侯合謀以誅呂氏。呂產欲爲不善，丞相平與太尉勃等謀奪產等軍。朱虛侯章首先捕斬產。太尉勃身率襄平侯通持節承詔入北軍。典客揭奪呂祿印。其益封太尉勃邑萬戶，賜金五千斤。丞相平、將軍嬰邑各三千戶，金二千斤。朱虛侯章、襄平侯通邑各二千戶，金千斤。封典客揭爲陽信侯，賜金千斤。」

十二月，立趙幽王子遂爲趙王，徙琅邪王澤爲燕王。呂氏所奪齊楚地皆歸之。盡除收帑相坐律令。〔一〕

〔一〕應劭曰：「帑，子也。秦法，一人有罪，并其室家。今除此律。」師古曰：「帑讀與奴同，假借字也。」

正月，有司請蚤建太子，〔一〕所以尊宗廟也。詔曰：「朕既不德，上帝神明未歆饗也，天下人民未有愜志。〔二〕今縱不能博求天下賢聖有德之人而嬗天下焉，〔三〕而曰豫建太子，是重吾不德也。〔四〕謂天下何？〔五〕其安之。」〔六〕有司曰：「豫建太子，所以重宗廟社稷，不忘天下也。」上曰：「楚王，季父也，春秋高，閱天下之義理多矣，〔七〕明於國家之體。吳王於朕，兄也；淮南王，弟也：皆秉德以陪朕，〔八〕豈為不豫哉！諸侯王宗室昆弟有功臣，多賢及有德義者，若舉有德以陪朕之不能終，是社稷之靈，天下之福也。今不選舉焉，而曰必子，〔九〕人其以朕為忘賢有德者而專於子，非所以憂天下也。朕甚不取。」〔一〇〕有司固請曰：「古者殷周有國，治安皆且千歲，〔一一〕有天下者莫長焉，〔一二〕用此道也。〔一三〕立嗣必子，所從來遠矣。高帝始平天下，建諸侯，為帝者太祖。諸侯王列侯始受國者亦皆為其國祖。子孫繼嗣，世世不絕，天下之大義也。故高帝設之以撫海內。〔一四〕今釋宜建〔一五〕而更選於諸侯宗室，非高帝之志也。更議不宜。〔一六〕子啟最長，〔一七〕敦厚慈仁，請建以為太子。」上乃許之。因賜天下民當為父後者爵一級。〔一八〕封將軍薄昭為軹侯。〔一九〕

〔一〕師古曰：「蚤，古以為早晚字也。」

〔二〕應劭曰：「愜音篋。愜，滿也。」師古曰：「愜，快也。」

〔三〕晉灼曰：「嬗，古禪字。」

〔四〕師古曰：「重謂增益也，音直用反。他皆類此。」

〔五〕師古曰：「猶言何以稱天下之望。」

〔六〕師古曰：「安猶徐也，言不宜汲汲耳。」

〔七〕如淳曰：「閱猶更歷也。」

〔八〕文穎曰：「陪，輔也。」

〔九〕師古曰：「必將傳位於子。」

〔一〇〕師古曰：「不取，猶言不用此爲善也。」

〔一一〕師古曰：「治安，言治理而且安寧也。治音丈吏反。」

〔一二〕師古曰：「言上古以來，國祚長久，無及殷周者也。」

〔一三〕師古曰：「所以能爾者，以承嗣相傳故也。」

〔一四〕師古曰：「設，置立也，謂立此法也。」

〔一五〕師古曰：「釋，捨也。宜建，謂適嗣。」

〔一六〕師古曰：「不當更議。」

〔一七〕文穎曰：「景帝名。」

〔一八〕師古曰：「雖非己生正嫡，但爲後者即得賜爵。」

〔一九〕師古曰：「軹音只。」

三月，有司請立皇后。皇太后曰：「立太子母竇氏爲皇后。」

詔曰：「方春和時，草木羣生之物皆有以自樂，而吾百姓鰥寡孤獨窮困之人或阽於死亡，〔一〕而莫之省憂。〔二〕爲民父母將何如？其議所以振貸之。」〔三〕又曰：「老者非帛不煖，非肉不飽。〔四〕今歲首，不時使人存問長老，〔五〕又無布帛酒肉之賜，將何以佐天下子孫孝養其親？今聞吏稟當受鬻者，或以陳粟，〔六〕豈稱養老之意哉！具爲令。」〔七〕有司請令縣道，〔八〕年八十已上，賜米人月一石，肉二十斤，酒五斗。其九十已上，又賜帛人二疋，絮三斤。〔九〕賜物及當稟鬻米者，長吏閱視，丞若尉致。〔一〇〕不滿九十，嗇夫、令史致。二千石遣都吏循行，〔一一〕不稱者督之。〔一二〕刑者及有罪耐以上，不用此令。〔一三〕

〔一〕服虔曰：「阽音反坫之坫。」孟康曰：「阽音屋檐之檐。」如淳曰：「阽，近邊欲墮之意。」師古曰：「服、孟二音並通。」

〔二〕師古曰：「省，視也。」

〔三〕師古曰：「振，起也，爲給貸之，令其存立也。諸振救、振贍，其義皆同。今流俗作字從貝者非也，自別有訓。貸音吐戴反。」

〔四〕師古曰：「煖，溫也，音乃短反。」

〔五〕師古曰：「存，省視也。」

〔六〕師古曰：「稟，給也。鬻，淖糜也。給米使爲糜鬻也。陳，久舊也。小雅甫田之詩曰『我取其陳』。鬻音之六反。」

淖，溺也，音女教反。」

〔七〕師古曰：「使其備為條制。」

〔八〕師古曰：「或縣或道，皆用此制也。有蠻夷曰道。」

〔九〕師古曰：「絮，綿也。」

〔一〇〕師古曰：「長吏，縣之令長也。若者，豫及之詞。致者，送至也。或丞或尉，自致之也。」

〔一一〕蘇林曰：「取其都吏有德也。」如淳曰：「律說，都吏今督郵是也。閑惠曉事，即為文無害都吏。」師古曰：「如說是也。行音下孟反。」

〔一二〕師古曰：「循行有不如詔意者，二千石察視責罰之。」

〔一三〕蘇林曰：「一歲為罰作，二歲刑以上為耐。耐，能任其罪也。」師古曰：「刑謂先被刑也。有罪，在吏未決者也。言八十、九十之人雖合加賜，其中有被刑罪者，不在此賜物令條中也。」

楚元王交薨。

四月，齊楚地震，二十九山同日崩，大水潰出。〔一〕

〔一〕師古曰：「旁決曰潰，上湧曰出。」

六月，令郡國無來獻。施惠天下，諸侯四夷遠近驩洽。乃脩代來功。〔一〕詔曰：「方大臣誅諸呂迎朕，朕狐疑，皆止朕，〔二〕唯中尉宋昌勸朕，朕（巳）〔以〕得保宗廟。已尊昌為衛將軍，〔三〕其封昌為壯武侯。諸從朕六人，官皆至九卿。」〔四〕又曰：「列侯從高帝入蜀漢者六十八人益邑各三百戶。吏二千石以上從高帝潁川守尊等十人食邑六百戶，淮陽守申屠嘉等十人五百戶，衞尉足等十人四百戶。」封淮南王舅趙兼爲周陽侯，齊王舅駟鈞爲靖郭侯，〔五〕故常山丞相蔡兼爲樊侯。

〔一〕師古曰：「自代來時有功者。」

〔二〕師古曰：「狐之爲獸，其性多疑，每渡冰河，且聽且渡。故言疑者，而稱狐疑。」

〔三〕師古曰：「尊，高也，高其官秩。」

〔四〕師古曰：「張武等。」

〔五〕如淳曰：「邑名也，六國時齊有靖郭君。靖音靜。」師古曰：「外戚恩澤侯表云鄔侯駟鈞以齊王舅侯，今此云靖郭，豈初封靖郭後改爲鄔乎？鄔音一戶反，又音於(度)〔庶〕反。」

二年冬十月，丞相陳平薨。詔曰：「朕聞古者諸侯建國千餘，各守其地，以時入貢，民不勞苦，上下驩欣，靡有違德。今列侯多居長安，邑遠，〔一〕吏卒給輸費苦，而列侯亦無繇教訓其民。〔二〕其令列侯之國，爲吏及詔所止者，遣太子。」〔三〕

〔一〕師古曰：「所食之邑去長安遠。」

〔二〕師古曰：「繇讀與由同。」

〔三〕李奇曰：「爲吏，謂爲卿大夫者。詔所止，特以恩愛見留者。」

十一月癸卯晦，日有食之。詔曰：「朕聞之，天生民，爲之置君以養治之。人主不德，布政不均，則天示之災以戒不治。〔一〕乃十一月晦，日有食之，適見于天，〔二〕災孰大焉！〔三〕朕獲保宗廟，以微眇之身託于士民君王之上，天下治亂，在予一人，唯二三執政猶吾股肱也。朕下不能治育羣生，上以累三光之明，〔四〕其不德大矣。令至，其悉思朕之過失，〔五〕及知見之所不及，匄以啓告朕。〔六〕及舉賢良方正能直言極諫者，以匡朕之不逮。〔七〕因各敕以職任，務省繇費以便民。〔八〕朕既不能遠德，故憪然念外人之有非，〔九〕是以設備未息。今縱不能罷邊屯戍，又飭兵厚衞，〔一〇〕其罷衞將軍軍。太僕見馬遺財足，〔一一〕餘皆以給傳置。」〔一二〕

〔一〕師古曰：「治音直吏反。」
〔二〕師古曰：「適讀曰讁，責也，音張革反。見音胡電反。」
〔三〕師古曰：「災莫大於此。」
〔四〕師古曰：「三光，日、月、星也。累音力瑞反。」
〔五〕師古曰：「令謂此詔書。」
〔六〕師古曰：「匄音蓋。匄亦乞也。啓，開也。言以過失開告朕躬，是則於朕爲恩惠也。商書說命曰『啓乃心，沃朕心』。」
〔七〕師古曰：「匡，正也。逮，及也。不逮者，意慮所不及。」
〔八〕師古曰：「省，減也，音所領反。繇讀曰傜。」
〔九〕蘇林曰：「憪，寢視不安貌也。」孟康曰：「憪猶介然也。非，姦非也。」師古曰：「孟說是也。憪音下板反。」

〔10〕師古曰：「飭，整也，讀與勑同。」

〔11〕師古曰：「遺，留也。財與纔同。纔，少也。太僕見在之馬今當減，留纔足充事而已。」

〔12〕師古曰：「傳音張戀反。置者，置傳驛之所，因名置也。他皆類此。」

春正月丁亥，詔曰：「夫農，天下之本也，其開藉田，〔一〕朕親率耕，以給宗廟粢盛。〔二〕民讁作縣官及貸種食未入、入未備者，皆赦之。」〔三〕

〔一〕應劭曰：「古者天子耕藉田（十）〔千〕畝，為天下先。藉者，帝王典藉之常也。」韋昭曰：「藉，借也。借民力以治之，以奉宗廟，且以勸率天下，使務農也。」臣瓚曰：「景帝詔曰『朕親耕，后親桑，為天下先』，本以躬親為義，不得以假借為稱也。藉謂蹈藉也。」師古曰：「瓚說是也。國語曰『宣王即位，不藉千畝，虢文公諫』。斯則藉非假借明矣。」

〔二〕師古曰：「黍稷曰粢，在器曰盛。粢音咨。」

〔三〕師古曰：「種者，五穀之種也。食者，所以為糧食也。貸音吐戴反。種音之勇反。」

三月，有司請立皇子為諸侯王。詔曰：「前趙幽王幽死，朕甚憐之，已立其太子遂為趙王。遂弟辟彊〔一〕及齊悼惠王子朱虛侯章、東牟侯興居有功，可王。」乃（遂）立辟彊為河間王，章為城陽王，興居為濟北王。因立皇子武為代王，參為太原王，揖為梁王。

〔一〕師古曰：「辟彊，言辟禦彊梁者，亦猶辟兵辟非耳。辟音必亦反。彊音其良反。一說辟讀曰闢，彊讀曰疆。闢疆，言開土地也。賈誼書曰：『衞侯朝於周，周行人問其名，衞侯曰辟彊。行人還之曰：「啓彊、辟彊，天子之號也，諸侯弗得用。」更其名曰燬。』則其義兩說並通。他皆類此。」

五月，詔曰：「古之治天下，朝有進善之旌，〔一〕誹謗之木，〔二〕所以通治道而來諫者也。今法有誹謗訞言之罪，〔三〕是使衆臣不敢盡情，而上無由聞過失也。將何以來遠方之賢良？其除之。民或祝詛上，以相約而後相謾，〔四〕吏以爲大逆，其有他言，吏又以爲誹謗。此細民之愚，無知抵死，〔五〕朕甚不取。自今以來，有犯此者勿聽治。」

〔一〕應劭曰：「旌，幡也，堯設之五達之道，令民進善也。」如淳曰：「欲有進者，立於旌下言之。」

〔二〕服虔曰：「堯作之，橋梁交午柱頭也。」應劭曰：「橋梁邊板，所以書政治之愆失也。至秦去之，今乃復施也。」師古曰：「應說是也。」

〔三〕師古曰：「高后元年詔除妖言之令，今此又有訞言之罪，是則中間曾重復設此條也。訞與妖同。」

〔四〕師古曰：「謾，欺也。初爲要約，共行祝詛，後相欺誑，中道而止，無實事也。謾音慢，又音莫連反。」

〔五〕師古曰：「抵，觸也，亦至也。」

九月，初與郡守爲銅虎符、竹使符。〔一〕

〔一〕應劭曰：「銅虎符第一至第五，國家當發兵遣使者，至郡合符，符合乃聽受之。竹使符皆以竹箭五枚，長五寸，鐫刻篆書，第一至第五。」張晏曰：「符以代古之圭璋，從簡易也。」師古曰：「與郡守爲符者，謂各分其半，右留京師，左以與之。使音所吏反。」

詔曰：「農，天下之大本也，民所恃以生也，而民或不務本而事末，故生不遂。〔一〕朕憂其然，故今茲親率羣臣農以勸之。其賜天下民今年田租之半。」〔二〕

〔一〕師古曰：「衣食(之)〔乏〕絕，致有夭喪，故不遂其生。」

〔二〕師古曰：「免不收之。」

三年冬十月丁酉晦，日有食之。十一月丁卯晦，日有蝕之。

詔曰：「前日詔遣列侯之國，辭未行。丞相朕之所重，其爲(遂)〔朕〕率列侯之國。」遂免丞相勃，遣就國。十二月，太尉潁陰侯灌嬰爲丞相。罷太尉官，屬丞相。

夏四月，城陽王章薨。淮南王長殺辟陽侯審食其。〔一〕

〔一〕師古曰：「殺之於其家。」

五月，匈奴入居北地、河南爲寇。〔一〕上幸甘泉，〔二〕遣丞相灌嬰擊匈奴，匈奴去。發中尉材官屬衞將軍，軍長安。

〔一〕師古曰：「北地郡之北，黃河之南，即白羊所居。」

〔二〕如淳曰：「蔡邕云天子車駕所至，民臣以爲僥幸，故曰幸。見令長三老官屬，親臨軒作樂，賜以酒食帛葛越巾佩帶之屬，民爵有級數，或賜田租之半，故因謂之幸也。」師古曰：「甘泉在雲陽，本秦林光宮。」

上自甘泉之高奴，〔一〕因幸太原，見故羣臣，皆賜之。舉功行賞，諸民里賜牛酒。〔二〕復晉陽、中都民三歲租。〔三〕留游太原十餘日。

〔一〕師古曰：「之，往也。高奴，上郡之縣。」
〔二〕師古曰：「里別率賜之。」
〔三〕師古曰：「復音方目反。」

濟北王興居聞帝之代，欲自擊匈奴，乃反，發兵欲襲滎陽。於是詔罷丞相兵，以棘蒲侯柴武爲大將軍，〔一〕將四將軍十萬衆擊之。祁侯繒賀爲將軍，軍滎陽。秋七月，上自太原至長安。詔曰：「濟北王背德反上，詿誤吏民，〔二〕爲大逆。濟北吏民兵未至先自定及以軍城邑降者，皆赦之，復官爵。〔三〕與王興居去來者，亦赦之。」〔四〕八月，虜濟北王興居，自殺。赦諸與興居反者。

〔一〕臣瓚曰：「漢帝年紀爲陳武，此云柴武，爲有二姓。」
〔二〕師古曰：「詿亦誤也，音卦。」
〔三〕師古曰：「復音扶目反。」
〔四〕師古曰：「雖始與興居共反，今棄之去而來降者，亦赦。」

四年冬十二月，丞相灌嬰薨。

夏五月，復諸劉有屬籍，家無所與。〔一〕賜諸侯王子邑各二千戶。

〔一〕師古曰：「復音方目反。與讀曰豫。」

秋九月，封齊悼惠王子七人爲列侯。

絳侯周勃有罪，逮詣廷尉詔獄。

作顧成廟。〔一〕

〔一〕服虔曰：「廟在長安城南，文帝作。還顧見城，故名之。」應劭曰：「文帝自爲廟，制度卑狹，若顧望而成，猶文王靈臺不日成之，故曰顧成。賈誼曰：『因顧成之廟，爲天下太宗，與漢無極。』」如淳曰：「身存而爲廟，若尚書之顧命也。景帝廟號德陽，武帝廟號龍淵，昭帝廟號徘徊，宣帝廟號樂游，元帝廟號長壽，成帝廟號陽池。」師古曰：「以還顧見城，因即爲名，於義無取。又書本不作城郭字，應說近之。」

五年春二月，地震。

夏四月，除盜鑄錢令。〔一〕更造四銖錢。〔二〕

〔一〕應劭曰：「聽民放鑄也。」

〔二〕應劭曰：「文帝以五分錢太輕小，更作四銖錢，文亦曰『半兩』，今民間半兩錢最輕小者是也。」

六年冬十月，桃李華。

十一月，淮南王長謀反，廢遷蜀嚴道，死雍。〔一〕

〔一〕師古曰：「遷於蜀郡之嚴道，行至扶風雍縣，在道而死也。」

七年冬十月，令列侯太夫人、夫人、諸侯王子及吏二千石無得擅徵捕。〔一〕

〔一〕如淳曰：「列侯之妻稱夫人。列侯死，子復爲列侯，乃得稱太夫人，子不爲列侯不得稱也。」

夏四月，赦天下。

六月癸酉，未央宮東闕罘罳災。〔一〕

〔一〕如淳曰：「東闕與其兩旁罘罳皆災也。」晉灼曰：「東闕之罘罳獨災也。」師古曰：「罘罳，謂連闕曲閣也，以覆重刻垣墉之處，其形罘罳然，一曰屏也。罘音浮。」

八年夏，封淮南厲王長子四人爲列侯。

有長星出于東方。〔一〕

〔一〕文穎曰：「孛、彗、長三星，其占略同，然其形象小異。孛星光芒短，其光四出，蓬蓬孛孛也。彗星光芒長，參參如埽彗。長星光芒有一直指，或竟天，或十丈，或三丈，或二丈，無常也。大法，孛、彗星多爲除舊布新，火災，長星多爲兵革事。」

九年春，大旱。

十年冬，行幸甘泉。

將軍薄昭死。〔一〕

〔一〕鄭氏曰：「昭殺漢使者，文帝不忍加誅，使公卿從之飲酒，欲令自引分。昭不肯，使羣臣喪服往哭之，乃自殺。有罪，故言死。」如淳曰：「一說昭與文帝博不勝，當飲酒，侍郎酌，爲昭少，一侍郎譴呵之。時此郎下沐，昭使人殺之，是以文帝使自殺。」師古曰：「外戚恩澤侯表云坐殺漢使者自殺。鄭說是也。」

十一年冬十一月，行幸代。春正月，上自代還。

夏六月，梁王揖薨。

匈奴寇狄道。

十二年冬十二月，河決東郡。

春正月，賜諸侯王女邑各二千戶。

二月，出孝惠皇帝後宮美人，令得嫁。

三月，除關無用傳。〔一〕

〔一〕張晏曰：「傳，信也，若今過所也。」如淳曰：「兩行書繒帛，分持其一，出入關，合之乃得過，謂之傳也。」李奇曰：

「傳，棨也。」師古曰：「張說是也。古者或用棨，或用繒帛。棨者，刻木爲合符也。傳音張戀反。棨音啓。」

詔曰：「道民之路，在於務本。朕親率天下農，十年于今，而野不加辟，〔一〕歲一不登，民有飢色，〔二〕是從事焉尚寡，而吏未加務也。〔三〕吾詔書數下，歲勸民種樹，〔四〕而功未興，是吏奉吾詔不勤，而勸民不明也。且吾農民甚苦，而吏莫之省，〔五〕將何以勸焉？其賜農民今年租稅之半。」

〔一〕師古曰：「辟讀曰闢。闢，開也。」

〔二〕師古曰：「登，成也。言五穀一歲不成則衆庶飢餧，是無蓄積故也。」

〔三〕師古曰：「從事，從農事也。」

〔四〕師古曰：「樹，謂藝殖也。」

〔五〕師古曰：「省，視也。」

又曰：「孝悌，天下之大順也。力田，爲生之本也。三老，衆民之師也。廉吏，民之表也。朕甚嘉此二三大夫之行。今萬家之縣，云無應令，〔一〕豈實人情？是吏舉賢之道未備也。其遣謁者勞賜三老、孝者帛人五匹，悌者、力田二匹，廉吏二百石以上率百石者三匹。〔二〕及問民所不便安，而以戶口率置三老孝悌力田常員，〔三〕令各率其意以道民焉。」〔四〕

〔一〕師古曰：「無孝悌力田之人可應察舉之令。」

〔二〕師古曰：「自二百石以上，每百石加三匹。」

〔三〕師古曰：「計戶口之數以率之，增置其員，廣教化也。」
〔四〕師古曰：「道讀曰導。」

十三年春二月甲寅，詔曰：「朕親率天下農耕以供粢盛，皇后親桑以奉祭服，其具禮儀。」〔一〕

〔一〕師古曰：「令立耕桑之禮制也。」

夏，除祕祝，〔一〕語在郊祀志。五月，除肉刑法，語在刑法志。

〔一〕應劭曰：「祕祝之官，移過于下，國家諱之，故曰祕也。」

六月，詔曰：「農，天下之本，務莫大焉。今廑身從事，〔一〕而有租稅之賦，是謂本末者無以異也，〔二〕其於勸農之道未備。其除田之租稅。賜天下孤寡布帛絮各有數。」

〔一〕晉灼曰：「廑，古勤字。」
〔二〕李奇曰：「本，農也。末，賈也。言農與賈俱出租，無異也，故除田租。」

十四年冬，匈奴寇邊，殺北地都尉卬。〔一〕遣三將軍軍隴西、北地、上郡，中尉周舍爲衞將軍，郎中令張武爲車騎將軍，軍渭北，車千乘，騎卒十萬人。上親勞軍，勒兵，申教令，〔二〕

賜吏卒。自欲征匈奴，羣臣諫，不聽。皇太后固要上，乃止。〔三〕於是以東陽侯張相如爲大將軍，建成侯董赫、內史欒布皆爲將軍，擊匈奴。匈奴走。

〔一〕師古曰：「功臣表云缾侯孫單以父北地都尉卬力戰死事，文帝十四年封，與此正合。然則卬姓孫，而徐廣乃云姓段，說者因曰段會宗即卬之玄孫，無所據也。會宗，漢書有傳，班固不云是卬後，何從而知之乎？」

〔二〕師古曰：「申謂約束之。」

〔三〕文穎曰：「要（却）〔劫〕也，哀痛祝誓之言。」

春，詔曰：「朕獲執犧牲珪幣以事上帝宗廟，十四年于今。歷日彌長，以不敏不明〔一〕而久撫臨天下，朕甚自媿。〔二〕其廣增諸祀壇場珪幣。〔三〕昔先王遠施不求其報，望祀不祈其福，右賢左戚，〔四〕先民後己，至明之極也。今吾聞祠官祝釐，〔五〕皆歸福於朕躬，不爲百姓，朕甚媿之。夫以朕之不德，而專鄉獨美其福，百姓不與焉，〔六〕是重吾不德也。〔七〕其令祠官致敬，無有所祈。」

〔一〕師古曰：「敏，材識捷疾。」

〔二〕師古曰：「媿，古愧字。」

〔三〕師古曰：「築土爲壇，除地爲場。幣，祭神之帛。」

〔四〕師古曰：「以賢爲上，然後及親也。」

〔五〕如淳曰：「釐，福也。賈誼傳『受釐坐宣室』是也。」師古曰：「釐，本字作禧，假借用耳，同音僖。」

〔六〕師古曰：「與讀曰豫。」

〔七〕師古曰：「重音直用反。」

十五年春，黃龍見於成紀。〔一〕上乃下詔議郊祀。公孫臣明服色，新垣平設五廟。〔二〕語在郊祀志。夏四月，上幸雍，始郊見五帝，赦天下，修名山大川嘗祀而絕者，有司以歲時致禮。

〔一〕師古曰：「成紀，隴西縣。」

〔二〕文穎曰：「公孫臣，魯人也。」應劭曰：「新垣平，趙人也。」師古曰：「五廟，即下渭陽五帝之廟也。」

九月，詔諸侯王公卿郡守舉賢良能直言極諫者，上親策之，傅納以言。〔一〕語在鼂錯傳。〔二〕

〔一〕師古曰：「傅讀曰敷，敷陳其言而納用之。」

〔二〕師古曰：「錯音千故反。」

十六年夏四月，上郊祀五帝于渭陽。〔一〕

〔一〕韋昭曰：「在渭城。」師古曰：「郊祀志云在長安東北，非渭城也。韋說謬矣。」

五月，立齊悼惠王子六人、淮南厲王子三人皆爲王。

秋九月，得玉杯，〔一〕刻曰「人主延壽」。令天下大酺，明年改元。

〔一〕應劭曰：「新垣平詐令人獻之。」

後元年〔一〕冬十月，新垣平詐覺，謀反，〔二〕夷三族。

〔一〕張晏曰：「新垣平候日再中，以爲吉祥，故改元年，以求延年之祚也。」

〔二〕師古曰：「以詐事發覺，自恐被誅，因謀反也。」

春三月，孝惠皇后張氏薨。〔一〕

〔一〕張晏曰：「后黨於呂氏，廢處北宮，故不曰崩。」

詔曰：「間者數年比不登，〔一〕又有水旱疾疫之災，朕甚憂之。愚而不明，未達其咎。意者朕之政有所失而行有過與？〔二〕乃天道有不順，地利或不得，人事多失和，鬼神廢不享與？何以致此？將百官之奉養或費，無用之事或多與？何其民食之寡乏也！夫度田非益寡，而計民未加益，〔三〕以口量地，其於古猶有餘，而食之甚不足者，其咎安在？無乃百姓之從事於末以害農者蕃，〔四〕爲酒醪以靡穀者多，〔五〕六畜之食焉者衆與？細大之義，吾未能得其中。〔六〕其與丞相列侯吏二千石博士議之，有可以佐百姓者，率意遠思，無有所隱。」

〔一〕師古曰：「比猶頻也。」

〔二〕師古曰：「與讀曰歟，音弋於反。下皆類此。」

〔三〕師古曰：「度謂量計之，音徒各反。」
〔四〕師古曰：「末謂工商之業也。蕃亦多也，音扶元反。」
〔五〕師古曰：「醪，汁滓酒也。釃，散也。醪音來高反。釃音纚。」
〔六〕師古曰：「中音竹仲反。」

二年夏，行幸雍棫陽宮。〔一〕

〔一〕蘇林曰：「棫音域。」張晏曰：「秦昭王所作也。」晉灼曰：「黃圖在扶風。」

六月，代王參薨。匈奴和親。詔曰：「朕既不明，不能遠德，使方外之國或不寧息。夫四荒之外不安其生，〔一〕封圻之內勤勞不處，〔二〕二者之咎，皆自於朕之德薄而不能達遠也。間者累年，匈奴並暴邊境，多殺吏民，邊臣兵吏〔入〕〔又〕不能諭其內志，以重吾不德。〔三〕夫久結難連兵，中外之國將何以自寧？今朕夙興夜寐，勤勞天下，憂苦萬民，為之惻怛不安，〔四〕未嘗一日忘於心，故遣使者冠蓋相望，結徹於道，〔五〕以諭朕志於單于。〔六〕今單于反古之道，〔七〕計社稷之安，便萬民之利，新與朕俱棄細過，偕之大道，〔八〕結兄弟之義，以全天下元元之民。〔九〕和親以定，始于今年。」

〔一〕師古曰：「戎狄荒服，故曰四荒，言其荒忽去來無常也。爾雅曰『孤竹、北戶、西王母、日下謂之四荒』。」
〔二〕師古曰：「圻亦畿字。王畿千里。不處者，不獲安居。」

〔三〕師古曰：「諭，曉告也。重音直用反。」
〔四〕師古曰：「惻，痛也。怛，恨也。怛音丁曷反。」
〔五〕韋昭曰：「使車往還，故徹如結也。」
〔六〕師古曰：「單于，匈奴天子之號也。單音蟬。」
〔七〕師古曰：「（返）〔反〕，還也。」
〔八〕師古曰：「偕亦俱也。之，往也，趣也。」
〔九〕師古曰：「元元，善意也。」

三年春二月，行幸代。

四年夏四月丙寅晦，日有蝕之。五月，赦天下。免官奴婢爲庶人。行幸雍。

五年春正月，行幸隴西。三月，行幸雍。秋七月，行幸代。

六年冬，匈奴三萬騎入上郡，三萬騎入雲中。以中大夫令免爲車騎將軍屯飛狐，〔一〕故楚相蘇意爲將軍屯句注，〔二〕將軍張武屯北地，河内太守周亞夫爲將軍次細柳，〔三〕宗正劉禮爲將軍次霸上，祝茲侯徐厲爲將軍次棘門，〔四〕以備胡。

〔一〕如淳曰：「在代郡。」師古曰：「中大夫，官名，其人姓令名免耳。此諸將軍下至徐厲，皆書姓，而徐廣以爲中大夫令是官名，此說非也。據百官表，景帝初改衞尉爲中大夫令，文帝時無此官。而中大夫是郎中令屬官，秩比二千石。」

〔二〕應劭曰：「山險名也，在鴈門陰館。」師古曰：「句音章句之句。」

〔三〕服虔曰：「在長安西北。」如淳曰：「長安細柳倉在渭北，近石徼。」張揖曰：「在昆明池南，今有柳市是也。」臣瓚曰：「一宿曰宿，再宿曰信，過信爲次。」師古曰：「匈奴傳云『置三將軍，軍長安西細柳、渭北棘門、霸上』。此則細柳不在渭北，揖說是也。」

〔四〕孟康曰：「在長安北，秦時宮門也。」如淳曰：「三輔黃圖棘門在橫門外也。」

夏四月，大旱，蝗。〔一〕令諸侯無入貢。弛山澤。〔二〕減諸服御。損郎吏員。發倉庾〔三〕以振民。民得賣爵。

〔一〕師古曰：「蝗即螽也，食苗爲災，今俗呼爲簸蝩。蝗音胡光反。蝩音鍾。」

〔二〕師古曰：「弛，解也，解而不禁，與衆庶同其利。」

〔三〕應劭曰：「水漕倉曰庾。胡公曰『在邑曰倉，在野曰庾』。」

七年夏六月己亥，帝崩于未央宮。〔一〕遺詔曰：「朕聞之，蓋天下萬物之萌生，靡不有死。〔二〕死者天地之理，物之自然，奚可甚哀！〔三〕當今之世，咸嘉生而惡死，厚葬以破業，重服以傷生，吾甚不取。且朕既不德，無以佐百姓；今崩，又使重服久臨，〔四〕以罹寒暑之數，〔五〕哀人父子，傷長老之志，損其飲食，絕鬼神之祭祀，以重吾不德，〔六〕謂天下何！朕獲保宗廟，以眇眇之身託于天下君王之上，〔七〕二十有餘年矣。賴天之靈，社稷之福，方內安寧，〔八〕靡有兵革。〔九〕朕既不敏，常畏過行，以羞先帝之遺德；〔一〇〕惟年之久長，懼于不終。今乃幸以天年得復供養于高廟，朕之不明與嘉之，其奚哀念之有！〔一一〕其令天下吏民，令到出臨三日，皆釋服。〔一二〕無禁取婦嫁女祠祀飲酒食肉。自當給喪事服臨者，皆無踐。〔一三〕（絰）〔經〕帶無過三寸。無布車及兵器。〔一四〕無發民哭臨宮殿中。殿中當臨者，皆以旦夕各十五舉音，禮畢罷。非旦夕臨時，禁無得擅哭（臨）。以下，〔一五〕服大紅十五日，小紅十四日，纖七日，釋服。〔一六〕它不在令中者，皆以此令比類從事。〔一七〕布告天下，使明知朕意。霸陵山川因其故，無有所改。〔一八〕歸夫人以下至少使。」〔一九〕令中尉亞夫爲車騎將軍，屬國悍爲將屯將軍，〔二〇〕郎中令張武爲復土將軍，〔二一〕發近縣卒萬六千人，發內史卒萬五千人，臧郭穿復土屬將軍武。〔二二〕賜諸侯王以下至孝悌力田金錢帛各有數。乙巳，葬霸陵。〔二三〕

〔一〕臣瓚曰：「帝年二十三即位，即位二十三年，壽四十六也。」

〔二〕師古曰：「始生者曰萌。」

〔三〕師古曰：「奚，何也。」

〔四〕師古曰：「臨，哭也，音力禁反。下云服臨、當臨者，音並同也。」

〔五〕師古曰：「罹音離，遭也。」

〔六〕師古曰：「重音直用反。」

〔七〕師古曰：「眇眇，猶言細末也。」

〔八〕臣瓚曰：「方，四方也。內，中也。猶云中外。」師古曰：「此說非也，直謂〔四〕方之內耳。」

〔九〕師古曰：「靡，無也。」

〔一〇〕師古曰：「過行，行有過失也。羞謂忝辱也。行音下更反。」

〔一一〕如淳曰：「得卒天年，已善矣。」晉灼曰：「若以朕不明，當嘉善朕之儉約，何哀念之有也。」師古曰：「如、晉之說非也。與讀曰歟，音弋於反。帝自言或者豈朕見之不明乎，以不可嘉為嘉耳。然朕自謂得終天年，供養高廟，為可嘉之事，無所哀念也。今俗語猶然，其意可曉矣。」

〔一二〕師古曰：「令謂此詔文也。」

〔一三〕伏儼曰：「踐，翦也，謂無斬衰也。」孟康曰：「踐，跣也。」晉灼曰：「漢語作跣。跣，徒跣也。」師古曰：「孟、晉二說是也。」

〔一四〕應劭曰：「無以布衣車及兵器也。」服虔曰：「不施輕車介士也。」師古曰：「應說是也。」

〔一五〕師古曰：「為下棺也。音義與高紀同。」

〔一六〕服虔曰：「皆當言大功、小功布也。纖，細布衣也。」應劭曰：「紅者，中祥、大祥以紅為領緣。纖者，禫也。凡三十六日而釋服矣。此以日易月也。」晉灼曰：「漢書例以紅爲功也。」師古曰：「紅與功同。服、晉二說是也。此喪制者，文帝自率己意創而爲之，非有取於周禮也，何爲以日易月乎！三年之喪，其實二十七月，豈有三十六月之文！禫又無七月也。應氏旣失之於前，而近代學者因循謬說，未之思也。」

〔一七〕師古曰：「言此詔中無文者，皆以類比而行事。」

〔一八〕應劭曰：「因山爲藏，不復起墳，山下川流不遏絕，就其水名以爲陵號。」

〔一九〕應劭曰：「夫人以下有美人、良人、八子、七子、長使、少使，皆遣歸家，重絕人類。」

〔二〇〕師古曰：「典屯軍以備非常。」

〔二一〕如淳曰：「主穿壙填瘞事也。」師古曰：「穿壙，出土下棺也。已而填之，又卽以爲墳，故云復土。復，反還也，音扶目反。」

〔二二〕師古曰：「卽張武也。」

〔二三〕師古曰：「自崩至葬凡七日也。霸陵在長安東南。」

贊曰：孝文皇帝卽位二十三年，宮室苑囿車騎服御無所增益。有不便，輒弛以利民。〔一〕嘗欲作露臺，召匠計之，直百金。上曰：「百金，中人十家之產也。〔二〕吾奉先帝宮室，常恐羞之，何以臺爲！」〔三〕身衣弋綈，〔四〕所幸慎夫人衣不曳地，帷帳無文繡，以示敦朴，爲天下先。治霸陵，皆瓦器，不得以金銀銅錫爲飾，因其山，不起墳。南越尉佗自立爲帝，召貴佗兄弟，以德懷之，佗遂稱臣。與匈奴結和親，後而背約入盜，令邊備守，不發兵深入，恐煩百姓。吳王詐病不朝，賜以几杖。羣臣袁盎等諫說雖切，常假借納用焉。〔五〕張武等受賂金錢，覺，更加賞賜，以媿其心。專務以德化民，是以海內殷富，興於禮義。斷獄數百，幾致刑措。〔六〕嗚呼，仁哉！

〔一〕師古曰：「弛，廢弛，音式爾反。」

〔二〕師古曰：「中謂不富不貧。」

〔三〕師古曰：「今新豐縣南驪山之頂有露臺鄉，極爲高顯，猶有文帝所欲作臺之處。」

〔四〕如淳曰：「弋，皂也。賈誼曰『身衣皂綈』。」師古曰：「弋，黑色也。綈，厚繒。綈音大奚反。」

〔五〕蘇林曰：「假音休假。借音以物借人之借。」

〔六〕應劭曰：「措，置也。民不犯法，無所刑也。」師古曰：「斷獄數百者，言普天之下死罪人不過數百。幾，近也，音鉅衣反。」

校勘記

一〇八頁一〇行　宗室將相王列侯以爲(其)〔莫〕宜寡人，　王念孫說「其」字文義不順，當依史記作「莫」。楊樹達說王校是。

一一四頁一五行　朕(已)〔以〕得保宗廟。　蘇輿說史記作「㠯」，依本書例，作「以」爲合。

一一五頁九行　又音於(度)〔庶〕反。　景祐、殿本都作「庶」。王先謙說作「庶」是。

一一七頁六行　古者天子耕藉田(十)〔千〕畝，　景祐、殿本都作「千」，史記集解同。

一一七頁一三行　乃(遂)立辟彊爲河間王，　王先謙說「遂」字涉上文而衍。按史記無「遂」字。

一一九頁一行　衣食(之)〔乏〕絕，　景祐、殿本都作「乏」。王先謙說作「乏」是。

一一九頁四行　其爲(遂)〔朕〕率列侯之國。　景祐、殿本都作「朕」，史記同。

一二六頁六行　要(却)〔劫〕也，　景祐、殿、局本都作「劫」，通鑑注引同。

一二六頁九行　右賢左戚，(四)先民後己，　注(四)原在「後己」下，王先謙說當在「左戚」下。

一二九頁九行　邊臣兵吏(入)〔又〕不能諭其內志，　景祐、殿本都作「又」，史記同。王先謙說作「又」是。

一三〇頁五行　(返)〔反〕，還也。　景祐、殿本都作「反」。

一三二頁七行　(姪)〔絰〕帶無過三寸。　景祐、殿、局本都作「絰」，史記同。

一三二頁九行　禁無得擅哭(臨)。　李慈銘說史記無「臨」字，此誤衍。

一三三頁六行　直謂(四)方之內耳。　景祐、殿本都無「四」字。

漢書卷五

景帝紀第五

孝景皇帝，〔一〕文帝太子也。母曰竇皇后。後七年六月，文帝崩。丁未，太子即皇帝位，尊皇太后薄氏曰太皇太后，皇后曰皇太后。

〔一〕荀悅曰：「諱啓之字曰開。」應劭曰：「禮謚法『布義行剛曰景』。」

九月，有星孛于西方。

元年冬十月，詔曰：「蓋聞古者祖有功而宗有德，〔一〕制禮樂各有由。歌者，所以發德也；舞者，所以明功也。高廟酎，〔二〕奏武德、文始、五行之舞。〔三〕孝惠廟酎，奏文始、五行之舞。孝文皇帝臨天下，通關梁，不異遠方；〔四〕除誹謗，去肉刑，賞賜長老，收恤孤獨，以遂羣生；〔五〕減耆欲，不受獻，〔六〕罪人不帑，〔七〕不誅亡罪，不私其利也；除宮刑，出美人，重絕人之世也。朕既不敏，弗能勝識。〔八〕此皆上世之所不及，而孝文皇帝親行之。〔九〕德厚侔天地，利澤施四海，〔一〇〕靡不獲福。明象乎日月，而廟樂不稱，朕甚懼焉。〔一一〕其爲孝文皇帝廟爲昭德之舞，〔一二〕以明休德。〔一三〕然后祖宗之功德，施于萬世，永永無窮，朕甚嘉之。其與丞相、列侯、中二千石、禮官具禮儀奏。」丞相臣嘉等奏曰：〔一四〕「陛下永思孝道，立昭德之舞以明孝文皇帝之盛德，皆臣嘉等愚所不及。臣謹議：世功莫大於高皇帝，德莫盛於孝文皇帝。高皇帝廟宜爲帝者太祖之廟，孝文皇帝廟宜爲帝者太宗之廟。天子宜世世獻祖宗之廟。郡國諸侯宜各爲孝文皇帝立太宗之廟。諸侯王列侯使者侍祠天子所獻祖宗之廟。〔一五〕請宣布天下。」制曰「可」。

〔一〕應劭曰：「始取天下者爲祖，高帝稱高祖是也。始治天下者爲宗，文帝稱太宗是也。」師古曰：「應說非也。祖，始也，始受命也。宗，尊也，有德可尊。」

〔二〕張晏曰：「正月旦作酒，八月成，名曰酎。酎之言純也。至武帝時，因八月嘗酎會諸侯廟中，出金助祭，所謂酎金也。」師古曰：「酎，三重釀，醇酒也，味厚，故以薦宗廟。酎音直救反。」

〔三〕孟康曰：「武德，高祖所作也。文始，舜舞也。五行，周舞也。武德者，其舞人執干戚。文始舞執羽籥。五行舞，冠冕衣服法五行色。見禮樂志。」

〔四〕張晏曰：「孝文十二年，除關不用傳，令遠近若一。」

〔五〕師古曰：「遂，成也，達也。」

〔六〕師古曰：「耆讀曰嗜。」

〔七〕蘇林曰：「刑不及妻子。」師古曰：「帑讀與孥同。」
〔八〕師古曰：「敏，材智速疾也。勝識，盡知之。」
〔九〕師古曰：「上世，謂古昔之帝王也。」
〔一〇〕師古曰：「侔，等也，音牟。」
〔一一〕師古曰：「稱，副也，音尺孕反。」
〔一二〕師古曰：「昭，明也。」
〔一三〕師古曰：「休，美也。」
〔一四〕師古曰：「申屠嘉。」
〔一五〕張晏曰：「王及列侯歲時遣使詣京師侍祠助祭。」如淳曰：「若光武廟在章陵，南陽太守稱使者往祭是也。不使侯王祭者，諸侯不得祖天子。凡臨祭宗廟皆爲侍祭。」師古曰：「張說是也。既云天子所獻祖宗之廟，非謂郡國之廟也。」

春正月，詔曰：「間者歲比不登，民多乏食，夭絕天年，朕甚痛之。郡國或磽陿，無所農桑毄畜；〔一〕或地饒廣，薦草莽，水泉利，而不得徙。〔二〕其議民欲徙寬大地者，聽之。」

〔一〕師古曰：「磽謂磽埆瘠薄也。陿謂褊隘也。毄謂食養之。畜謂牧放也。磽音苦交反。陿音狹。毄古繫字。」
〔二〕如淳曰：「莊周云麋鹿食曰薦。一曰草稠曰薦，深曰莽。」

夏四月，赦天下。賜民爵一級。

遣御史大夫青翟至代下與匈奴和親。〔一〕

〔一〕文穎曰：「姓嚴，諱青翟。」臣瓚曰：「此陶青也。莊青翟乃自武帝時人，此紀誤。」師古曰：「後人傳習不曉，妄增翟字耳，非本作紀之誤。」

五月，令田半租。

秋七月，詔曰：「吏受所監臨，以飲食免，重；受財物，賤買貴賣，論輕。〔一〕廷尉與丞相更議著令。」〔二〕廷尉信謹與丞相議曰：〔三〕「吏及諸有秩受其官屬所監、所治、所行、所將，〔四〕其與飲食計償費，勿論。〔五〕它物，若買故賤，賣故貴，皆坐臧為盜，沒入臧縣官。〔六〕吏遷徙免罷，受其故官屬所將監治送財物，奪爵為士伍，免之。〔七〕無爵，罰金二斤，令沒入所受。有能捕告，畀其所受臧。」〔八〕

〔一〕師古曰：「帝以為當時律條吏受所監臨賂遺飲食，即坐免官爵，於法太重，而受所監臨財物及賤買貴賣者，論決太輕，故令更議改之。」

〔二〕蘇林曰：「著音著幘之著。」師古曰：「蘇音非也。著音著作之著，音竹筯反。」

〔三〕師古曰：「丞相申屠嘉。」

〔四〕師古曰：「行謂按察也，音下更反。」

〔五〕師古曰：「計其所費，而償其直，勿論罪也。」

〔六〕師古曰：「它物，謂非飲食者。」

〔七〕李奇曰：「有爵者奪之，使爲士伍，有位者免官也。」師古曰：「此說非也。謂奪其爵，令爲士伍，又免其官職，即今律所謂除名也。謂之士伍者，言從士卒之伍也。」

〔八〕師古曰：「畀，與也，以所受之臧與捕告者也。畀音必寐反。」

二年冬十二月，有星孛于西南。

令天下男子年二十始傅。〔一〕

〔一〕師古曰：「舊法二十三，今此二十，更爲異制也。傅讀曰附。解在高紀。」

春三月，立皇子德爲河間王，閼爲臨江王，〔一〕餘爲淮陽王，非爲汝南王，彭祖爲廣川王，發爲長沙王。

〔一〕師古曰：「閼音一曷反。」

夏四月壬午，太皇太后崩。〔一〕

〔一〕服虔曰：「文帝母薄太后也。」

六月，丞相嘉薨。

封故相國蕭何孫係爲列侯。〔一〕

〔一〕師古曰：「係音胡計反。」

秋，與匈奴和親。

三年冬十二月，詔曰：「襄平侯嘉〔一〕子恢說不孝，謀反，欲以殺嘉，大逆無道。〔二〕其赦嘉爲襄平侯，及妻子當坐者復故爵。〔三〕論恢說及妻子如法。」

〔一〕晉灼曰：「紀通子也。功臣表襄平侯紀通以父功侯，孝景三年，康侯相夫嗣。推其封薨，正與此合，豈更名嘉乎？」

〔二〕晉灼曰：「恢說言嘉知反情，而實不知也。」師古曰：「此解非也。恢說有私怨於其父，而自謀反，欲令其父坐死也。說讀曰悅。」

〔三〕如淳曰：「律，大逆不道，父母妻子同產皆棄市。今赦其餘子不與恢說謀者，復其故爵。」

春正月，淮陽王宮正殿災。

吳王濞、膠西王卬、楚王戊、趙王遂、濟南王辟光、〔一〕菑川王賢、膠東王雄渠皆舉兵反。大赦天下。遣太尉亞夫、〔二〕大將軍竇嬰將兵擊之。斬御史大夫晁錯以謝七國。〔三〕

〔一〕師古曰：「辟音璧，又音闢，其義兩通。」

〔二〕師古曰：「周亞夫。」

〔三〕晉灼曰：「錯音錯置之錯。」師古曰：「晁，古朝字。」

二月壬子晦，日有食之。

諸將破七國，斬首十餘萬級。追斬吳王濞於丹徒。膠西王卬、楚王戊、趙王遂、濟南王辟光、菑川王賢、膠東王雄渠皆自殺。夏六月，詔曰：「乃者吳王濞等爲逆，起兵相脅，詿誤吏民，吏民不得已。〔一〕今濞等已滅，吏民當坐濞等及逋逃亡軍者，皆赦之。楚元王子蓺等與濞等爲逆，〔二〕朕不忍加法，除其籍，毋令汙宗室。」立平陸侯劉禮爲楚王，續元王後。〔三〕立皇子端爲膠西王，勝爲中山王。賜民爵一級。

〔一〕師古曰：「已，止也，言不得止而從之，非本心也。」

〔二〕師古曰：「蓺音藝。」

〔三〕孟康曰：「禮，元王子也。」

四年春，復置諸關用傳出入。〔一〕

〔一〕應劭曰：「文帝十二年除關無用傳，至此復用傳。以七國新反，備非常。」

夏四月己巳，立皇子榮爲皇太子，徹爲膠東王。

六月，赦天下，賜民爵一級。

秋七月，臨江王閼薨。

十月戊戌晦，日有蝕之。

五年春正月，作陽陵邑。〔一〕夏，募民徙陽陵，賜錢二十萬。

〔一〕張晏曰：「景帝作壽陵，起邑。」

遣公主嫁匈奴單于。

六年冬十二月，雷，霖雨。

秋九月，皇后薄氏廢。

七年冬十一月庚寅晦，日有蝕之。

春正月，廢皇太子榮爲臨江王。

二月，罷太尉官。

夏四月乙巳，立皇后王氏。

丁巳，立膠東王徹爲皇太子。賜民爲父後者爵一級。

中元年夏四月，赦天下，賜民爵一級。封故御史大夫周苛、周昌孫子爲列侯。〔一〕

〔一〕師古曰：「封苛之孫及昌之子也。苛、昌皆嘗爲御史大夫而從昆弟也，故總言之。」

二年春二月，令諸侯王薨、列侯初封及之國，大鴻臚奏謚、誄、策。〔一〕列侯薨及諸侯太傅初除之官，大行奏謚、誄、策。〔二〕王薨，遣光祿大夫弔襚祠賵，〔三〕視喪事，因立嗣子。列侯薨，遣大中大夫弔祠，視喪事，因立嗣。其（薨）葬，國得發民輓喪，穿復土，治墳無過三百人畢事。〔四〕

〔一〕應劭曰：「皇帝延諸侯王，賓王諸侯，皆屬大鴻臚。故其薨，奏其行迹，賜與謚及哀策誄文也。」臣瓚曰：「景帝此年已置大鴻臚，而百官表云武帝太初元年更以大行為大鴻臚，與此錯。」師古曰：「誄者，述累德行之文，音力水反。」

〔二〕如淳曰：「凡言除者，除故官就新官也。」晉灼曰：「禮有大行人、小行人，主謚官，故以此名之。」臣瓚曰：「大行是官名，掌九儀之制以賓諸侯者。」師古曰：「大鴻臚者，本名典客，後改曰大鴻臚。大行令者，本名行人，即典客之屬官也，後改曰大行令。故事之尊重者遣大鴻臚，而輕賤者遣大行也。據此紀文，則景帝已改典客為大鴻臚，改行人為大行矣。而百官公卿表乃云景帝中六年更名典客為大行令，武帝太初元年更名大行令為大鴻臚，更名行人為大行令。當是表誤。」

〔三〕應劭曰：「衣服曰襚。祠，飲食也。車馬曰賵。」師古曰：「襚音遂。賵音芳鳳反。」

〔四〕師古曰：「輓謂引車也。畢事，畢葬事也。輓音晚。」

匈奴入燕。

改磔曰棄市，〔一〕勿復磔。

〔一〕應劭曰：「先此諸死刑皆磔於市，今改曰棄市，自非妖逆不復磔也。」師古曰：「磔謂張其尸也。棄市，殺之於市也。謂之棄市者，取刑人於市，與衆棄之也。磔音竹客反。」

三月，臨江王榮坐侵太宗廟地，徵詣中尉，自殺。

夏四月，有星孛于西北。

立皇子越爲廣川王，寄爲膠東王。

秋七月，更郡守爲太守，郡尉爲都尉。〔一〕

〔一〕師古曰：「更謂改其號。」

九月，封故楚、趙傅相內史前死事者四人子〔一〕皆爲列侯。

〔一〕文穎曰：「楚相張尙，太傅趙夷吾。趙相建德，內史王悍。此四人各諫其王無使反，不聽，皆殺之，故封其子。」

甲戌晦，日有蝕之。

三年冬十一月，罷諸侯御史大夫官。〔一〕

〔一〕師古曰：「所以抑損其權。」

春正月，皇太后崩。〔一〕

〔一〕文穎曰：「景帝母竇太后，以帝崩後六年乃亡。凡立五十一年，武帝建元六年崩。今此言皇太后崩，誤耳。」孟康曰：「此太后崩，史記無也。」臣瓚曰：「王楙云景帝薄后以此年死，疑是也。當言廢后，而言太后，誤也。」師古曰：

孟說是也。廢后死不書，又不言崩。瓚解爲謬。」

夏旱，禁酤酒。〔一〕秋九月，蝗。有星孛于西北。戊戌晦，日有蝕之。

〔一〕師古曰：「酤謂賣酒也，音工護反。」

立皇子乘爲淸河王。

四年春三月，起德陽宮。〔一〕

〔一〕臣瓚曰：「是景帝廟也。帝自作之，諱不言廟，故言宮。西京故事云景帝廟爲德陽。」

御史大夫綰奏禁馬高五尺九寸以上，齒未平，不得出關。〔一〕

〔一〕服虔曰：「綰，衞綰也。馬十歲，齒下平。」

夏，蝗。

秋，赦徒作陽陵者；死罪欲腐者，許之。〔一〕

〔一〕蘇林曰：「宮刑，其創腐臭，故曰腐也。」如淳曰：「腐，宮刑也。丈夫割勢，不能復生子，如腐木不生實。」師古曰：「如說是。腐音輔。」

十月戊午，日有蝕之。

五年夏，立皇子舜爲常山王。六月，赦天下，賜民爵一級。

秋八月己酉，未央宮東闕災。

更名諸侯丞相爲相。〔一〕

〔一〕師古曰：「亦所以抑黜之，令異於漢朝。」

九月，詔曰：「法令度量，所以禁暴止邪也。獄，人之大命，死者不可復生。吏或不奉法令，以貨賂爲市，朋黨比周，〔一〕以苛爲察，以刻爲明，令亡罪者失職，朕甚憐之。〔二〕有罪者不伏罪，姦法爲暴，甚亡謂也。諸獄疑，若雖文致於法而於人心不厭者，輒讞之。」〔三〕

〔一〕師古曰：「比音頻寐反。」

〔二〕師古曰：「職，常也。失其常理也。」

〔三〕師古曰：「厭，服也，音一贍反。讞，平議也，音魚列反。」

六年冬十月，行幸雍，郊五畤。

十二月，改諸官名。定鑄錢僞黃金棄市律。〔一〕

〔一〕應劭曰：「文帝五年，聽民放鑄，律尚未除。先時多作僞金，僞金終不可成，而徒損費，轉相誑燿，窮則起爲盜賊，故定其律也。」孟康曰：「民先時多作僞金，故其語曰『金可作，世可度』。費損甚多而終不成。民亦稍知其意，犯者希，因此定律也。」師古曰：「應說是。」

春三月，雨雪。〔一〕

〔一〕師古曰：「雨音于具反。」

夏四月，梁王薨，分梁爲五國，立孝王子五人皆爲王。

五月，詔曰：「夫吏者，民之師也，車駕衣服宜稱。〔一〕吏六百石以上，皆長吏也，〔二〕亡度者或不吏服，出入閭里，與民亡異。令長吏二千石車朱兩轓，〔三〕千石至六百石朱左轓。車騎從者不稱其官衣服，下吏出入閭巷亡吏體者，二千石上其官屬，三輔舉不如法令者，〔四〕皆上丞相御史請之。」先是吏多軍功，車服尙輕，故爲設禁。又惟酷吏奉憲失中，乃詔有司減笞法，定箠令。語在刑法志。〔五〕

〔一〕師古曰：「稱其官也，音尺孕反。」

〔二〕張晏曰：「長，大也。六百石，位大夫。」

〔三〕應劭曰：「車耳反出，所以爲之藩屏，翳塵泥也。二千石雙朱，其次乃偏其左。𨊠以簟爲之，或用革。」如淳曰：「轓晉反，小車兩屏也。」師古曰：「據許愼、李登說，轓，車之蔽也。左氏傳云『以藩載欒盈』，卽是有鄣蔽之車也。言車耳反出，非矣。轓音甫元反。𨊠音方遠反。」

〔四〕應劭曰：「京兆尹、左馮翊、右扶風共治長安城中，是爲三輔。」師古曰：「時未有京兆、馮翊、扶風之名。此三輔者，謂主爵中尉及左右內史也。應說失之。」

〔五〕師古曰：「箠音止蘂反。」

六月，匈奴入鴈門，至武泉，入上郡，取苑馬。〔一〕吏卒戰死者二千人。

〔一〕如淳曰：「漢儀注太僕牧師諸苑三十六所，分布北邊、西邊。以郎爲苑監，官奴婢三萬人，養馬三十萬疋。」師古曰：「武泉，雲中之縣也。養鳥獸者通名爲苑，故謂牧馬處爲苑。」

秋七月辛亥晦，日有蝕之。

後元年春正月，詔曰：「獄，重事也。人有智愚，官有上下。獄疑者讞有司。有司所不能決，移廷尉。有令讞而後不當，讞者不爲失。〔一〕欲令治獄者務先寬。」三月，赦天下，賜民爵一級，中二千石諸侯相爵右庶長。〔二〕夏，大酺五日，民得酤酒。

〔一〕師古曰：「假令讞訖，其理不當，所讞之人不爲罪失。」

〔二〕如淳曰：「雖有尊官未必有高爵，故數有賜爵。」師古曰：「右庶長，第十一爵也。」

五月，地震。秋七月乙巳晦，日有蝕之。

條侯周亞夫下獄死。

二年冬十月，省徹侯之國。〔一〕

〔一〕晉灼曰：「文紀遣列侯之國，今省之。」師古曰：「省音所領反。」

春，匈奴入鴈門，太守馮敬與戰死。發車騎材官屯。〔一〕

〔一〕師古曰：「屯鴈門。」

春，以歲不登，禁內郡食馬粟，沒入之。〔一〕

〔一〕師古曰：「食讀曰飤。沒入者，沒入其馬。」

夏四月，詔曰：「雕文刻鏤，傷農事者也；錦繡纂組，害女紅者也。〔一〕農事傷則飢之本也，女紅害則寒之原也。夫飢寒並至，而能亡爲非者寡矣。朕親耕，后親桑，以奉宗廟粢盛祭服，爲天下先；不受獻，減太官，省繇賦，〔二〕欲天下務農蠶，素有畜積，以備災害。〔三〕彊毋攘弱，衆毋暴寡，〔四〕老耆以壽終，幼孤得遂長。〔五〕今歲或不登，民食頗寡，其咎安在？或詐僞爲吏，〔六〕吏以貨賂爲市，漁奪百姓，侵牟萬民。〔七〕縣丞，長吏也，奸法與盜盜，甚無謂也。〔八〕其令二千石各修其職；不事官職耗亂者，丞相以聞，請其罪。〔九〕布告天下，使明知朕意。」

〔一〕應劭曰：「纂，今五采屬綷是也。組者，今綬紛絛是也。」臣瓚曰：「許慎云『纂，赤組也』。」師古曰：「瓚說是也。綷，會也。會五綵者，今謂之錯綵，非纂也。紅讀曰功。綷音子內反。絛音它牢反。」

〔二〕師古曰：「省音所領反。繇讀曰傜。」

〔三〕師古曰：「畜讀曰蓄。」

〔四〕師古曰：「攘，取也，音人羊反。」

〔五〕師古曰：「遂，成也。」

〔六〕張晏曰：「以詐僞人爲吏也。」臣瓚曰：「律所謂矯枉以爲吏者也。」師古曰：「二說並非也。直謂詐自稱吏耳。」

〔七〕李奇曰：「牟，食苗根蟲也。侵牟食民，比之蛑賊也。」師古曰：「漁言若漁獵之爲也。」

〔八〕李斐曰：「奸法，因法作奸也。」文穎曰：「與盜，謂盜者當治，而知情反佐與之，是則共盜無異也。」師古曰：「與盜盜者，共盜爲盜耳。」

〔九〕師古曰：「秏，不明也，讀與眊同，音莫報反。」

五月，詔曰：「人不患其不知，患其爲詐也；不患其不勇，患其爲暴也；不患其不富，患其亡厭也。其唯廉士，寡欲易足。今訾算十以上乃得宦，〔一〕廉士算不必衆。有市籍不得宦，無訾又不得宦，朕甚愍之。訾算四得宦，亡令廉士久失職，貪夫長利。」〔二〕

〔一〕服虔曰：「訾萬錢，算百二十七也。」應劭曰：「古者疾吏之貪，衣食足知榮辱，限訾十算乃得爲吏。十算，十萬也。賈人有財不得爲吏，廉士無訾又不得宦，故減訾四算得宦矣。」師古曰：「訾讀與貲同。他皆類此。」

〔二〕師古曰：「長利，長獲其利。」

秋，大旱。

三年春正月，詔曰：「農，天下之本也。黃金珠玉，飢不可食，寒不可衣，以爲幣用，不識其終始。〔一〕間歲或不登，意爲末者衆，農民寡也。其令郡國務勸農桑，益種樹，可得衣食物。〔二〕吏發民若取庸采黃金珠玉者，坐臧爲盜。〔三〕二千石聽者，與同罪。」

〔一〕師古曰：「幣者，所以通有無，易貴賤也。」

〔二〕師古曰：「樹，殖也。」

〔三〕韋昭曰：「發民，用其民。取庸，用其資以顧庸。」

皇太子冠，賜民爲父後者爵一級。

甲子，帝崩于未央宮。〔一〕遺詔賜諸侯王列侯馬二駟，〔二〕吏二千石黃金二斤，吏民戶百錢。出宮人歸其家，復終身。〔三〕二月癸酉，葬陽陵。〔四〕

〔一〕臣瓚曰：「帝年三十二卽位，卽位十六年，壽四十八。」

〔二〕師古曰：「八匹也。」

〔三〕師古曰：「復音方目反。」

〔四〕臣瓚曰：「自崩及葬凡十日。陽陵在長安東北四十五里。」

贊曰：孔子稱「斯民，三代之所以直道而行也」，〔一〕信哉！周秦之敝，罔密文峻，而姦軌不勝。〔二〕漢興，掃除煩苛，與民休息。至于孝文，加之以恭儉，孝景遵業，五六十載之間，至於移風易俗，黎民醇厚。〔三〕周云成康，漢言文景，美矣！

〔一〕師古曰：「此論語載孔子之辭也。言此今時之人，亦夏、殷、周之所敺，以政化淳壹，故能直道而行。傷今不然。」

〔二〕師古曰：「不可勝。」

〔三〕師古曰：「黎，衆也。醇，不澆雜。」

校勘記

一四五頁三行　其（蕘）葬，　王念孫說「蕘」字涉上文四「蕘」字而衍。蕘事已見上文，此文則專指葬事，故師古云「畢事，畢葬事也」。

漢書卷六

武帝紀第六

孝武皇帝，〔一〕景帝中子也，母曰王美人。〔二〕年四歲立爲膠東王。七歲爲皇太子，母爲皇后。十六歲，後三年正月，景帝崩。〔三〕甲子，太子卽皇帝位，尊皇太后竇氏曰太皇太后，皇后曰皇太后。三月，封皇太后同母弟田蚡、勝皆爲列侯。〔四〕

〔一〕荀悅曰：「諱徹之字曰通。」應劭曰：「禮諡法『威强叡德曰武』。」

〔二〕師古曰：「外戚傳美人比二千石，視少上造。」

〔三〕張晏曰：「武帝以景帝元年生，七歲爲太子，爲太子十歲而景帝崩，時年十六矣。」師古曰：「後三年，景帝後三年也。」

〔四〕蘇林曰：「蚡音鼢鼠之鼢。」師古曰：「蚡亦鼢鼠字也，音扶粉反。」

建元元年〔一〕冬十月，詔丞相、御史、列侯、中二千石、二千石、諸侯相舉賢良方正直言極諫之士。丞相綰〔二〕奏：「所舉賢良，或治申、商、韓非、蘇秦、張儀之言，〔三〕亂國政，請皆罷。」奏可。

〔一〕師古曰：「自古帝王未有年號，始起於此。」

〔二〕師古曰：「衞綰也。」

〔三〕應劭曰：「申不害，韓昭侯相也。衞公孫鞅爲秦孝公相，封於商，號商君。韓非，韓諸公子，非，名也。蘇秦爲關東從長。張儀爲秦昭王相，爲衡說以抑諸侯。」李奇曰：「申不害書執術。商鞅爲法，賞不失卑，刑不諱尊，然深刻無恩德。韓非兼行申、商之術。」師古曰：「從音子容反。」

春二月，赦天下，賜民爵一級。年八十復二算，九十復甲卒。〔一〕行三銖錢。〔二〕

〔一〕張晏曰：「二算，復二口之算也。復甲卒，不豫革車之賦也。」師古曰：「復音方目反。」

〔二〕師古曰：「新壞四銖錢造此錢也，重如其文。見食貨志。」

夏四月己巳，詔曰：「古之立教，鄉里以齒，朝廷以爵，扶世導民，莫善於德。然則於鄉里先耆艾，奉高年，古之道也。〔一〕今天下孝子順孫願自竭盡以承其親，外迫公事，內乏資財，是以孝心闕焉。朕甚哀之。民年九十以上，已有受鬻法，〔二〕爲復子若孫，令得身帥妻妾遂其供養之事。」〔三〕

〔一〕師古曰：「六十曰耆，五十曰艾。」

〔二〕師古曰：「給米粟以爲糜鬻。鬻音之六反。」

〔三〕師古曰：「若者，豫及之辭也。有子即復子，無子即復孫也。遝，（中）〔申〕也。復音方目反。」

五月，詔曰：「河海潤千里，其令祠官修山川之祠，爲歲事，〔一〕曲加禮。」〔二〕

〔一〕孟康曰：「爲農祈也。於此造之，歲以爲常，故曰爲歲事也。」師古曰：「歲以爲常是也。總致敬耳，非止祈農。」

〔二〕如淳曰：「祭禮有所加益。」

赦吳楚七國帑輸在官者。〔一〕

〔一〕應劭曰：「吳楚七國反時，其首事者妻子沒入爲官奴婢，武帝哀焉，皆赦遣之也。」師古曰：「帑讀與孥同。」

秋七月，詔曰：「衞士轉置送迎二萬人，〔一〕其省萬人。罷苑馬，以賜貧民。」〔二〕

〔一〕鄭氏曰：「去故置新，常二萬人。」

〔二〕師古曰：「養馬之苑，舊禁百姓不得芻牧采樵，今罷之。」

議立明堂。遣使者安車蒲輪，束帛加璧，徵魯申公。〔一〕

〔一〕師古曰：「以蒲裹輪，取其安也。」

二年冬十月，御史大夫趙綰坐請毋奏事太皇太后，及郎中令王臧皆下獄，自殺。〔一〕丞相嬰、太尉蚡免。〔二〕

〔一〕應劭曰：「禮，婦人不豫政事，時帝已自躬省萬機。王臧儒者，欲立明堂辟雍。太后素好黃老術，非薄五經。因欲絕奏事太后，太后怒，故殺之。」

〔三〕師古曰：「竇嬰、田蚡。」

春二月丙戌朔，日有蝕之。夏四月戊申，有如日夜出。

初置茂陵邑。〔一〕

〔一〕應劭曰：「武帝自作陵也。」師古曰：「本槐里(之縣)〔縣之〕茂鄉，故曰茂陵。」

三年春，河水溢于平原，大飢，人相食。〔一〕

〔一〕師古曰：「河溢之處損害田畝，故大飢。」

賜徙茂陵者戶錢二十萬，田二頃。初作便門橋。〔一〕

〔一〕蘇林曰：「去長安四十里。」服虔曰：「在長安西北，茂陵東。」師古曰：「便門，長安城北面西頭門，即平門也。古者平便皆同字。於此道作橋，跨渡渭水以趨茂陵，其道易直，即今所謂便橋是其處也。便讀如本字。」

秋七月，有星孛于西北。

濟川王明坐殺太傅、中傅廢遷防陵。〔一〕

〔一〕應劭曰：「中傅，宦者也。」師古曰：「防陵，漢中縣也，今謂之房州。」

閩越圍東甌，〔一〕東甌告急。遣中大夫嚴助持節發會稽兵，浮海救之。未至，閩越走，兵還。

〔一〕應劭曰：「高祖五年立無諸爲閩越王。惠帝立搖爲東海王，都東甌，故號東甌。」師古曰：「甌音一侯反。」

九月丙子晦，日有蝕之。

四年夏，有風赤如血。六月，旱。秋九月，有星孛于東北。

五年春，罷三銖錢，行半兩錢。〔一〕

〔一〕師古曰：「又新鑄作也。」

置五經博士。

夏四月，平原君薨。〔一〕

〔一〕服虔曰：「王太后之母，武帝外祖母。」

五月，大蝗。

秋八月，廣川王越、淸河王乘皆薨。

六年春二月乙未，遼東高廟災。夏四月壬子，高園便殿火。〔一〕上素服五日。

〔一〕師古曰：「凡言便殿、便室、便坐者，皆非正大之處，所以就便安也。園者，於陵上作之，既有正寢以象平生正殿，又立便殿爲休息閑宴之處耳。說者不曉其意，乃解云便殿、便室皆是正名，斯大惑矣。尋石建、章玄成、孔光等傳，其義可知。便讀如本字。」

五月丁亥，太皇太后崩。

秋八月，有星孛于東方，長竟天。

閩越王郢攻南越。遣大行王恢將兵出豫章，大司農韓安國出會稽，擊之。未至，越人殺郢降，兵還。

元光元年〔一〕冬十一月，初令郡國舉孝廉各一人。〔二〕

〔一〕臣瓚曰：「以長星見，故爲元光。」

〔二〕師古曰：「孝謂善事父母者。廉謂淸潔有廉隅者。」

衞尉李廣爲驍騎將軍屯雲中，中尉程不識爲車騎將軍屯鴈門，六月罷。

夏四月，赦天下，賜民長子爵一級。復七國宗室前絕屬者。〔一〕

〔一〕師古曰：「此等宗室前坐七國反，故絕屬。今加恩赦之，更令上屬籍於宗正也。復音扶目反。」

五月，詔賢良曰：「朕聞昔在唐虞，畫象而民不犯，〔一〕日月所燭，莫不率俾。〔二〕周之成康，刑錯不用，〔三〕德及鳥獸，教通四海。海外肅眘，〔四〕北發渠搜，〔五〕氐羌徠服。〔六〕星辰不孛，日月不蝕，山陵不崩，川谷不塞；麟鳳在郊藪，河洛出圖書。嗚虖，何施而臻此與！〔七〕

今朕獲奉宗廟，夙興以求，夜寐以思，〔八〕若涉淵水，未知所濟。猗與偉與！〔九〕何行而可以章先帝之洪業休德，〔一〇〕上參堯舜，下配三王！〔一一〕朕之不敏，不能遠德，〔一二〕此子大夫之所睹聞也。〔一三〕賢良明於古今王事之體，受策察問，咸以書對，著之於篇，〔一四〕朕親覽焉。」於是董仲舒、公孫弘等出焉。

〔一〕應劭曰：「二帝但畫衣冠，異章服，而民不敢犯也。」師古曰：「白虎通云『畫象者，其衣服象五刑也。犯墨者蒙巾，犯劓者以赭著其衣，犯髕者以墨蒙其髕，象而畫之，犯宮者扉，犯大辟者布衣無領。』墨謂以墨黥其面也。劓，截其鼻也。髕，去膝蓋骨也。宮，割其陰也。屝，草屨也。劓音牛冀反，字或作劓，其音同耳。髕音頻忍反。屝音扶味反。」

〔二〕師古曰：「燭，照也。率，循也。俾，使也。言皆循其貢職而可使也。」

〔三〕師古曰：「錯，置也，音千故反。」

〔四〕晉灼曰：「東夷傳今挹婁地是也，在夫餘之東北千餘里大海之濱。」師古曰：「周書序云『成王既伐東夷，肅愼來賀』，即謂此。」

〔五〕服虔曰：「地名也。」應劭曰：「禹貢析支、渠搜屬雍州，在金城河關之西，西戎也。」晉灼曰：「王恢傳『北發、月支可得而臣』，似國名也。地理志朔方有渠搜縣。」臣瓚曰：「孔子三朝記云『北發渠搜，南撫交阯』，此舉北以南爲對也。禹貢渠搜在雍州西北。渠搜在朔方。」師古曰：「北發，非國名也，言北方即可徵發渠搜而役屬之。瓚說近是。」

〔六〕師古曰：「徠，古往來之字也。氐音丁奚反。」

〔七〕師古曰：「虖讀曰呼。嗚呼，歎辭也。臻，至也。」

〔八〕師古曰：「夙興，早起也。夜寐，夜久方寐也。」

〔九〕師古曰：「猗，美也。偉，大也。與，辭也。言美而且大也。與讀曰歟，音弋於反。」

〔一〇〕師古曰：「章，明也。洪，大也。休，美也。」

〔一一〕師古曰：「三王，夏、殷、周。」

〔一二〕師古曰：「言德不及遠也。」

〔一三〕師古曰：「子者，人之嘉稱。大夫，舉官稱也。志在優賢，故謂之子大夫也。睹，古覩字。」

〔一四〕師古曰：「篇謂竹簡也。」

秋七月癸未，日有蝕之。

二年冬十月，行幸雍，祠五畤。〔一〕

〔一〕師古曰：「五帝之畤也。」

春，詔問公卿曰：「朕飾子女以配單于，金幣文繡賂之甚厚，單于待命加嫚，侵盜亡已。〔一〕邊境被害，朕甚閔之。今欲舉兵攻之，何如？」大行王恢建議宜擊。夏六月，御史大夫韓安國爲護軍將軍，衞尉李廣爲驍騎將軍，太僕公孫賀爲輕車將軍，大行王恢爲將屯將軍，(大)〔太〕中大夫李息爲材官將軍，將三十萬衆屯馬邑谷中，誘致單于，欲襲擊之。單于入塞，覺之，走出。六月，軍罷。將軍王恢坐首謀不進，下獄死。〔三〕

〔二〕師古曰：「待命，謂承詔命也。嫚與慢同。」

〔三〕師古曰：「首爲此謀，而反不進擊匈奴輜重。」

秋九月，令民大酺五日。

三年春，河水徙，從頓丘東南流入勃海。〔一〕

〔一〕師古曰：「頓丘，丘名，因以爲縣，本衞地也。地理志屬東郡，今則在魏州界也。」

夏五月，封高祖功臣五人後爲列侯。

河水決濮陽，氾郡十六。〔一〕發卒十萬救決河。起龍淵宮。〔二〕

〔一〕師古曰：「濮陽，東郡之縣也。水所氾及，凡十六郡界也。氾音敷劍反。」

〔二〕服虔曰：「宮在長安西，作銅飛龍，故以冠名也。」如淳曰：「三輔黃圖云有龍淵宮，今長安城西有其處。溝洫志救河決亦起龍淵宮於其傍。」孟康曰：「在西平界，其水可用淬刀劍，特堅利。古龍淵之劍取於此水。」師古曰：「黃圖云龍淵廟在茂陵東，不言宮也。此言救決河，起龍淵宮，則宮不在長安之西矣。又漢章帝賜尚書韓稜龍淵劍。孟說是也。淬音千內反。」

四年冬，魏其侯竇嬰有罪，棄市。〔一〕

〔一〕師古曰：「以黨灌夫也。」

春三月乙卯，丞相蚡薨。

夏四月，隕霜殺草。五月，地震。赦天下。

五年春正月，河間王德薨。

夏，發巴蜀治南夷道，又發卒萬人治鴈門阻險。〔一〕

〔一〕師古曰：「所以爲固，用止匈奴之寇。」

秋七月，大風拔木。

乙巳，皇后陳氏廢。捕爲巫蠱者，皆梟首。

八月，螟。〔一〕

〔一〕師古曰：「食苗心之蟲也，音莫經反。」

徵吏民有明當時之務、習先聖之術者，縣次續食，令與計偕。〔一〕

〔一〕師古曰：「計者，上計簿使也，郡國每歲遣詣京師上之。偕者，俱也。令所徵之人與上計者俱來，而縣次給之食。後世譌誤，因承此語，遂總謂上計爲計偕。闞駰不詳，妄爲解說，云秦漢謂諸侯朝使曰計偕。偕，次也。晉代有計偕簿。又改偕爲階，失之彌遠，致誤後學。」

六年冬，初算商車。〔一〕

〔一〕李奇曰：「始稅商賈車船，令出算。」

春，穿漕渠通渭。〔一〕

〔一〕如淳曰：「水轉運曰漕。」師古曰：「音才到反。」

匈奴入上谷，殺略吏民。遣車騎將軍衞青出上谷，騎將軍公孫敖出代，輕車將軍公孫賀出雲中，驍騎將軍李廣出鴈門。青至龍城，〔一〕獲首虜七百級。廣、敖失師而還。詔曰：「夷狄無義，所從來久。間者匈奴數寇邊境，故遣將撫師。古者治兵振旅，因遭虜之方入，將吏新會，上下未輯，〔二〕代郡將軍敖、鴈門將軍廣所任不肖，〔三〕校尉又背義妄行，棄軍而北，少吏犯禁。〔四〕用兵之法：不勤不教，將率之過也；教令宣明，不能盡力，士卒之罪也。將軍已下廷尉，使理正之，〔五〕而又加法於士卒，二者並行，非仁聖之心。朕閔衆庶陷害，欲刷恥改行，〔六〕復奉正（議）〔義〕，厥路亡繇。〔七〕其赦鴈門、代郡軍士不循法者。」〔八〕

〔一〕應劭曰：「匈奴單于祭天，大會諸國，名其處爲龍城。」

〔二〕晉灼曰：「入猶還也，不得已而用兵，言師不踰時也。入或作人，因其習俗土地之宜而教革之也。」師古曰：「晉說非也。詔言古者出則治兵，入則振旅，素練其衆，不虧戎律。今之出師，因遭寇虜方入爲害，而將吏新會，上下未和，故校尉棄軍而犇北也。輯與集同。」

〔三〕師古曰：「肖，似也。不肖者，言無所象類，謂不材之人也。」

〔四〕文穎曰：「少吏，小吏也。」

〔五〕師古曰：「下謂以身付廷尉也。理，法也，言以法律處正其罪。下音胡嫁反。他皆類此。」

〔六〕師古曰：「刷，除也，音所劣反。」

〔七〕師古曰：「一陷重刑，無因復從正道也。繇讀與由同。」

〔八〕師古曰：「循，從也，由也。」

夏，大旱，蝗。

六月，行幸雍。

秋，匈奴盜邊。遣將軍韓安國屯漁陽。

元朔元年〔一〕冬十一月，詔曰：「公卿大夫，所使總方略，壹統類，廣教化，美風俗也。夫本仁祖義，褒德祿賢，勸善刑暴，〔二〕五帝三王所繇昌也。〔三〕朕夙興夜寐，嘉與宇內之士臻於斯路。〔四〕故旅耆老，復孝敬，〔五〕選豪俊，講文學，〔六〕稽參政事，祈進民心，〔七〕深詔執事，興廉舉孝，庶幾成風，紹休聖緒。〔八〕夫十室之邑，必有忠信；三人並行，厥有我師。〔九〕今或至闔郡而不薦一人，〔一〇〕是化不下究，而積行之君子雍於上聞也。〔一一〕二千石官長紀綱人倫，〔一二〕將何以佐朕燭幽隱，勸元元，〔一三〕厲蒸庶，〔一四〕崇鄉黨之訓哉？且進賢受上賞，蔽賢蒙顯戮，古之道也。其與中二千石、禮官、博士議不舉者罪。」有司奏議曰：「古者，諸侯貢士，壹適謂之好德，〔一五〕再適謂之賢賢，三適謂之有功，乃加九錫；〔一六〕不貢士，壹則黜爵，再則黜地，三而黜爵地畢矣。〔一七〕夫附下罔上者死，附上罔下者刑，與聞國政而無益於民者斥，〔一八〕在上位而不能進賢者退，此所以勸善黜惡也。今詔書昭先帝聖緒，令二千石舉孝廉，所以化元元，移風易俗也。不舉孝，不奉詔，當以不敬論。〔一九〕不察廉，不勝任也，當免。」〔二〇〕奏可。

〔一〕應劭曰：「朔，蘇也。孟軻曰『后來其蘇』。蘇，息也，言萬民品物大繁息也。」師古曰：「朔猶始也，言更爲初始也。蘇息之息，非息生義，應說失之。」

〔二〕師古曰：「本仁祖義，謂以仁義爲本始。」

〔三〕師古曰：「五帝，伏羲、神農、黃帝、堯、舜也。三王，夏、殷、周也。繇讀與由同。」

〔四〕師古曰：「天地四方爲宇。臻，至也。」

〔五〕師古曰：「旅耆老者，加惠於耆老之人，若賓旅也。復孝敬者，謂優復孝弟之人也。復音方目反。」

〔六〕師古曰：「講謂和習之。」

〔七〕師古曰：「祈，求也。」

〔八〕師古曰：「休，美也。緒，業也。言紹先聖之休緒也。故下言昭先帝聖緒。」

〔九〕師古曰：「論語稱孔子云：『十室之邑，必有忠信如丘者焉。』又曰：『三人行，必有我師焉。擇其善者而從之，其不善者而改之。』故詔引焉。」
〔一〇〕師古曰：「闔，閉也。總〔一〕郡之中，故云闔郡。」
〔一一〕師古曰：「究，竟也。言見壅遏，不得聞（雍）〔達〕於天子也。雍讀曰壅。」
〔一二〕師古曰：「謂郡之守尉，縣之令長。」
〔一三〕師古曰：「燭，照也。元元，善意。」
〔一四〕師古曰：「蒸，衆也。」
〔一五〕服虔曰：「適，得其人。」
〔一六〕應劭曰：「一曰車馬，二曰衣服，三曰樂器，四曰朱戶，五曰納陛，六曰虎賁百人，七曰鈇鉞，八曰弓矢，九曰秬鬯。此皆天子制度，尊之，故事事錫與，但數少耳。」張晏曰：「九錫，經本無文，周禮以爲九命，春秋說有之。」臣瓚曰：「九錫備物，伯者之盛禮，齊桓、晉文猶不能備，今三進賢便受之，似不然也。當受進賢之一錫。尚書大傳云『三適謂之有功，賜以車服弓矢』是也。」師古曰：「總列九錫，應說是也。進賢一錫，瓚說是也。」
〔一七〕李奇曰：「爵地俱削盡。」
〔一八〕師古曰：「與讀曰豫。斥謂棄逐之。」
〔一九〕張晏曰：「謂其不勤求士報國。」
〔二〇〕張晏曰：「當率身化下，今親宰牧而無賢人，爲不勝任也。」

十二月，江都王非薨。

春三月甲子，立皇后衞氏。詔曰：「朕聞天地不變，不成施化；陰陽不變，物不暢茂。〔一〕易曰『通其變，使民不倦』。〔二〕詩云『九變復貫，知言之選』。〔三〕朕嘉唐虞而樂殷周，據舊以鑒新。〔四〕其赦天下，與民更始。諸逋貸及辭訟在孝景後三年以前，皆勿聽治。」〔五〕

〔一〕師古曰：「暢，通也。」

〔二〕應劭曰：「黃帝、堯、舜祖述伏羲、神農，結網耒耜，以日中爲市。交易之業，因其所利，變而通之，使民知之，不苦倦也。」師古曰：「此易下繫之辭也。言通物之變，故能樂其器用，不解倦也。」

〔三〕應劭曰：「逸詩也。陽數九，人君當陽，言變政復禮，合於先王舊貫。知言之選，選，善也。」孟康曰：「貫，道也。選，數也。極天之變而不失道者，知言之數也。」臣瓚曰：「先王創制易致，以救流弊也，是以三王之致有文有質。九，數之多也。」師古曰：「貫，事也。選，擇也。論語曰『仍舊貫』，此言文質不同，寬猛殊用，循環復舊，擇善而從之。瓚說近之也。」

〔四〕師古曰：「追觀舊跡，以知新政，而爲鑒戒。」

〔五〕師古曰：「逋，亡也。久負官物亡匿不還者，皆謂之逋。逋音布胡反。」

秋，匈奴入遼西，殺太守；入漁陽、雁門，敗都尉，殺略三千餘人。遣將軍衞青出雁門，將軍李息出代，獲首虜數千級。

東夷薉君南閭等〔一〕口二十八萬人降，爲蒼海郡。

〔一〕服虔曰：「穢貊在辰韓之北，高句麗沃沮之南，東窮于大海。」晉灼曰：「薉，古穢字。」師古曰：「南閭者，薉君之名。」

魯王餘、長沙王發皆薨。

二年冬，賜淮南王、菑川王几杖，毋朝。〔一〕

〔一〕師古曰：「淮南王安、菑川王志皆武帝諸父列也，故賜几杖焉。」

春正月，詔曰：「梁王、城陽王親慈同生，〔一〕願以邑分弟，其許之。諸侯王請與子弟邑者，朕將親覽，使有列位焉。」於是藩國始分，而子弟畢侯矣。

〔一〕文穎曰：「慈，愛也。」

匈奴入上谷、漁陽，殺略吏民千餘人。遣將軍衞青、李息出雲中，至高闕，〔一〕遂西至符離，〔二〕獲首虜數千級。收河南地，置朔方、五原郡。

〔一〕師古曰：「山名也，一曰塞名也，在朔方之北。」

〔二〕師古曰：「幕北塞名也。」

三月乙亥晦，日有蝕之。

夏，募民徙朔方十萬口。又徙郡國豪傑及訾三百萬以上于茂陵。

秋，燕王定國有罪，自殺。

三年春，罷蒼海郡。三月，詔曰：「夫刑罰所以防姦也，內長文所以見愛也；〔一〕以百姓之未洽于教化，朕嘉與士大夫日新厥業，祗而不解。〔二〕其赦天下。」

〔一〕晉灼曰：「長音長吏之長。」張晏曰：「長文，長文德也。」師古曰：「詔言有文德者，即親內而崇長之，所以見仁愛之道。見謂顯示也，音胡電反。」

〔二〕師古曰：「解讀曰懈。」

夏，匈奴入代，殺太守；入雁門，殺略千餘人。

六月庚午，皇太后崩。

秋，罷西南夷，城朔方城。令民大酺五日。

四年冬，行幸甘泉。

夏，匈奴入代、定襄、上郡，殺略數千人。

五年春，大旱。大將軍衞青將六將軍兵十餘萬人出朔方、高闕，獲首虜萬五千級。

夏六月，詔曰：「蓋聞導民以禮，風之以樂，〔一〕今禮壞樂崩，朕甚閔焉。故詳延天下方聞之士，咸薦諸朝。〔二〕其令禮官勸學，講議洽聞，舉遺興禮，以爲天下先。〔三〕太常其議予博士弟子，崇鄉黨之化，以厲賢材焉。」〔四〕丞相弘請爲博士置弟子員，〔五〕學者益廣。

〔一〕師古曰：「風，敎也。詩序曰『上以風化下』。」

〔二〕師古曰：「詳，悉也。延，引也。方，道也。聞，博聞也。言悉引有道博聞之士而進於朝也。禮記曰『隆禮由禮，謂之有方之士』。又曰『博聞强識而讓，謂之君子』。一曰方謂方正也。」

〔三〕師古曰：「舉遺逸之文而興禮學。」

〔四〕師古曰：「爲博士置弟子，既得崇化於鄉黨，又以獎厲賢材之人。」

〔五〕師古曰：「公孫弘。」

秋，匈奴入代，殺都尉。

六年春二月，大將軍衞青將六將軍兵十餘萬騎出定襄，斬首三千餘級。還，休士馬于定襄、雲中、鴈門。赦天下。

夏四月，衞青復將六將軍絕幕，〔一〕大克獲。前將軍趙信軍敗，降匈奴。右將軍蘇建亡軍，獨身脫還，贖爲庶人。

〔一〕應劭曰：「幕，沙幕，匈奴之南界也。」臣瓚曰：「沙土曰幕。直度曰絕。」師古曰：「應、瓚二說皆是也，而說者或云是塞外地名，非矣。幕者，即今之突厥中磧耳。李陵歌曰『徑萬里兮渡沙幕』。」

六月，詔曰：「朕聞五帝不相復禮，三代不同法，所繇殊路而建德一也。〔一〕蓋孔子對定公以徠遠，〔二〕哀公以論臣，〔三〕景公以節用，〔四〕非期不同，所急異務也。〔五〕今中國一統而北邊未安，朕甚悼之。日者大將軍巡朔方，征匈奴，斬首虜萬八千級，諸禁錮及有過者，咸蒙厚賞，得免減罪。〔六〕今大將軍仍復克獲，〔七〕斬首虜萬九千級，受爵賞而欲移賣者，無所流貤。〔八〕其議爲令。」有司奏請置武功賞官，以寵戰士。

〔一〕師古曰：「復，因也，音扶目反。繇讀與由同。」

〔二〕臣瓚曰：「論語及韓子皆言葉公問政於孔子，孔子答以悅近徠遠。今云定公，與二書異。」

〔三〕如淳曰：「韓非云哀公問政，仲尼曰政在選賢。」

〔四〕如淳曰：「韓非云齊景公問政，仲尼曰政在節財。」

〔五〕李奇曰：「期，要也。非要當必不同，所急異務，不得不然。」

〔六〕師古曰：「有罪者，或被釋免，或得減輕。」

〔七〕師古曰：「仍，頻也。」

〔八〕應劭曰：「貤音移。言軍吏士斬首虜，爵級多無所移與，今爲置武功賞官，爵多者分與父兄子弟及賣與他人也。」師古曰：「此說非也。許愼說文解字云『貤，物之重次第也』。此詔言欲移賣爵者，無有差次，不得流行，故爲置官級也。貤音弋賜反。今俗猶謂凡物一重爲一貤也。」

元狩元年〔一〕冬十月，行幸雍，祠五畤。獲白麟，〔二〕作白麟之歌。

〔一〕應劭曰：「獲白麟，因改元曰元狩也。」

〔二〕師古曰：「麟，麇身，牛尾，馬足，黃色，圜蹄，一角，角端有肉。」

十一月，淮南王安、衡山王賜謀反，誅。黨與死者數萬人。

十二月，大雨雪，民凍死。〔一〕

〔一〕師古曰：「雨音于具反。」

夏四月，赦天下。

丁卯，立皇太子。賜中二千石爵右庶長，〔一〕民爲父後者一級。詔曰：「朕聞咎繇對禹，曰在知人，知人則哲，惟帝難之。〔二〕蓋君者心也，民猶支體，支體傷則心憯怛。〔三〕日者淮南、衡山修文學，流貨賂，兩國接壤，怵於邪說，〔四〕而造篡弒，此朕之不德。詩云：『憂心慘慘，念國之爲虐。』〔五〕已赦天下，滌除與之更始。朕嘉孝弟力田，哀夫老眊孤寡鰥獨〔六〕或匱於衣食，甚憐愍焉。其遣謁者巡行天下，存問致賜。〔七〕曰『皇帝使謁者〔八〕賜縣三老、孝者帛，人五匹；鄉三老、弟者、力田帛，人三匹；年九十以上及鰥寡孤獨帛，人二匹，絮三斤；八十以上米，人三石。有冤失職，使者以聞。〔九〕縣鄉即賜，毋贅聚』。」〔一〇〕

〔一〕師古曰：「第十一等爵。」

〔二〕師古曰：「尙書咎繇謨載咎繇之辭也。帝謂堯也。」
〔三〕師古曰：「憯，痛也。怛，悼也。憯音千感反。怛音丁曷反。」
〔四〕服虔曰：「怵音裔。」應劭曰：「狃忕也。」如淳曰：「怵音怵惕，見誘怵於邪說也。」師古曰：「作忕者非。如說云見誘怵，其義是也，而音怵惕，又非也。怵或體訹字耳。訹者，誘也，音如戌亥之戌。南越傳曰『不可怵好語入朝』。諸如此例，音義同耳。今俗猶云相謏訹，而說者或改爲鉥導之鉥，蓋穿鑿也。謏音先誘反。鉥音述。」
〔五〕師古曰：「小雅正月之詩也。慘慘，憂戚之貌。」
〔六〕師古曰：「眊，古耄字。八十曰耄。耄，老稱也。一曰眊，不明之貌。」
〔七〕師古曰：「致，送至也。行音下更反。」
〔八〕師古曰：「謁者令使者宣詔書之文。」
〔九〕師古曰：「職，常也。失職者，失其常業及常理也。」
〔一〇〕如淳曰：「贅，會也。令勿擅徵召贅聚三老孝弟力田也。」師古曰：「卽，就也。各遣就其所居而賜之，勿會聚也。贅音之銳反。」

五月乙巳晦，日有蝕之。

匈奴入上谷，殺數百人。

二年冬十月，行幸雍，祠五畤。

春三月戊寅，丞相弘薨。

遣驃騎將軍霍去病出隴西，至皋蘭，〔一〕斬首八千餘級。

〔一〕應劭曰：「在隴西白石縣，塞外河名也。」孟康曰：「山關名也。」師古曰：「皋蘭，山名也。霍去病傳云『過焉支山千有餘里，合短兵鏖皋蘭下』，則此山也，非河名也。白石縣在金城，又不屬隴西。應說並失之。鏖音烏曹反。」

夏，馬生余吾水中。〔一〕南越獻馴象、〔二〕能言鳥。〔三〕

〔一〕應劭曰：「在朔方北也。」

〔二〕應劭曰：「馴者，教能拜起周章，從人意也。」師古曰：「馴音巡，謂擾也。應說是也。」

〔三〕師古曰：「即鸚鵡也，今隴西及南海並有之。萬震南州異物志云有三種，一種白，一種青，一種五色。交州以南諸國盡有之。白及五色者，其性尤慧解，蓋謂此也。隋開皇十八年，林邑國獻白鸚鵡，時以爲異。是歲貢士咸試賦之。聖皇馭歷，屢有茲獻。上以幽遐勞費，撫慰弗受。」

將軍去病、公孫敖出北地二千餘里，過居延，〔一〕斬首虜三萬餘級。

〔一〕師古曰：「居延，匈奴中地名也，韋昭以爲張掖縣，失之。張掖所置居延縣者，以安處所獲居延人而置此縣。」

匈奴入鴈門，殺略數百人。遣衞尉張騫、郎中令李廣皆出右北平。廣殺匈奴三千餘人，盡亡其軍四千人，獨身脫還，及公孫敖、張騫皆後期，當斬，贖爲庶人。

江都王建有罪，自殺。膠東王寄薨。

秋，匈奴昆邪王殺休屠王，〔一〕并將其衆合四萬餘人來降，置五屬國以處之。〔二〕以其地

爲武威、酒泉郡。〔三〕

〔一〕師古曰：「昆音下門反。屠音儲。」

〔二〕師古曰：「凡言屬國者，存其國號而屬漢朝，故曰屬國。」

〔三〕師古曰：「武威，今涼州也。酒泉，今肅州。」

三年春，有星孛于東方。夏五月，赦天下。立膠東康王少子慶爲六安王。封故相國蕭何曾孫慶爲列侯。

秋，匈奴入右北平、定襄，殺略千餘人。

遣謁者勸有水災郡種宿麥。〔一〕舉吏民能假貸貧民者以名聞。〔二〕

〔一〕師古曰：「秋冬種之，經歲乃孰，故云宿麥。」

〔二〕師古曰：「貸音吐戴反。」

減隴西、北地、上郡戍卒半。

發謫吏穿昆明池。〔一〕

〔一〕如淳曰：「食貨志以舊吏弄法，故謫使穿池，更發有貲者爲吏也。」臣瓚曰：「西南夷傳有越嶲、昆明國，有滇池，方三百里。漢使求身毒國，而爲昆明所閉。今欲伐之，故作昆明池象之，以習水戰，在長安西南，周回四十里。食貨志又曰時越欲與漢用船戰，遂乃大修昆明池也。」師古曰：「謫吏，吏有罪者，罰而役之。滇音顛。」

四年冬，有司言關東貧民徙隴西、北地、西河、上郡、會稽凡七十二萬五千口，縣官衣食振業，用度不足，請收銀錫造白金及皮幣以足用。〔一〕初算緡錢。〔二〕

〔一〕應劭曰：「時國用不足，以白鹿皮爲幣，朝覲以薦璧。又造銀錫爲白金。見食貨志。」

〔二〕李斐曰：「緡，絲也，以貫錢也。一貫千錢，出算二十也。」臣瓚曰：「茂陵書諸賈人末作貰貸，置居邑儲積諸物，及商以取利者，雖無市籍，各以其物自占，率緡錢二千而一算。此緡錢是儲錢也。故隨其用所施，施於〔吏〕〔利〕重者，其算亦多也。」師古曰：「謂有儲積錢者，計其緡貫而稅之。李說爲是。緡音武巾反。」

春，有星孛于東北。

夏，有長星出于西北。

大將軍衞青將四將軍出定襄，將軍去病出代，各將五萬騎。步兵踵軍後數十萬人。〔一〕青至幕北圍單于，斬首萬九千級，至闐顏山乃還。〔二〕去病與左賢王戰，斬獲首虜七萬餘級，封狼居胥山乃還。〔三〕兩軍士（戰）死者數萬人。前將軍廣、後將軍食其皆後期。廣自殺，食其贖死。〔四〕

〔一〕師古曰：「踵，接也，猶言躡其踵。」

〔二〕鄧展曰：「音填塞之填。」

〔三〕師古曰：「登山祭天，築土爲封，刻石紀事，以彰漢功。」

〔四〕如淳曰：「李廣傳『引兵與右將軍食其合軍，出東道』。又曰『廣自剄，右將軍下吏當死，贖爲庶人』。霍去病傳亦云趙食其爲右將軍，平陽侯襄爲後將軍。此紀爲誤也。」師古曰：「傳寫者誤以右爲後。食其，音異基。」

五年春三月甲午，丞相李蔡有罪，自殺。〔一〕

〔一〕文穎曰：「李廣從弟，坐侵陵壖地。」

天下馬少，平牡馬匹二十萬。〔一〕

〔一〕如淳曰：「貴平牡馬賈，欲使人競畜馬。」

罷半兩錢，行五銖錢。

徙天下姦猾吏民於邊。〔一〕

〔一〕師古曰：「猾，狡也，音乎八反。」

六年冬十月，賜丞相以下至吏二千石金，千石以下至乘從者帛，〔一〕蠻夷錦各有差。

〔一〕晉灼曰：「乘騎諸從者也。」師古曰：「流俗書本乘上或有公字，非也，後人妄加之。」

雨水亡冰。〔一〕

〔一〕師古曰：「雨音于具反。」

夏四月乙巳，廟立皇子閎爲齊王，旦爲燕王，胥爲廣陵王。〔一〕初作誥。〔二〕

〔一〕師古曰：「於廟中策命之。」

〔二〕服虔曰：「誥敕王，如尚書諸誥也。」李斐曰：「今敕封拜諸侯王策文亦是也。見武五子傳。」

六月，詔曰：「日者有司以幣輕多姦，〔一〕農傷而末衆，〔二〕又禁〔以〕〔兼〕并之塗，〔三〕故改幣以約之。〔四〕稽諸往古，制宜於今。〔五〕廢期有月，〔六〕而山澤之民未諭。〔七〕夫仁行而從善，義立則俗易，意奉憲者所以導之未明與？〔八〕將百姓所安殊路，而撟虔吏因乘勢以侵蒸庶邪？〔九〕何紛然其擾也！〔一〇〕今遣博士大等六人分循行天下，〔一一〕存問鰥寡廢疾，無以自振業者貸與之。〔一二〕諭三老孝弟以爲民師，舉獨行之君子，徵詣行在所。〔一三〕朕嘉賢者，樂知其人。廣宣厥道，士有特招，使者之任也。〔一四〕詳問隱處亡位，及冤失職，〔一五〕姦猾爲害，野荒治苛者，舉奏。〔一六〕郡國有所以爲便者，上丞相、御史以聞。」

〔一〕李奇曰：「幣，錢也。輕者，若一馬直二十萬，是爲幣輕而物重也。重難得，則用不足而姦生。」

〔二〕師古曰：「末謂工商也。」

〔三〕李奇曰：「謂大家兼役小民，富者兼役貧民，欲平之也。」文穎曰：「兼并者，食祿之家不得治產，兼取小民之利；商人雖富，不得復兼畜田宅，作客耕農也。」師古曰：「李說是。」

〔四〕李奇曰：「更去半兩錢，行五銖錢、皮幣，以檢約姦邪。」

〔五〕師古曰：「稽，考也，音工奚反。」

〔六〕應劭曰：「禁半兩錢及餘幣物，禁之有期月而民未悉從也。」如淳曰：「期音朞。自往年三月至今年四月，朞有餘月矣。」師古曰：「如說是。」

〔七〕師古曰：「未諭者，未曉告示之意。」

〔八〕師古曰：「與讀曰歟。」

〔九〕孟康曰：「虔，固也。矯稱上命以貨賄用爲固。尙書曰『敓攘矯虔』。」韋昭曰：「凡稱詐爲矯，強取爲虔。左傳曰『虔劉我邊垂』。」師古曰：「撟與矯同，其字從手。矯，託也。虔，固也。妄託上命而堅固爲邪惡者也。蒸，衆也。」

〔一〇〕師古曰：「擾，煩也。」

〔一一〕師古曰：「豬大也。行音下更反。」

〔一二〕師古曰：「貸音土戴反。」

〔一三〕如淳曰：「蔡雍云天子以天下爲家，自謂所居爲行在所，言今雖在京師，行所在至耳。」師古曰：「此說非也。天子或在京師，或出巡狩，不可豫定，故言行在所耳。不得亦謂京師爲行在也。」

〔一四〕李奇曰：「設士有殊才異行，當特招者，任在使者分別之。」

〔一五〕師古曰：「無位，不被任用也。冤，屈也。失職，失其常業也。」

〔一六〕師古曰：「野荒，言田畝不闢也。治苛，爲政尙細刻。」

秋九月，大司馬驃騎將軍去病薨。

元鼎元年〔一〕夏五月，赦天下，大酺五日。

〔一〕應劭曰：「得寶鼎故，因是改元。」

得鼎汾水上。

濟東王彭離有罪，廢徙上庸。〔一〕

〔一〕應劭曰：「春秋時庸國。」

二年冬十一月，御史大夫張湯有罪，自殺。十二月，丞相青翟下獄死。〔一〕

〔一〕師古曰：「莊青翟。」

春，起柏梁臺。〔一〕

〔一〕服虔曰：「用百頭梁作臺，因名焉。」師古曰：「三輔舊事云以香柏爲之。今書字皆作柏。服說非。」

三月，大雨雪。〔一〕夏，大水，關東餓死者以千數。

〔一〕師古曰：「雨音于具反。」

秋九月，詔曰：「仁不異遠，義不辭難。〔一〕今京師雖未爲豐年，山林池澤之饒與民共之。今水潦移於江南，迫隆冬至，朕懼其飢寒不活。江南之地，火耕水耨，〔二〕方下巴蜀之粟致之江陵，遣博士中等分循行，〔三〕諭告所抵，無令重困。〔四〕吏民有振救飢民免其戹者，具舉以聞。」

〔一〕師古曰：「遠近如一，是爲仁也。不憚艱難，是爲義也。」

〔二〕應劭曰：「燒草下水種稻。草與稻並生，高七八寸，因悉芟去，復下水灌之，草死，獨稻長，所謂火耕水耨。」

〔三〕師古曰：「行音下更反。」

〔四〕師古曰：「抵，至也。重音直用反。」

三年冬，徙函谷關於新安。〔一〕以故關爲弘農縣。

〔一〕應劭曰：「時樓船將軍楊僕數有大功，恥爲關外民，上書乞徙東關，以家財給其用度。武帝意亦好廣闊，於是徙關於新安，去弘農三百里。」

十一月，令民告緡者以其半與之。〔一〕

〔一〕孟康曰：「有不輸稅，令民得告言，以半與之。」

正月戊子，陽陵園火。夏四月，雨雹，〔一〕關東郡國十餘飢，人相食。

〔一〕師古曰：「雨音于具反。」

常山王舜薨。子勃嗣立，有罪，廢徙房陵。

四年冬十月，行幸雍，祠五畤。賜民爵一級，女子百戶牛酒。行自夏陽，東幸汾陰。〔一〕十一月甲子，立后土祠于汾陰脽上。〔二〕禮畢，行幸滎陽。還至洛陽，詔曰：「祭地冀州，〔三〕瞻望河洛，巡省豫州，觀于周室，邈而無祀。〔四〕詢問耆老，乃得孽子嘉。其封嘉爲周子南君，〔五〕以奉周祀。」

〔一〕師古曰：「夏陽，馮翊之縣也。汾陰屬河東。汾音扶云反。」

〔二〕蘇林曰：「脽音誰。」如淳曰：「脽者，河之東岸特堆掘，長四五里，廣(一)〔二〕里餘，高十餘丈。汾陰縣治脽之上。后土祠在縣西。汾在脽之北，西流與河合。」師古曰：「二說皆是也。脽者，以其形高起如人尻脽，故以名云。一說此臨汾水之上，地本名鄈，音與葵同，彼鄉人呼葵音如誰，故轉而為脽字耳，故漢舊儀云葵上。」

〔三〕服虔曰：「后土祠在汾陰。汾陰本冀州地也。周時乃分為并州。爾雅曰『兩河間曰冀州』。」

〔四〕師古曰：「邈，遠絕之意。」

〔五〕臣瓚曰：「汲冢古文謂衞將軍文子為子南彌牟。其後有子南固、子南勁。紀年勁朝于魏，後惠成王如衞，命子南為侯。秦并六國，衞最後亡。疑嘉是衞後，故氏子南而稱君也。初元五年為周承休侯，元始四年為鄭公，建武十三年(此)〔封〕于觀為衞公。」師古曰：「子南，其封邑之號，以為周後，故總言周子南君。瓚說非也。例不先言姓而後稱君，且自嘉已下皆姓姬氏，著在史傳。」

春二月，中山王勝薨。

夏，封方士欒大為樂通侯，位上將軍。

六月，得寶鼎后土祠旁。秋，馬生渥洼水中。〔一〕作寶鼎、天馬之歌。

〔一〕李斐曰：「南陽新野有暴利長，當武帝時遭刑，屯田敦煌界，數於此水旁見羣野馬中有奇(異)者，與凡馬〔異〕，來飲此水。利長先作土人，持勒靽於水旁。後馬玩習，久之代土人持勒靽收得其馬，獻之。欲神異此馬，云從水中出。」蘇林曰：「洼音窐曲之窐。」師古曰：「渥音握。洼音於佳反。」

立常山憲王子商爲泗水王。

五年冬十月，行幸雍，祠五畤。遂踰隴，〔一〕登空同，〔二〕西臨祖厲河而還。〔三〕

〔一〕應劭曰：「隴，隴阺坂也。」師古曰：「即今之隴山，阺音丁禮反。」

〔二〕應劭曰：「山名也。」

〔三〕李斐曰：「音嗟賴。」

十一月辛巳朔旦，冬至。立泰畤于甘泉。天子親郊見，〔一〕朝日夕月。〔二〕詔曰：「朕以眇身託于王侯之上，〔三〕德未能綏民，〔四〕民或飢寒，故巡祭后土以祈豐年。冀州脽壤乃顯文鼎，獲（祭）〔薦〕於廟。〔五〕渥洼水出馬，朕其御焉。戰戰兢兢，懼不克任，思昭天地，內惟自新。詩云：『四牡翼翼，以征不服。』親省邊垂，用事所極。〔六〕望見泰一，修天文禮。〔七〕辛卯夜，若景光十有二明。易曰：『先甲三日，後甲三日。』〔八〕朕甚念年歲未咸登，〔九〕飭躬齋戒，〔一〇〕丁酉，拜況于郊。」〔一一〕

〔一〕師古曰：「祠太一也。見音胡電反。」

〔二〕應劭曰：「天子春朝日，秋夕月。朝日以朝，夕月以夕。」臣瓚曰：「漢儀注郊泰畤，皇帝平旦出竹宮，東向揖日，其夕，西南向揖月，便用郊日，不用春秋也。」師古曰：「春朝朝日，秋暮夕月，蓋常禮也。郊泰畤而揖日月，此又別儀。」

〔三〕師古曰：「眇，細末也。」

〔四〕師古曰：「綏，安也。」

〔五〕師古曰：「得鼎祠旁，祠在脽上，故云脽壤。壤謂土也。文鼎，言其有刻鏤之文。」

〔六〕李斐曰：「極，至也，所至者輒祭也。」師古曰：「逸詩也。」

〔七〕文穎曰：「禮，祭也。」晉灼曰：「禮，古禪字也。」臣瓚曰：「此年初祭太畤於甘泉，此祭天於文禮也。祭天則天文從，故曰修天文禮也。」師古曰：「文、晉二說是也。朝日夕月，即天文禮之謂也。」

〔八〕應劭曰：「先甲三日，辛也。後甲三日，丁也。言王者齊戒必自新，臨事必自丁寧。」師古曰：「此易蠱卦之辭。」

〔九〕師古曰：「登謂百穀成。」

〔一〇〕師古曰：「飭，整也，讀與敕同。」

〔一一〕師古曰：「況，賜也。辛夜有光，是先甲三日也。丁日拜況，是後甲三日也。故詔引易文。」

夏四月，南越王相呂嘉反，殺漢使者及其王、王太后。赦天下。

丁丑晦，日有蝕之。

秋，鼃、蝦蟆鬬。〔一〕

〔一〕師古曰：「鼃，黽也，似蝦蟆而長脚，其色青，音下媧反。蝦音遐。蟆音麻。黽音莫幸反。」

遣伏波將軍路博德出桂陽，下湟水；樓船將軍楊僕出豫章，下湞水；〔二〕歸義越侯嚴爲戈船將軍，出零陵，下離水；〔二〕甲爲下瀨將軍，下蒼梧。〔三〕皆將罪人，江淮以南樓船十萬人。越馳義侯遺〔四〕別將巴蜀罪人，發夜郎兵，下牂柯江，咸會番禺。〔五〕

〔一〕鄭氏曰：「湞音檉。」孟康曰：「湞音貞。」蘇林曰：「湞音撜柱之撜。」師古曰：「蘇音是也。音丈庚反。」

〔二〕張晏曰：「嚴故越人，降爲歸義侯。越人於水中負人船，又有蛟龍之害，故置戈於船下，因以爲名也。」臣瓚曰：「伍子胥書有戈船，以載干戈，因謂之戈船也。離水出零陵。」師古曰：「以樓船之例言之，則非爲載干戈也。此蓋船下安戈戟以御蛟鼉水蟲之害。張說近之。」

〔三〕服虔曰：「甲，故越人歸漢者也。」臣瓚曰：「瀨，湍也，吳越謂之瀨，中國謂之磧。伍子胥書有下瀨船。」師古曰：「瀨音賴。」

〔四〕應劭曰：「亦越人也。」

〔五〕如淳曰：「音潘（禺）〔愚〕，尉佗所都。」師古曰：「即今之廣州。」

九月，列侯坐獻黃金酎祭宗廟不如法奪爵者百六人，丞相趙周下獄死。〔一〕樂通侯欒大坐誣罔要斬。

〔一〕服虔曰：「因八月獻酎祭宗廟時使諸侯各獻金來助祭也。」如淳曰：「漢儀注諸侯王歲以戶口酎黃金於漢廟，皇帝臨受獻金，金少不如斤兩，色惡，王削縣，侯免國。」臣瓚曰：「食貨志南越反時卜式上書願死之。天子下詔褒揚，布告天下，天下莫應。列侯以百數，莫求從軍。至酎飲酒，少府省金，而列侯坐酎金失侯者百餘人。而表云趙周坐爲丞相知列侯酎金輕下獄自殺。然則知其輕而不糾擿之也。」師古曰：「酎，三重釀醇酒也，音丈救反。」

西羌衆十萬人反，與匈奴通使，攻故安，圍枹罕。〔一〕匈奴入五原，殺太守。

〔一〕鄧展曰：「枹音鈇。罕音漢。」師古曰：「枹罕，金城之縣也。罕讀如本字。」

六年冬十月，發隴西、天水、安定騎士及中尉，河南、河內卒十萬人，遣將軍李息、郎中令（一）〔徐〕自爲征西羌，平之。

行東，將幸緱氏，〔一〕至左邑桐鄉，〔二〕聞南越破，以爲聞喜縣。春，至汲新中鄉，〔三〕得呂嘉首，以爲獲嘉縣。馳義侯遺兵未及下，上便令征西南夷，平之。〔四〕遂定越地，以爲南海、蒼梧、鬱林、合浦、交阯、九眞、日南、珠厓、儋耳郡。〔五〕定西南夷，以爲武都、牂柯、越嶲、沈黎、文山郡。〔六〕

〔一〕師古曰：「河南縣也。緱音工侯反。」

〔二〕師古曰：「左邑，河東之縣也。桐鄉，其鄉名也。」

〔三〕師古曰：「汲，河內縣。新中，其鄉名。」

〔四〕師古曰：「便音頻面反。」

〔五〕應劭曰：「二郡在大海中崖岸之邊。出眞珠，故曰珠厓。儋耳者，種大耳。渠率自謂王者耳尤緩，下肩三寸。」張晏曰：「異物志二郡在海中，東西千里，南北五百里。珠厓，言珠若崖矣。儋耳之云，鏤其頰皮，上連耳匡，分爲數支，狀似雞腸，累耳下垂。」臣瓚曰：「茂陵書珠崖郡治曋都，去長安七千三百一十四里。儋耳去長安七千三百六十八里，領縣五。」師古曰：「儋音丁甘反，字本作噡。瞫音審。」

〔六〕孟康曰：「嶲音髓，本邛都。」服虔曰：「今蜀郡北部都尉所治，本筰都也。」臣瓚曰：「茂陵書沈黎治筰都，去長安三千三百三十五里，領縣二十一。」應劭曰：「文山，今蜀郡崏山，本冉駹是也。」

秋，東越王餘善反，攻殺漢將吏。遣橫海將軍韓說、中尉王溫舒出會稽，〔一〕樓船將軍楊僕出豫章，擊之。又遣浮沮將軍公孫賀出九原，〔二〕匈河將軍趙破奴出令居，〔三〕皆二千餘里，不見虜而還。乃分武威、酒泉地置張掖、敦煌郡，〔四〕徙民以實之。

〔一〕師古曰：「說讀曰悅。」

〔二〕臣瓚曰：「浮沮，井名，在匈奴中，去九原二千里，見漢輿地圖。」師古曰：「沮音子閭反。」

〔三〕臣瓚曰：「匈河，水名，在匈奴中，去令居千里，見匈奴傳。」師古曰：「令音鈴。」

〔四〕師古曰：「敦音徒門反。」

元封元年〔一〕冬十月，詔曰：「南越、東甌咸伏其辜，西蠻北夷頗未輯睦，〔二〕朕將巡邊垂，擇兵振旅，躬秉武節，置十二部將軍，親帥師焉。」行自雲陽，北歷上郡、西河、五原，出長城，北登單于臺，至朔方，臨北河。勒兵十八萬騎，旌旗徑千餘里，威震匈奴。遣使者告單于曰：「南越王頭已縣於漢北闕矣。單于能戰，天子自將待邊；不能，亟來臣服。〔三〕何但亡匿幕北寒苦之地為！」匈奴讋焉。〔四〕還，祠黃帝於橋山，〔五〕乃歸甘泉。

〔一〕應劭曰：「始封泰山，故改年。」

〔二〕師古曰：「輯與集同。集，和也。」

〔三〕師古曰：「亟，急也，音居力反。」

〔四〕師古曰：「讋，失氣也，音之涉反。」

〔五〕應劭曰：「在上郡，周陽縣有黃帝冢。」

東越殺王餘善降。詔曰：「東越險阻反覆，爲後世患，遷其民於江淮間。」遂虛其地。

春正月，行幸緱氏。詔曰：「朕用事華山，至於中嶽，〔一〕獲駮麃，見夏后啓母石。〔二〕翌日親登嵩高，〔三〕御史乘屬、在廟旁吏卒咸聞呼萬歲者三。〔四〕登禮罔不答。〔五〕其令祠官加增太室祠，〔六〕禁無伐其草木。以山下戶三百爲之奉邑，名曰崇高，〔七〕獨給祠，復亡所與。」〔八〕行，遂東巡海上。

〔一〕文穎曰：「嵩高也，在潁川陽城縣。」

〔二〕應劭曰：「啓生而母化爲石。」文穎曰：「在嵩高山下。」師古曰：「啓，夏禹子也。其母塗山氏女也。禹治鴻水，通轘轅山，化爲熊，謂塗山氏曰：『欲餉，聞鼓聲乃來。』禹跳石，誤中鼓。塗山氏往，見禹方作熊，慚而去，至嵩高山下化爲石，方生啓。禹曰：『歸我子。』石破北方而啓生。事見淮南子。景帝諱啓，今此詔云啓母，蓋史追書之，非當時文。」

〔三〕應劭曰：「翌，明也。」

〔四〕服虔曰：「乘，同乘。屬，官屬也。」如淳曰：「漢儀注御史亦有屬。」晉灼曰：「天子出，御史除二人爲乘曹，護車駕。」荀悅曰：「萬歲，山神稱之也。」應劭曰：「嵩高縣有上中下萬歲里。」師古曰：「乘屬，如、晉二說是也。乘音食證反。」

〔五〕師古曰：「罔，無也。言登禮於神，無不答應。」

〔六〕韋昭曰：「嵩高山有太室、少室之山，山有石室，故以名云。」

〔七〕師古曰：「謂之崇者，示尊崇之。奉音扶用反。」

〔八〕師古曰：「復音方目反。與讀曰預。」

夏四月癸卯，上還，登封泰山，〔一〕降坐明堂。〔二〕詔曰：「朕以眇身承至尊，〔三〕兢兢焉惟德菲薄，不明于禮樂，〔四〕故用事八神。〔五〕遭天地況施，〔六〕著見景象，屑然如有聞。〔七〕震于怪物，欲止不敢，遂登封泰山，至於梁父，然後升禪肅然。〔八〕自新，嘉與士大夫更始，其以十月爲元封元年。行所巡至，博、奉高、蛇丘、歷城、梁父，〔九〕民田租逋賦貸，已除。〔一〇〕加年七十以上孤寡帛，人二匹。四縣無出今年算。〔一一〕賜天下民爵一級，女子百戶牛酒。」

〔一〕孟康曰：「王者功成治定，告成功於天。封，崇也，助天之高也。刻石紀號，有金策石函金泥玉檢之封焉。」應劭曰：「封者，壇廣十二丈，高二丈，階三等，封於其上，示增高也。刻石，紀績也。立石三丈一尺，其辭曰：『事天以禮，立身以義。事親以孝，育民以仁。四守之內莫不爲郡縣，四夷八蠻咸來貢職，與天無極。人民蕃息，天祿永得。』尙玄酒而俎生魚。下禪梁父，祀地主，示增廣。(比)〔此〕古制也。武帝封廣丈二尺，高九尺，其下則有玉牒書，祕。語在郊祀志。」

〔二〕臣瓚曰：「郊祀志『初，天子封泰山，泰山東北阯古時有明堂處』，則此所坐者也。明年秋乃作明堂耳。」

〔三〕師古曰：「眇，微細也。」

〔四〕師古曰：「菲，亦薄也，音敷尾反，又音靡。」

〔五〕文穎曰：「武帝祭太一，並祭名山於太壇西南，開除八通鬼道，故言用事八神也。一曰八方之神。」

〔六〕應劭曰：「況，賜也。施，與也。言天地神靈乃賜我瑞應。」

〔七〕臣瓚曰：「聞呼萬歲者三是也。」

〔八〕服虔曰：「增天之高，歸功於天。禪，闡也，廣土地也。肅然，山名也，在梁父。」張晏曰：「天高不可及，於泰山上立封，又禪而祭之，冀近神靈也。」師古曰：「父讀曰甫。」

〔九〕鄭氏曰：「蛇音移。」

〔一〇〕師古曰：「逋賦，未出賦者也。逋貸，官以物貸之，而未還也。貸音吐戴反。」

〔一一〕師古曰：「自博至梁父凡五縣，今云四縣毋出算者，奉高一縣素以供神，非算限也。」

行自泰山，復東巡海上，至碣石。〔一〕自遼西歷北邊九原，歸于甘泉。

〔一〕文穎曰：「在遼西絫縣。絫縣今罷，屬臨榆。此石著海旁。」師古曰：「碣，碣然特立之貌也，音其列反。」

秋，有星孛于東井，又孛于三台。

齊王閎薨。

二年冬十月，行幸雍，祠五畤。春，幸緱氏，遂至東萊。夏四月，還祠泰山。至瓠子，臨決河，〔一〕命從臣將軍以下皆負薪塞河隄，作瓠子之歌。赦所過徒，賜孤獨高年米，人四石。還，作甘泉通天臺、長安飛廉館。〔二〕

〔一〕服虔曰：「瓠子，隄名也，在東郡白馬。」蘇林曰：「在鄄城以南，濮陽以北，廣百步，深五丈。」

〔二〕應劭曰：「飛廉，神禽能致風氣者也。明帝永平五年，至長安迎取飛廉幷銅馬，置上西門外，名平樂館。董卓悉銷以為錢。」晉灼曰：「身似鹿，頭如爵，有角而蛇尾，文如豹文。」師古曰：「通天臺者，言此臺高，上通於天也。漢舊儀云高三十丈，望見長安城。」

朝鮮王攻殺遼東都尉，乃募天下死罪擊朝鮮。

六月，詔曰：「甘泉宮內中產芝，九莖連葉。〔一〕上帝博臨，不異下房，賜朕弘休。〔二〕其赦天下，賜雲陽都百戶牛酒。」〔三〕作芝房之歌。

〔一〕應劭曰：「芝，芝草也，其葉相連。」如淳曰：「瑞應圖王者敬事耆老，不失舊故，則芝草生。」師古曰：「內中，謂後庭之室也，故云不異下房。」

〔二〕師古曰：「上帝，天也。博，廣也。弘，大也。休，美也。言天廣臨，不以下房為幽側而隔異之，賜以此芝，是大美也。」

〔三〕晉灼曰：「雲陽、甘泉，黃帝以來祭天圜丘處也。武帝常以避暑，有宮觀，故稱都也。」師古曰：「此說非也。都謂縣之所居在宮側者耳。賜不徧其境內，故指稱其都，非謂天子之都也。若以有宮觀稱都，則非止雲陽矣。」

秋，作明堂于泰山下。

遣樓船將軍楊僕、左將軍荀彘將應募罪人擊朝鮮。〔一〕又遣將軍郭昌、中郎將衞廣發巴蜀兵平西南夷未服者，以爲益州郡。

〔一〕應劭曰：「樓船者，時欲擊越，非水不至，故作大船，上施樓也。」

三年春，作角抵戲，〔一〕三百里內皆(來)觀。

〔一〕應劭曰：「角者，角技也。抵者，相抵觸也。」文穎曰：「名此樂爲角抵者，兩兩相當角力，角技藝射御，故名角抵，蓋雜技樂也。巴俞戲、魚龍蔓延之屬也。漢後更名平樂觀。」師古曰：「抵者，當也。非謂抵觸。文說是也。」

夏，朝鮮斬其王右渠降，〔一〕以其地爲樂浪、臨屯、玄菟、眞番郡。〔二〕

〔一〕師古曰：「右渠，朝鮮王名。」

〔二〕臣瓚曰：「茂陵書臨屯郡治東暆縣，去長安六千一百三十八里，十五縣；眞番郡治霅縣，去長安七千六百四十里，十五縣。」師古曰：「樂音洛。浪音郎。番音普安反。暆音弋支反。霅音丈甲反。」

樓船將軍楊僕坐失亡多免爲庶民，左將軍荀彘坐爭功棄市。〔一〕

〔一〕師古曰：「棄市，殺之於市也。解在景紀。」

秋七月，膠西王端薨。

武都氐人反，分徙酒泉郡。〔一〕

〔一〕師古曰：「不盡徙。」

四年冬十月，行幸雍，祠五時。通回中道，〔一〕遂北出蕭關，〔二〕歷獨鹿、鳴澤，〔三〕自代而還，幸河東。春三月，祠后土。詔曰：「朕躬祭后土地祇，見光集于靈壇，一夜三燭。〔四〕幸中都宮，殿上見光。〔五〕其赦汾陰、夏陽、中都死罪以下，賜三縣及楊氏皆無出今年租賦。」〔六〕

〔一〕應劭曰：「回中在安定高平，有險阻，蕭關在其北，通治至長安也。」孟康曰：「回中在北地，有山險，武帝故宮。」如淳曰：「三輔黃圖云回中宮在汧也。」師古曰：「回中在安定，北通蕭關。應說是也。而云治道至長安，非也。蓋自回中通道以出蕭關。孟、如二家皆失之矣。回中宮在汧者，或取安定回中爲名耳，非今所通道。」

〔二〕如淳曰：「匈奴傳『入朝那蕭關』，蕭關在安定朝那縣也。」

〔三〕服虔曰：「獨鹿，山名也。鳴澤，澤名也。皆在涿郡遒縣北界也。」

〔四〕服虔曰：「燭音注。」師古曰：「燭謂照也，讀如本字。」

〔五〕師古曰：「中都在太原。」

〔六〕師古曰：「楊氏，河東聚邑名。」

夏，大旱，民多暍死。〔一〕

〔一〕如淳曰：「暍音謁。」師古曰：「中熱而死也。」

秋，以匈奴弱，可遂臣服，乃遣使說之。單于使來，死京師。匈奴寇邊，遣拔胡將軍郭昌屯朔方。

五年冬，行南巡狩，至于盛唐，〔一〕望祀虞舜于九嶷。〔二〕登灊天柱山，〔三〕自尋陽浮江，親射蛟江中，獲之。〔四〕舳艫千里，〔五〕薄樅陽而出，〔六〕作盛唐樅陽之歌。遂北至琅邪，並海，〔七〕所過禮祠其名山大川。春三月，還至泰山，增封。甲子，祠高祖于明堂，以配上帝，因朝諸侯王列侯，受郡國計。〔八〕夏四月，詔曰：「朕巡荆揚，輯江淮物，〔九〕會大海氣，〔一〇〕以合泰山。〔一一〕上天見象，增修封禪。〔一二〕其赦天下。所幸縣毋出今年租賦，賜鰥寡孤獨帛，貧窮者粟。」還幸甘泉，郊泰畤。

〔一〕文穎曰：「案地(里)〔理〕志不得，疑當在廬江左右，縣名也。」韋昭曰：「在南郡。」師古曰：「韋說是也。」

〔二〕應劭曰：「舜葬蒼梧。九嶷，山名，今在零陵營道。」文穎曰：「九嶷山半在蒼梧，半在零陵。」如淳曰：「舜葬九嶷。九嶷在蒼梧馮乘縣，故或云舜葬蒼梧也。」師古曰：「文說是也。嶷音疑，其山九峯，形勢相似，故云九嶷山。」

〔三〕應劭曰：「灊音若潛。南嶽霍山在灊。灊，縣名，屬廬江。」文穎曰：「天柱山在灊縣南，有祠。灊音岑。」師古曰：「灊音與潛同。應說是。」

〔四〕師古曰：「許慎云『蛟，龍屬也』。郭璞說其狀云似蛇而四脚，細頸，頸有白嬰，大者數圍，卵生，子如一二斛瓮，能吞人也。」

〔五〕李斐曰：「舳，船後持柂處也。艫，船前頭刺櫂處也。言其船多，前後相銜，千里不絕也。」師古曰：「舳音軸。艫音盧。」

〔六〕服虔曰：「縣名，屬廬江。」師古曰：「樅音千松反。」

〔七〕師古曰：「並讀曰傍。傍，依也，音步浪反。」

〔八〕師古曰：「計，若今之諸州計帳也。」

〔九〕如淳曰：「輯，合也。物猶神也，郊祀志所祭祀事也。」師古曰：「輯與集同。」

〔10〕鄭氏曰：「會合海神之氣，并祭之。」

〔一一〕師古曰：「集江淮之神，會大海之氣，合致於太山，然後修封，總祭饗也。」

〔一二〕師古曰：「見謂顯示也。」

大司馬大將軍青薨。

初置刺史部十三州。〔一〕名臣文武欲盡，詔曰：「蓋有非常之功，必待非常之人，故馬或奔踶而致千里，〔二〕士或有負俗之累而立功名。〔三〕夫泛駕之馬，〔四〕跅弛之士，〔五〕亦在御之而已。〔六〕其令州郡察吏民有茂材異等〔七〕可為將相及使絕國者。」〔八〕

〔一〕師古曰：「漢（書）〔舊〕儀云初分十三州，假刺史印綬，有常治所。常以秋分行部，御史為駕四封乘傳。到所部，郡國各遣一吏迎之界上，所察六條。」

〔二〕師古曰：「踶，蹋也。奔，走也。奔踶者，乘之即奔，立則踶人也。踶音徒計反。」

〔三〕晉灼曰：「負俗，謂被世譏論也。」師古曰：「累音力瑞反。」
〔四〕師古曰：「泛，覆也，音(力)〔方〕勇反。字本作覂，後通用耳。覂駕者，言馬有逸氣而不循軌轍也。」
〔五〕如淳曰：「跅(拓也)〔音拓〕。弛，廢也。士行有卓異，不入俗檢而見跅逐者也。」師古曰：「跅者，跅落無檢局也。弛者，放廢不遵禮度也。跅音土各反。弛音式爾反。」
〔六〕師古曰：「在人所以制御之。」
〔七〕應劭曰：「舊言秀才，避光武諱稱茂才。異等者，超等軼羣不與凡同也。」師古曰：「茂，美也。」
〔八〕師古曰：「絕遠之國，謂聲教之外。」

六年冬，行幸回中。春，作首山宮。〔一〕

〔一〕應劭曰：「首山在上郡，於其下立宮廟也。」文穎曰：「在河東蒲坂界。」師古曰：「尋此下詔文及依地理志，文說是。」

三月，行幸河東，祠后土。詔曰：「朕禮首山，昆田出珍物，化或爲黃金。〔二〕祭后土，神光三燭。其赦汾陰殊死以下，賜天下貧民布帛，人一匹。」

〔二〕應劭曰：「昆田，首山之下田也。武帝祠首山，故神爲出珍物，化爲黃金。」

益州、昆明反，赦京師亡命令從軍，遣拔胡將軍郭昌將以擊之。

夏，京師民觀角抵于上林平樂館。

秋，大旱，蝗。

太初元年〔一〕冬十月，行幸泰山。

〔一〕應劭曰：「初用夏正，以正月爲歲首，故改年爲太初也。」

十一月甲子朔旦，冬至，祀上帝于明堂。

乙酉，柏梁臺災。

十二月，襢高里，〔一〕祠后土。東臨勃海，望祠蓬萊。春還，受計于甘泉。〔二〕

〔一〕伏儼曰：「山名，在泰山下。」師古曰：「此高字自作高下之高，而死人之里謂之蒿里，或呼爲下里者也，字則爲蓬蒿之蒿。或者既見太山神靈之府，高里山又在其旁，即誤以高里爲蒿里。混同一事，文學之士共有此謬，陸士衡尚不免，況其餘乎？今流俗書本此高字有作蒿者，妄加增耳。」

〔二〕師古曰：「受郡國所上計簿也。若今之諸州計帳。」

二月，起建章宮。〔一〕

〔一〕文穎曰：「越巫名勇，謂帝曰越國有火災即復大起宮室以厭勝之，故帝作建章宮。」師古曰：「在未央宮西，今長安故城西俗所呼貞女樓者，即建章宮之闕也。」

夏五月，正曆，以正月爲歲首。〔一〕色上黃，數用五，〔二〕定官名，協音律。

〔一〕師古曰：「謂以建寅之月爲正也。未正曆之前謂建亥之月爲正，今此言以正月爲歲首者，史追正其月名。」

〔三〕張晏曰：「漢據土德，土數五，故用五，謂印文也。若丞相曰『丞相之印章』，諸卿及守相印文不足五字者，以『之』足之。」

遣因杅將軍公孫敖〔一〕築塞外受降城。

〔一〕服虔曰：「匈奴地名，因所征以名將軍也。」師古曰：「杅音羽俱反。」

秋八月，行幸安定。遣貳師將軍李廣利〔一〕發天下讁民西征大宛。〔二〕

〔一〕張晏曰：「貳師，大宛城名。」

〔二〕師古曰：「庶人之有罪讁者也。大宛，國名。宛音於元反。」

蝗從東方飛至敦煌。

二年春正月戊申，丞相慶薨。〔一〕

〔一〕師古曰：「石慶也。」

三月，行幸河東，祠后土。令天下大酺五日，膢五日，祠門戶，比臘。〔一〕

〔一〕如淳曰：「膢音樓。漢儀注立秋貙膢。」伏儼曰：「膢音劉。劉，殺也。」蘇林曰：「膢，祭名也。貙，虎屬。常以立秋日祭獸王者，亦以此日出（臘）〔獵〕，還，以祭宗廟，故有貙膢之祭也。」師古曰：「續漢書作貙劉。膢、劉義各通耳。臘者，冬至後臘祭百神也。臘音來盍反。」

夏四月，詔曰：「朕用事介山，祭后土，皆有光應。〔一〕其赦汾陰、安邑殊死以下。」

〔一〕文穎曰：「介山在河東皮氏縣東南。其山特立，周七十里，高三十里。」

五月，籍吏民馬，補車騎馬。〔一〕

〔一〕師古曰：「籍者，總入籍錄而取之。」

秋，蝗。遣浚稽將軍趙破奴〔一〕二萬騎出朔方擊匈奴，不還。

〔一〕應劭曰：「浚稽山在武威塞北，匈奴常（取）〔所〕以爲障蔽。」師古曰：「浚音峻。稽音雞。」

冬十二月，御史大夫兒寬卒。〔一〕

〔一〕師古曰：「兒音五兮反。」

三年春正月，行東巡海上。夏四月，還，修封泰山，禪石閭。〔一〕

〔一〕應劭曰：「石閭山在泰山下阯南方，方士言仙人閭也。」

遣光祿勳徐自爲築五原塞外列城，〔一〕西北至盧朐，〔二〕游擊將軍韓說將兵屯之。〔三〕彊弩都尉路博德築居延。

〔一〕晉灼曰：「地理志從五原稒陽縣北出石門鄣即得所築城。」師古曰：「稒音固。」

〔二〕服虔曰：「匈奴地名。」張晏曰：「山名。」師古曰：「張說是也。朐音劬。」

〔三〕師古曰：「說讀曰悅。」

秋，匈奴入定襄、雲中，殺略數千人，行壞光祿諸亭障；〔一〕又入張掖、酒泉，殺都尉。

〔一〕應劭曰：「光祿勳徐自爲所築列城，今匈奴從此往壞敗也。」師古曰：「漢制，每塞要處別築爲城，置人鎭守，謂之候城，此卽障也。音之向反。」

四年春，貳師將軍廣利斬大宛王首，獲汗血馬來。〔一〕作西極天馬之歌。

〔一〕應劭曰：「大宛舊有天馬種，蹋石汗血。汗從前肩髆出，如血。號一日千里。」師古曰：「蹋石者，謂蹋石而有跡，言其蹏堅利。」

秋，起明光宮。〔一〕

〔一〕師古曰：「三輔黃圖云在城中。元后傳云成都侯商避暑借明光宮，蓋謂此。」

冬，行幸回中。

徙弘農都尉治武關，稅出入者以給關吏卒食。

天漢元年〔一〕春正月，行幸甘泉，郊泰畤。三月，行幸河東，祠后土。

〔一〕應劭曰：「時頻年苦旱，故改元爲天漢，以祈甘雨。」師古曰：「大雅有雲漢之詩，周（周）大夫仍叔所作也。以美宣王遇旱災修德勤政而能致雨，故依以爲年號也。」

匈奴歸漢使者，使使來獻。

夏五月，赦天下。

秋，閉城門大搜。〔一〕發謫戍屯五原。

〔一〕臣瓚曰：「漢帝年記六月禁踰侈，七月閉城門大搜，則搜索踰侈者也。」李奇曰：「搜索巫蠱也。」師古曰：「時巫蠱未起，瓚說是也。踰侈者，踰法度而奢侈也。」

二年春，行幸東海。還幸回中。

夏五月，貳師將軍三萬騎出酒泉，與右賢王戰于天山，〔一〕斬首虜萬餘級。又遣因杅將軍出西河，騎都尉李陵將步兵五千人出居延北，與單于戰，斬首虜萬餘級。陵兵敗，降匈奴。

〔一〕晉灼曰：「在西域，近蒲類國，去長安八千餘里。」師古曰：「即祁連山也。匈奴謂天為祁連。祁音巨夷反。今鮮卑語尚然。」

秋，止禁巫祠道中者。〔一〕大搜。〔二〕

〔一〕文穎曰：「始漢家於道中祠，排禍咎移之於行人百姓。以其不經，今止之也。」師古曰：「文說非也。祕祝移過，文帝久已除之。今此總禁百姓巫覡於道中祠祭者耳。」

〔二〕臣瓚曰：「搜謂索姦人也。」晉灼曰：「搜巫蠱也。」師古曰：「瓚說是。」

渠黎六國使使來獻。〔一〕

〔一〕臣瓚曰：「渠黎，西域胡國名。」

泰山、琅邪羣盜徐勃等阻山攻城，〔一〕道路不通。遣直指使者暴勝之等衣繡衣杖斧分部逐捕。〔二〕刺史郡守以下皆伏誅。

〔一〕師古曰：「阻山者，依山之險以自固也。」

〔二〕師古曰：「杖斧，持斧也。謂建持之以爲威也。分音扶問反。」

冬十一月，詔關都尉曰：「今豪傑多遠交，依東方羣盜。其謹察出入者。」

三年春二月，御史大夫王卿有罪，自殺。

初榷酒酤。〔一〕

〔一〕如淳曰：「榷音較。」應劭曰：「縣官自酤榷賣酒，小民不復得酤也。」韋昭曰：「以木渡水曰榷。謂禁民酤釀，獨官開置，如道路設木爲榷，獨取利也。」師古曰：「榷者，步渡橋，爾雅謂之石杠，今之略彴是也。禁閉其事，總利入官，而下無由以得，有若渡水之榷，因立名焉。韋說如音是也。酤音工護反。彴音酌。」

三月，行幸泰山，修封，祀明堂，因受計。還幸北地，祠常山，瘞玄玉。〔一〕夏四月，赦天下。行所過毋出田租。

〔一〕鄧展曰：「瘞，埋也。」師古曰：「爾雅曰『祭地曰瘞薶』。薶其物者，示歸于地也。瘞音於例反。」

秋，匈奴入鴈門，太守坐畏愞棄市。〔一〕

〔一〕如淳曰：「軍法，行逗留畏愞者要斬。愞音如掾反。」師古曰：「又音乃館反。」

四年春正月，朝諸侯王于甘泉宮。發天下七科讁〔一〕及勇敢士，遣貳師將軍李廣利將六萬騎、步兵七萬人出朔方，因杅將軍公孫敖萬騎、步兵三萬人出鴈門，游擊將軍韓說〔二〕步兵三萬人出五原，彊弩都尉路博德步兵萬餘人與貳師會。廣利與單于戰余吾水上連日，敖與左賢王戰不利，皆引還。

〔一〕張晏曰：「吏有罪一，亡〔人〕〔命〕二，贅壻三，賈人四，故有市籍五，父母有市籍六，大父母有市籍七，凡七科也。」

〔二〕師古曰：「說讀曰悅。」

夏四月，立皇子髆爲昌邑王。〔一〕

〔一〕孟康曰：「髆音博。」晉灼曰：「許愼以爲肩髆字。」

秋九月，令死罪（人）〔入〕贖錢五十萬減死一等。

太始元年〔一〕春正月，因杅將軍敖有罪，要斬。

〔一〕應劭曰：「言盪滌天下，與民更始，故以冠元。」

徙郡國吏民豪桀于茂陵、雲陵。〔一〕

〔一〕師古曰：「此當言雲陽，而轉寫者誤爲陵耳。茂陵，帝自所起，而雲陽甘泉所居，故總使徙豪桀也。鉤弋趙倢伃死，葬雲陽，至昭帝即位始尊爲皇太后而起雲陵。武帝時未有雲陵。」

夏六月，赦天下。

二年春正月，行幸回中。

三月，詔曰：「有司議曰，往者朕郊見上帝，西登隴首，獲白麟以饋宗廟，渥洼水出天馬，泰山見黃金，〔一〕宜改故名。今更黃金爲麟趾褭蹏以協瑞焉。」〔二〕因以班賜諸侯王。

〔一〕師古曰：「見音胡電反。」

〔二〕應劭曰：「獲白麟，有馬瑞，故改鑄黃金如麟趾褭蹏以協嘉祉也。古有駿馬名要褭，赤喙黑身，一日行萬五千里也。」師古曰：「既云宜改故名，又曰更黃金爲麟趾褭蹏，是則舊金雖以斤兩爲名，而官有常形制，亦由今時吉字金挺之類矣。武帝欲表祥瑞，故普改鑄爲麟足馬蹏之形以易舊法耳。今人往往於地中得馬蹏金，金甚精好，而形製巧妙。褭音奴了反。」

秋，旱。九月，募死罪〈人〉〔入〕贖錢五十萬減死一等。

御史大夫杜周卒。

三年春正月，行幸甘泉宮，饗外國客。

二月，令天下大酺五日。行幸東海，獲赤鴈，作朱鴈之歌。幸琅邪，禮日成山。〔一〕登之罘，〔三〕浮大海。山稱萬歲。冬，賜行所過戶五千錢，鰥寡孤獨帛人一匹。

〔一〕孟康曰：「禮日，拜日也。」如淳曰：「祭日於成山也。」師古曰：「成山在東（來）〔萊〕不夜縣，斗入海。郊祀志作盛山，其音同。」

〔三〕晉灼曰：「地理志東萊腄縣有之罘山祠。」師古曰：「罘音浮。腄音直瑞反。」

四年春三月，行幸泰山。壬午，祀高祖于明堂，以配上帝，因受計。癸未，祀孝景皇帝于明堂。甲申，修封。丙戌，禪石閭。夏四月，幸不其，〔一〕祠神人于交門宮，〔二〕若有鄉坐拜者。〔三〕作交門之歌。夏五月，還幸建章宮，大置酒，赦天下。

〔一〕如淳曰：「其音基。不其，山名，因以為縣。」應劭曰：「東萊縣也。」

〔二〕應劭曰：「神人，蓬萊仙人之屬也。」晉灼曰：「琅邪縣有交門宮，武帝所造。」

〔三〕師古曰：「如有神之景象嚮祠坐而拜也。漢注云神並見，且白且黑，且大且小，鄉坐三拜。鄉讀曰嚮。坐音才臥反。」

秋七月，趙有蛇從郭外入邑，與邑中蛇羣鬭孝文廟下，〔一〕邑中蛇死。

〔一〕服虔曰：「趙所立孝文廟也。」

冬十月甲寅晦，日有蝕之。

十二月，行幸雍，祠五畤，西至安定、北地。

征和元年〔一〕春正月，還，行幸建章宮。

〔一〕應劭曰：「言征伐四夷而天下和平。」

三月，趙王彭祖薨。

冬十一月，發三輔騎士大搜上林，閉長安城門索，〔二〕十一日乃解。巫蠱起。

〔二〕文穎曰：「簡車馬，數軍實也。」臣瓚曰：「搜謂索姦人也。上林苑周回數百里，故發三輔車騎入大搜索也。漢帝年記發三輔騎士大搜長安上林中，閉城門十五日，待詔北軍征官多餓死。然則皆搜索，非數軍實也。」師古曰：「文說非也。索音山客反。」

二年春正月，丞相賀下獄死。

夏四月，大風發屋折木。

閏月，諸邑公主、陽石公主〔一〕皆坐巫蠱死。

〔一〕師古曰：「諸邑，琅邪縣也，以封公主故謂之邑。陽石，北海縣也。（主）〔二〕公主皆衞皇后之女也。陽字或作羊。」

夏，行幸甘泉。

秋七月，（桉）〔按〕道侯韓說、〔二〕使者江充等掘蠱太子宮。壬午，太子與皇后謀斬充，以節發兵與丞相劉屈氂大戰長安，〔二〕死者數萬人。庚寅，太子亡，〔三〕皇后自殺。初置城門屯兵。更節加黃旄。〔四〕御史大夫暴勝之、司直田仁坐失縱，勝之自殺，仁要斬。八月辛亥，太子自殺于湖。〔五〕

〔一〕師古曰：「即上游擊將軍韓說也。」

〔二〕師古曰：「屈音丘勿反，又音其勿反。氂音力之反。」

〔三〕師古曰：「謂逃匿也。」

〔四〕應劭曰：「時太子亦發節以戰，故加其上黃以別之。」

〔五〕師古曰：「湖，縣名也，即今虢州閿鄉、湖城二縣皆其地。」

癸亥，地震。

九月，立趙敬肅王子偃為平〔干〕王。

匈奴入上谷、五原，殺略吏民。

三年春正月，行幸雍，至安定、北地。匈奴入五原、酒泉，殺兩都尉。三月，遣貳師將軍廣利將七萬人出五原，御史大夫商丘成二萬人出西河，重合侯馬通四萬騎出酒泉。成至浚稽山〔一〕與虜戰，多斬首。通至天山，虜引去，因降車師。皆引兵還。廣利敗，降匈奴。

〔一〕師古曰：「音峻雞。」

夏五月，赦天下。

六月，丞相屈氂下獄要斬，妻(子)梟首。〔一〕

〔一〕鄭氏曰：「妻作巫蠱，夫從坐，但要斬也。」師古曰：「屈氂亦坐與貳師將軍謀立昌邑王。」

秋，蝗。

九月，反者公孫勇、胡倩發覺，皆伏辜。〔一〕

〔一〕師古曰：「倩音千見反。」

四年春正月，行幸東萊，臨大海。

二月丁酉，隕石于雍，二，〔一〕聲聞四百里。

〔一〕師古曰：「雍，扶風之縣也。二者，石之數。」

三月，上耕于鉅定。〔一〕還幸泰山，修封。庚寅，祀于明堂。癸巳，禪石閭。夏六月，還幸甘泉。

〔一〕服虔曰：「地名也，近東海。」應劭曰：「齊國縣也。」晉灼曰：「案地理志，應說是。」

秋八月辛酉晦，日有蝕之。

後元元年春正月，行幸甘泉，郊泰畤，遂幸安定。

昌邑王髆薨。

二月，詔曰：「朕郊見上帝，〔一〕巡于北邊，見羣鶴留止，以不羅罔，靡所獲獻。〔二〕薦于泰畤，光景並見。其赦天下。」

〔一〕師古曰：「見音胡電反。次下光景並見亦同。」

〔二〕如淳曰：「時春也，非用羅罔時，故無所獲也。」

夏六月，御史大夫商丘成有罪自殺。〔一〕侍中僕射莽何羅與弟重合侯通謀反，〔二〕侍中駙馬都尉金日磾、奉車都尉霍光、騎都尉上官桀討之。〔三〕

〔一〕師古曰：「坐於廟中醉而歌。」

〔二〕孟康曰：「征和三年言重合侯馬通，今此言莽，明德馬后惡其先人有反，易姓莽。」師古曰：「莽音莫戶反。」

〔三〕師古曰：「磾音丁奚反。」

秋七月，地震，往往涌泉出。

二年春正月，朝諸侯王于甘泉宮，賜宗室。

二月，行幸盩厔五柞宮。〔一〕乙丑，立皇子弗陵爲皇太子。〔二〕丁卯，帝崩于五柞宮，〔三〕

入殯于未央宮前殿。三月甲申，葬茂陵。〔四〕

〔一〕晉灼曰：「盩厔，扶風縣也。」張晏曰：「有五柞樹，因以名宮也。」師古曰：「盩音張流反。厔音竹乙反。」
〔二〕張晏曰：「昭帝也。後但名弗，以二名難諱故。」
〔三〕臣瓚曰：「帝年十七即位，即位五十四年，壽七十一。」
〔四〕臣瓚曰：「自崩至葬凡十八日。茂陵在長安西北八十里也。」

贊曰：漢承百王之弊，高祖撥亂反正，文景務在養民，至于稽古禮文之事，猶多闕焉。孝武初立，卓然罷黜百家，〔一〕表章六經。〔二〕遂疇咨海內，舉其俊茂，〔三〕與之立功。興太學，修郊祀，改正朔，定曆數，〔四〕協音律，作詩樂，建封禪，禮百神，紹周後，號令文章，煥焉可述。後嗣得遵洪業，而有三代之風。〔五〕如武帝之雄材大略，不改文景之恭儉以濟斯民，雖詩書所稱何有加焉！〔六〕

〔一〕師古曰：「百家，謂諸子雜說，違背六經。」
〔二〕師古曰：「六經，謂易、詩、書、春秋、禮、樂也。」
〔三〕師古曰：「疇，誰也。咨，謀也。言謀於衆人，誰可爲事者也。」
〔四〕師古曰：「正音之成反。他皆類此。」
〔五〕師古曰：「三代，夏、殷、周。」

〔六〕師古曰：「美其雄材大略，而非其不恭儉也。」

校勘記

一五七頁一行　遂，（中）〔申〕也。　景祐、汲古、殿、局本都作「申」。　王先謙說作「申」是。

一五八頁四行　本槐里（之縣）〔縣之〕茂鄉，　景祐、殿本都作「縣之」。　王先謙說作「縣之」是。

一六三頁一行　（大）〔太〕中大夫李息　景祐、汲古、殿、局本都作「太」。

一六五頁一一行　復奉正（議）〔義〕，　景祐、殿本都作「義」。　王先謙說作「義」是。

一六八頁三行　總〔一〕郡之中，　景祐、汲古、殿、局本都有「一」字。　王先謙說有「一」字是。

一六八頁四行　不得聞（雍）〔達〕於天子也。　景祐、汲古、殿、局本都作「達」。　王先謙說作「達」是。

一七八頁五行　施於（吏）〔利〕重者，　景祐、殿、局本都作「利」。　王先謙說作「利」是。

一七八頁一一行　兩軍士（戰）死者數萬人。　景祐本無「戰」字。　王念孫說「戰」字後人所加，云死者數萬人則戰死可知。

一八〇頁三行　又禁（以）〔兼〕幷之塗，　景祐、汲古、殿、局本都作「兼」。

一八四頁三行　廣（一）〔二〕里餘，　景祐、殿、局本都作「二」。

一八四頁一〇行　十三年（此）〔封〕于觀爲衞公。　景祐、殿、局本都作「封」。　王先謙說作「封」是。

一八四頁一五行　見羣野馬中有奇（異）者，與凡馬〔異〕，　景祐本如此，與汲古、殿、局本都不同。

一八五頁九行　獲(祭)〔薦〕於廟。　景祐、殿本都作「薦」。王先謙說作「薦」是。

一八七頁一〇行　音潘(禺)〔愚〕，　殿、局本都作「愚」。王先謙說作「愚」是。

一八八頁四行　郎中令(一)〔徐〕自爲　景祐、殿、局本都作「徐」。王先謙說作「徐」是。

一九一頁一六行　(比)〔此〕古制也。　景祐、殿本都作「此」。王先謙說作「此」是。

一九四頁五行　三百里內皆(來)觀。　景祐本無「來」字。王念孫說後人所加。

一九六頁九行　案地(里)〔理〕志不得，　景祐、殿本都作「理」。

一九七頁一四行　漢(書)〔舊〕儀云　景祐、殿本都作「舊」。王先謙說作「舊」是。

一九八頁二行　音(力)〔方〕勇反。　景祐、汲古、殿、局本都作「方」。

一九八頁三行　跖(拓也)〔音拓〕。　景祐、殿本都作「音拓」。王先謙說作「音拓」是。

二〇〇頁一三行　亦以此日出(躐)〔獵〕，　殿、局本都作「獵」。王先謙說作「獵」是。

二〇一頁五行　匈奴常(取)〔所〕以爲障蔽。　景祐、汲古、殿、局本都作「所」。王先謙說作「所」是。

二〇二頁一一行　周(周)大夫仍叔所作也。　景祐、殿本都無下「周」字，此衍。

二〇五頁五行　亡(人)〔命〕二，　景祐、汲古、殿、局本都作「命」。

二〇五頁九行　令死罪(人)〔入〕贖錢　景祐、殿本都作「入」。

二〇六頁一一行　募死罪(人)〔入〕贖錢　景祐本作「入」。

二〇七頁二行　成山在東（來）〔萊〕不夜縣，　景祐、汲古、殿、局本都作「萊」。王先謙說作「萊」是。

二〇八頁一行　（主）〔二〕公主皆衞皇后之女也。　景祐、殿本都作「二」。王先謙說作「二」是。

二〇八頁一三行　（按）〔按〕道侯韓說　景祐、殿本都作「按」。王先謙說作「按」是。

二〇九頁一〇行　偃爲平〔干〕王。　景祐、殿、局本都有「干」字。

二一〇頁三行　妻（子）梟首。　景祐本無「子」字。王念孫說「子」字乃後人依屈氂傳加之也。

漢書卷七

昭帝紀第七

孝昭皇帝，〔一〕武帝少子也。母曰趙倢伃，〔二〕本以有奇異得幸，〔三〕及生帝，亦奇異。〔四〕語在外戚傳。武帝末，戾太子敗，燕王旦、廣陵王胥行驕嫚，〔五〕後元二年二月上疾病，〔六〕遂立昭帝為太子，年八歲。以侍中奉車都尉霍光為大司馬大將軍，受遺詔輔少主。明日，武帝崩。戊辰，太子卽皇帝位，謁高廟。帝姊鄂邑公主〔七〕益湯沐邑，為長公主，〔八〕共養省中。〔九〕大將軍光秉政，領尚書事，車騎將軍金日磾、左將軍上官桀副焉。

〔一〕荀悅曰：「諱弗之字曰不。」應劭曰：「禮謚法『聖聞周達曰昭』。」

〔二〕師古曰：「倢，接幸也。伃，美稱也。故以名宮中婦官。倢音接。伃音余。字或並從女。」

〔三〕師古曰：「謂望氣者言有奇女天子氣。及召見，手指拳，上自披之，卽時伸。」

〔四〕文穎曰：「十四月乃生。」

〔五〕師古曰：「行音下更反。」

〔六〕師古曰：「疾甚曰病。」

〔七〕應劭曰：「鄂，縣名，屬江夏。公主所食曰邑。」師古曰：「鄂音五各反。」

〔八〕師古曰：「帝之姊妹則稱長公主，儀比諸王，又以供養天子，故益邑也。」

〔九〕伏儼曰：「蔡邕云本爲禁中，門閤有禁，非侍御之臣不得妄入。行道豹尾中亦爲禁中。孝元皇后父名禁，避之，故曰省中。」師古曰：「省，察也，言入此中皆當察視，不可妄也。共讀曰供，音居用反。養音弋亮反。他皆類此。」

夏六月，赦天下。

秋七月，有星孛于東方。

濟北王寬有罪，自殺。

賜長公主及宗室昆弟各有差。追尊趙倢伃爲皇太后，起雲陵。〔一〕

〔一〕文穎曰：「倢伃先葬於雲陽，是以就雲陽爲起雲陵。」

冬，匈奴入朔方，殺略吏民。發軍屯西河，左將軍桀行北邊。〔一〕

〔一〕師古曰：「行音下更反。」

始元元年春二月，黃鵠下建章宮太液池中。〔一〕公卿上壽。賜諸侯王、列侯、宗室金錢各有差。

〔一〕如淳曰：「謂之液者，言天地和液之氣所爲也。」臣瓚曰：「時漢用土德，服色尙黃，鵠色皆白，而今更黃，以爲土德之瑞，故紀之也。太液池，言承陰陽津液以作池也。」師古曰：「如、瓚之說皆非也。黃鵠，大鳥也，一舉千里者，非白鵠也。太液池者，言其津潤所及廣也。鵠音胡篤反。」

己亥，上耕于鉤盾弄田。〔一〕

〔一〕應劭曰：「時帝年九歲，未能親耕帝籍，鉤盾，宦者近署，故往試耕爲戲弄也。」臣瓚曰：「西京故事弄田在未央宮中。」師古曰：「弄田爲宴游之田，天子所戲弄耳，非爲昭帝年幼創有此名。」

益封燕王、廣陵王及鄂邑長公主各萬三千戶。

夏，爲太后起園廟雲陵。

益州廉頭、姑繒、牂柯談指、同並二十四邑皆反。〔一〕遣水衡都尉呂破胡募吏民及發犍爲、蜀郡犇命擊益州，大破之。〔二〕

〔一〕蘇林曰：「皆西南夷別種名也。」師古曰：「並音伴。」

〔二〕應劭曰：「舊時郡國皆有材官騎士以赴急難，今夷反，常兵不足以討之，故權選取精勇。聞命奔走，故謂之犇命。」李斐曰：「平居發者二十以上至五十爲甲卒，今者五十以上六十以下爲犇命。犇命，言急也。」師古曰：「應說是也。犇，古奔字耳。犍音虔，又音鉅言反。」

有司請河內屬冀州，河東屬并州。〔一〕

〔一〕文穎曰：「本屬司州。」師古曰：「蓋屬京師司隸所部。」

秋七月，赦天下，賜民百戶牛酒。大雨，渭橋絕。

八月，齊孝王孫劉澤謀反，欲殺青州刺史雋不疑，〔一〕發覺，皆伏誅。遷不疑爲京兆尹，賜錢百萬。

〔一〕師古曰：「雋音材兗反，又音辭兗反。」

九月丙子，車騎將軍日磾薨。

閏月，遣故廷尉王平等五人〔一〕持節行郡國，〔二〕舉賢良，問民所疾苦、冤、失職者。

〔一〕師古曰：「前爲此官今不居者，皆謂之故也。」

〔二〕師古曰：「行音下更反。」

冬，無冰。

二年春正月，大將軍光、左將軍桀皆以前捕斬反虜重合侯馬通功封，光爲博陸侯，桀爲安陽侯。

以宗室毋在位者，舉茂才劉辟彊、劉長樂皆爲光祿大夫，辟彊守長樂衞尉。〔一〕

〔一〕師古曰：「長樂宮之衞尉也。」

三月，遣使者振貸貧民毋種、食者。〔一〕秋八月，詔曰：「往年災害多，今年蠶麥傷，所振貸種、食勿收責，毋令民出今年田租。」

〔一〕師古曰：「貸音吐戴反。其下並同。」

冬，發習戰射士詣朔方，調故吏將屯田張掖郡。〔一〕

〔一〕師古曰：「調謂發選也。故吏，前爲官職者。令其部率習戰射士於張掖爲屯田也。調音徒釣反。將音子亮反。」

三年春二月，有星孛于西北。

秋，募民徙雲陵，賜錢田宅。

冬十月，鳳皇集東海，遣使者祠其處。

十一月壬辰朔，日有蝕之。

四年春三月甲寅，立皇后上官氏。〔一〕赦天下。辭訟在後二年前，皆勿聽治。〔二〕夏六月，皇后見高廟。賜長公主、丞相、將軍、列侯、中二千石以下及郎吏宗室錢帛各有差。

〔一〕文穎曰：「上官桀孫，安之女。」

〔二〕孟康曰：「武帝後二年。」

徙三輔富人雲陵，賜錢，戶十萬。

秋七月，詔曰：「比歲不登，民匱於食，〔一〕流庸未盡還，〔二〕往時令民共出馬，其止勿出。諸給中都官者，且減之。」〔三〕

〔一〕師古曰：「匱，空也。」

〔二〕師古曰：「流庸，謂去其本鄉而行爲人庸作。」

〔三〕師古曰：「中都官，京師諸官府。」

冬，遣大鴻臚田廣明擊益州。

廷尉李种坐故縱死罪棄市。〔一〕

〔一〕師古曰：「縱謂容放之。种音沖。」

五年春正月，追尊皇太后父爲順成侯。

夏陽男子張延年〔一〕詣北闕，自稱衞太子，誣罔，要斬。

〔一〕師古曰：「夏陽，馮翊之縣。」

夏，罷天下亭母馬及馬弩關。〔一〕

〔一〕應劭曰：「武帝數伐匈奴，再擊大宛，馬死略盡，乃令天下諸亭養母馬，欲令其繁孳，又作馬上弩機關，今悉罷之。」孟康曰：「舊馬高五尺六寸齒未平，弩十石以上，皆不得出關，今不禁也。」師古曰：「亭母馬，應說是；馬弩關，孟說是也。」

六月，封皇后父驃騎將軍上官安爲桑樂侯。〔一〕

〔一〕師古曰：「樂音來各反。」

詔曰：「朕以眇身獲保宗廟，〔一〕戰戰栗栗，夙興夜寐，修古帝王之事，通保傅傳、孝經、論語、尚書，未云有明。〔二〕其令三輔、太常舉賢良各二人，郡國文學高第各一人。賜中二千石以下至吏民爵各有差。」

〔一〕師古曰：「眇，微也。」

〔二〕文穎曰：「賈誼作保傅傳，在禮大戴記。言能通讀之也。」晉灼曰：「帝自謂通保傅傳，未能有所明也。」臣瓚曰：「帝自謂雖通舉此四書，皆未能有所明，此帝之謙也。」師古曰：「晉、瓚之說皆非也。帝自言雖通保傅傳，而孝經、論語、尚書猶未能明也。」

罷儋耳、眞番郡。〔一〕

〔一〕師古曰：「儋耳本南越地，眞番本朝鮮地，皆武帝所置也。番音普安反。」

秋，大鴻臚廣明、軍正王平擊益州，〔一〕斬首捕虜三萬餘人，獲畜產五萬餘頭。

〔一〕師古曰：「廣明，田廣明。」

六年春正月，上耕于上林。

二月，詔有司問郡國所舉賢良文學民所疾苦。議罷鹽鐵榷酤。〔一〕

〔一〕應劭曰：「武帝時，以國用不足，縣官悉自賣鹽鐵，酤酒。昭帝務本抑末，不與天下爭利，故罷之。」

栘中監蘇武〔一〕前使匈奴，留單于庭十九歲乃還，奉使全節，以武爲典屬國，〔二〕賜錢百萬。

〔一〕蘇林曰：「栘音移，廐名也。」應劭曰：「栘，地名。監，其官也，掌鞍馬鷹犬射獵之具。」如淳曰：「栘，爾雅『唐棣，栘也』。栘園之中有馬廐也。」師古曰：「蘇音如說是。」

〔三〕如淳曰：「以其久在外國，知邊事，故令典主諸屬國。」師古曰：「典屬國，本秦官，漢因之，掌歸義蠻夷，屬官有九譯令。後省，并大鴻臚。」

夏，旱，大雩，不得舉火。〔一〕

〔一〕臣瓚曰：「不得舉火，抑陽助陰也。」

秋七月，罷榷酤官，令民得以律占租，〔一〕賣酒升四錢。以邊塞闊遠，取天水、隴西、張掖郡各二縣置金城郡。

〔一〕如淳曰：「律，諸當占租者家長身各以其物占，占不以實，家長不身自書，皆罰金二斤，沒入所不自占物及賈錢縣官也。」師古曰：「占謂自隱度其實，定其辭也。占音章贍反。下又言占名數，其義並同。今猶謂獄訟之辨曰占，皆其意也。蓋武帝時賦斂繁多，律外而取，今始復舊。」

詔曰：「鉤町侯毋波〔一〕率其君長人民擊反者，斬首捕虜有功。其立毋波為鉤町王。大鴻臚廣明將率有功，賜爵關內侯，食邑。」

〔一〕服虔曰：「鉤音左傳射兩鉤之鉤。」應劭曰：「町音若挺，西南夷也。毋波，其名也。今牂柯鉤町縣是也。」師古曰：「音劬挺。」

元鳳元年春，〔一〕長公主共養勞苦，復以藍田益長公主湯沐邑。

〔一〕應劭曰：「三年中，鳳皇比下東海海西樂鄉，於是以冠元焉。」

泗水戴王前薨，以毋嗣，國除。後宮有遺腹子煖，〔一〕相、內史不奏言，上聞而憐之，立煖爲泗水王。相、內史皆下獄。

〔一〕師古曰：「煖音許遠反。」

三月，賜郡國所選有行義者涿郡韓福等五人帛，人五十匹，遣歸。詔曰：「朕閔勞以官職之事，〔一〕其務修孝弟以教鄉里。令郡縣常以正月賜羊酒。有不幸者賜衣被一襲，祠以中牢。」〔二〕

〔一〕鄧展曰：「閔哀韓福等，不忍勞役以官職之事。」

〔二〕師古曰：「幸者，吉而免凶也，故死謂之不幸。一襲，一稱也，猶今言一副也。中牢即少牢，謂羊豕也。」

武都氐人反，〔一〕遣執金吾馬適建、龍頟侯韓增、〔二〕大鴻臚廣明將三輔、太常徒，皆免刑擊之。〔三〕

〔一〕師古曰：「氐音丁奚反。」

〔二〕師古曰：「姓馬適，名建也。龍頟，漢書本或作雒字。功臣侯表云弓高壯侯韓穨當子說封龍雒侯，元鼎五年坐酎金免。後元元年說弟子增紹封龍雒侯。而荀悅漢紀龍雒皆爲頟字。」崔浩曰：「雒音洛。今河間龍雒村，與弓高相近。」然此既地名，無別指義，各依書字而讀之，斯則通矣。譊音女交反。

〔三〕蘇林曰：「是時太常主諸陵縣治民也。」

夏六月，赦天下。

秋七月乙亥晦，日有蝕之，既。

八月，改始元為元鳳。

九月，鄂邑長公主、燕王旦與左將軍上官桀、桀子票騎將軍安、御史大夫桑弘羊皆謀反，伏誅。初，桀、安父子與大將軍光爭權，欲害之，詐使人為燕王旦上書言光罪。時上年十四，〔一〕覺其詐。後有譖光者，上輒怒曰：「大將軍國家忠臣，先帝所屬，〔二〕敢有譖毀者，坐之。」光由是得盡忠。語在燕王、霍光傳。

〔一〕張晏曰：「武帝崩時八歲，即位於今七歲，今年十五。」師古曰：「此云『初，桀、安父子與大將軍爭權，詐為燕王上書』，蓋追道前年事耳，非今歲也。張說（非）〔失〕之。」

〔二〕師古曰：「屬音之欲反。」

冬十月，詔曰：「左將軍安陽侯桀、票騎將軍桑樂侯安、御史大夫弘羊皆數以邪枉干輔政，〔一〕大將軍不聽，而懷怨望，與燕王通謀，置驛往來相約結。燕王遣壽西長、孫縱之等〔二〕賂遺長公主、丁外人、謁者杜延年、大將軍長史公孫遺等，交通私書，〔三〕共謀令長公主置酒，伏兵殺大將軍光，徵立燕王爲天子，大逆毋道。故稻田使者燕倉先發覺，〔四〕以告大司農敞，〔五〕敞告諫大夫延年，〔六〕延年以聞。丞相徵事任宮手捕斬桀，〔七〕丞相少史王壽誘將安入府門，〔八〕皆已伏誅，吏民得以安。封延年、倉、宮、壽皆爲列侯。」又曰：「燕王迷惑失道，前與齊王子劉澤等爲逆，抑而不揚，望王反道自新，〔九〕今乃與長公主及左將軍桀等謀危宗廟。王及公主皆自伏辜。其赦王太子建、公主子文信及宗室子與燕王、上官桀等謀反父母同產當坐者，皆免爲庶人。其吏爲桀等所詿誤，未發覺在吏者，除其罪。」〔一〇〕

〔一〕師古曰：「枉，曲也，以邪曲之事而干求也。」

〔二〕蘇林曰：「壽西，姓也。長，名也。孫姓，縱之名。」

〔三〕服虔曰：「外人，主之所幸也。」晉灼曰：「漢語字少君。」師古曰：「此杜延年自別一人，非下諫大夫也。」

〔四〕如淳曰：「特爲諸稻田置使者，假與民收其稅入也。」

〔五〕師古曰：「楊敞也。」

〔六〕師古曰：「杜延年，杜周之子。」

〔七〕文穎曰：「徵事，丞相官屬，位差尊，掾屬也。」如淳曰：「時宮以時事召，待詔丞相府，故曰丞相徵事。」張晏曰：「漢儀注徵事比六百石。皆故吏二千石不以臧罪免者爲徵事，絳衣奉朝賀正月。」師古曰：「張說是也。」

〔八〕如淳曰：「漢儀注丞相、太尉、大將軍史秩四百石。武帝又置丞相少史，秩四百石。」

〔九〕師古曰：「所爲邪僻，違失正道，欲其旋反而歸正，故云反道。」

〔10〕師古曰：「其罪未發，未爲吏所執持者。」

二年夏四月，上自建章宮徙未央宮，大置酒。賜郎從官帛，及宗室子錢，人二十萬。吏民獻牛酒者賜帛，人一匹。

六月，赦天下。詔曰：「朕閔百姓未贍，〔一〕前年減漕三百萬石。〔二〕頗省乘輿馬及（菀）〔苑〕馬，〔三〕以補邊郡三輔傳馬。〔四〕其令郡國毋斂今年馬口錢，〔五〕三輔、太常郡得以叔粟當賦。」〔六〕

〔一〕師古曰：「贍，足也。」

〔二〕師古曰：「減省轉漕，所以休力役也。」

〔三〕師古曰：「乘輿馬謂天子所自乘以駕車輿者。他皆類此。」

〔四〕張晏曰：「驛馬也。」師古曰：「傳音張戀反。」

〔五〕文穎曰：「往時有馬口出斂錢，今省。」如淳曰：「所謂租及六畜也。」

〔六〕如淳曰：「百官表太常主諸陵，別治其縣，爵秩如三輔郡矣。元帝永光五年，令各屬在所郡也。」師古曰：「諸應出賦算租稅者，皆聽以叔粟當錢物也。叔，豆也。」

三年春正月，泰山有大石自起立，上林有柳樹枯僵自起生。〔一〕

〔一〕師古曰：「僵，偃也，謂樹枯死偃臥在地者也。僵音紀良反。」

罷中牟苑賦貧民。〔一〕詔曰：「乃者民被水災，頗匱於食，朕虛倉廩，〔二〕使使者振困乏。其止四年毋漕。三年以前所振貸，非丞相御史所請，邊郡受牛者勿收責。」〔三〕

〔一〕師古曰：「在滎陽。」

〔二〕師古曰：「倉，新穀所藏也。廩，穀所振入也。」

〔三〕應劭曰：「武帝始開三邊，徙民屯田，皆與犁牛。後丞相御史復間有所請。今勑自上所賜與勿收責，丞相所請乃令其顧稅耳。」

夏四月，少府徐仁、廷尉王平、左馮翊賈勝胡皆坐縱反者，仁自殺，平、勝胡皆要斬。

冬，遼東烏桓反，以中郎將范明友爲度遼將軍，〔一〕將北邊七郡郡二千騎擊之。

〔一〕應劭曰：「當度遼水往擊之，故以度遼爲官號。」

四年春正月丁亥，帝加元服，〔一〕見于高廟。賜諸侯王、丞相、大將軍、列侯、宗室下至吏民金帛牛酒各有差。賜中二千石以下及天下民爵。毋收四年、五年口賦。〔二〕三年以前逋更賦未入者，皆勿收。〔三〕令天下酺五日。

〔一〕如淳曰：「元服，謂初冠加上服也。」師古曰：「如氏以爲衣服之服，此說非也。元，首也。冠者，首之所著，故曰元服。其下汲黯傳序云『上正元服』，是知謂冠爲元服。」

〔二〕如淳曰：「漢儀注民年七歲至十四出口賦錢，人二十三。二十錢以食天子，其三錢者，武帝加口錢以補車騎馬。」

〔三〕如淳曰：「更有三品，有卒更，有踐更，有過更。古者正卒無常人，皆當迭為之，一月一更，是謂卒更也。貧者欲得顧更錢者，次直者出錢顧之，月二千，是謂踐更也。天下人皆直戍邊三日，亦名為更，律所謂繇戍也。雖丞相子亦在戍邊之調。不可人人自行三日戍，又行者當自戍三日，不可往便還，因便住一歲一更。諸不行者，出錢三百入官，官以給戍者，是謂過更也。律說，卒踐更者，居也，居更縣中五月乃更也。後從尉律，卒踐更一月，休十一月也。食貨志曰：『月為更卒，已復為正，一歲屯戍，一歲力役，三十倍於古。』此漢初因秦法而行之也。後遂改易，有讁乃戍邊一歲耳。逋，未出更錢者也。」師古曰：「更音工衡反。」

甲戌，丞相千秋薨。〔一〕

〔一〕師古曰：「田千秋。」

夏四月，詔曰：「度遼將軍明友前以羌騎校尉將羌王侯君長以下擊益州反虜，後復率擊武都反氐，今破烏桓，斬虜獲生，有功。〔一〕其封明友為平陵侯。平樂監傅介子持節使，〔二〕誅斬樓蘭王安，歸首縣北闕，封義陽侯。」

〔一〕師古曰：「既斬反虜，又獲生口也。俘取曰獲。」

〔二〕師古曰：「持節而為使。」

五月丁丑，孝文廟正殿火，上及羣臣皆素服。發中二千石將五校作治，六日成。〔一〕太常及廟令丞郎吏皆劾大不敬，會赦，太常轑陽侯德免為庶人。〔二〕

〔一〕師古曰：「率領五校之士以作治也。校音下教反。」

〔三〕文穎曰：「轑音料。德，江德也。轑陽在魏郡清淵。」師古曰：「會六月赦耳。史終言之。」

六月，赦天下。

五年春正月，廣陵王來朝，益國萬一千戶，賜錢二千萬，黃金二百斤，劍二，安車一，乘馬二駟。〔一〕

〔一〕師古曰：「八匹也。」

夏，大旱。

六月，發三輔及郡國惡少年吏有告劾亡者，屯遼東。〔一〕

〔一〕如淳曰：「告者，爲人所告也。劾者，爲人所劾也。」師古曰：「惡少年謂無賴子弟也。告劾亡者，謂被告劾而逃亡。」

秋，罷象郡，分屬鬱林、牂柯。

冬十一月，大雷。

十二月庚戌，丞相訢薨。〔一〕

〔一〕師古曰：「王訢也。訢亦欣字。」

六年春正月，募郡國徒築遼東玄菟城。夏，赦天下。詔曰：「夫穀賤傷農，〔一〕今三輔、太常穀減賤，〔二〕其令以叔粟當今年賦。」〔三〕

〔一〕師古曰：「糴多而錢少，是爲傷也。」

〔二〕鄭氏曰：「減音減少之減。」

〔三〕應劭曰：「太常掌諸陵園，皆徙天下豪富民以充實之，後悉爲縣，故與三輔同賦。」

右將軍張安世宿衞忠謹，封富平侯。

烏桓復犯塞，遣度遼將軍范明友擊之。

元平元年春二月，詔曰：「天下以農桑爲本。日者省用，罷不急官，〔一〕減外繇，〔二〕耕桑者益衆，而百姓未能家給，〔三〕朕甚愍焉。其減口賦錢。」有司奏請減什三，上許之。

〔一〕師古曰：「謂非要職（官）〔者〕。」

〔二〕師古曰：「繇讀曰傜。」

〔三〕師古曰：「給，足也。家家自給足，是（謂）〔爲〕家給也。」

甲申，晨有流星，大如月，衆星皆隨西行。

夏四月癸未，帝崩于未央宮。〔一〕六月壬申，葬平陵。〔二〕

〔一〕臣瓚曰：「帝年九歲即位，即位十三年，壽二十二。」師古曰：「帝年八歲即位，明年改元，改元之後凡十三年，年二十一。」

〔二〕臣瓚曰：「自崩至葬凡四十九日。平陵在長安西北七十里。」

贊曰：昔周成以孺子繼統，而有管、蔡四國流言之變。〔一〕孝昭幼年即位，亦有燕、蓋、上官逆亂之謀。成王不疑周公，孝昭委任霍光，各因其時以成名，大矣哉！承孝武奢侈餘敝師旅之後，海內虛耗，戶口減半，〔二〕光知時務之要，輕繇薄賦，與民休息。〔三〕至始元、元鳳之間，匈奴和親，百姓充實。舉賢良文學，問民所疾苦，議鹽鐵而罷榷酤，尊號曰「昭」，不亦宜乎！

〔一〕師古曰：「四國，謂管、蔡、商、奄也。流，放也。武王崩，成王幼弱，周公攝政，四國乃流言曰公將不利於孺子，遂致雷風之異。成王既見金縢之册，乃不疑周公。事見豳詩及周書大誥。」

〔二〕師古曰：「耗，損也，音火到反。減讀爲減省之減。」

〔三〕師古曰：「繇讀曰傜。」

校勘記

二二八頁一四行　以爲(上)〔土〕德之瑞，　景祐、汲古、殿、局本都作「土」。王先謙說作「土」是。

二三三頁一行　通保傅，傳孝經、論語、尚書，未云有明。　舊注「保傅傳」連讀，以爲是賈誼所作書名。

李慈銘說，帝自謂雖通接保傅，傳授孝經、論語、尙書，皆未能有明，當以傳字絕句。王先謙、楊樹達都從李讀。

三六頁一一行　張說（非）〔失〕之。景祐、殿本都作「失」。王先謙說作「失」是。

三八頁四行　頗省乘輿馬及（菀）〔苑〕馬，景祐、殿本都作「苑」。王先謙說作「苑」是。

三三頁一〇行　謂非要職（官）〔者〕。景祐本作「者」。

二三三頁一三行　是（謂）〔爲〕家給也。景祐、殿本都作「爲」。

漢書卷八

宣帝紀第八

孝宣皇帝，〔一〕武帝曾孫，戾太子孫也。〔二〕太子納史良娣，〔三〕生史皇孫。〔四〕皇孫納王夫人，生宣帝，號曰皇曾孫。生數月，遭巫蠱事，太子、良娣、皇孫、王夫人皆遇害。語在太子傳。曾孫雖在襁褓，〔五〕猶坐收繫郡邸獄。〔六〕而邴吉爲廷尉監，〔七〕治巫蠱於郡邸，憐曾孫之亡辜，使女徒復作淮陽趙徵卿、渭城胡組更乳養，〔八〕私給衣食，視遇甚有恩。

〔一〕荀悅曰：「諱詢，字次卿。詢之字曰謀。」應劭曰：「謚法『聖善周聞曰宣』。」

〔二〕韋昭曰：「以違戾擅發兵，故謚曰戾。」臣瓚曰：「太子誅江充以除讒賊，而事不見明。後武帝覺寤，遂族充家，宣帝不得以加惡謚也。董仲舒曰『有其功無其意謂之戾，無其功有其意謂之罪』。」師古曰：「瓚說是也。」

〔三〕服虔曰：「史，姓也。良娣，官也。」師古曰：「太子有妃，有良娣，有孺子，凡三等。娣音次第之第。」

〔四〕師古曰：「以外家姓稱之，故曰史皇孫。」

〔五〕李奇曰：「襁，絡也，以繒布爲之，絡負小兒。褓，小兒大藉也。」孟康曰：「褓，小兒被也。」師古曰：「襁即今之小兒繃也。褓，孟說是也。襁音居丈反。褓音保。繃音補耕反。」

〔六〕如淳曰：「謂諸郡邸置獄也。」師古曰：「據漢舊儀，郡邸獄治天下郡國上計者，屬大鴻臚。此蓋巫蠱獄繫，收繫者衆，故曾孫寄在郡邸獄。」

〔七〕師古曰：「監者，廷尉之官屬。」

〔八〕李奇曰：「復作者，女徒也。謂輕罪，男子守邊一歲，女子軟弱不任守，復令作於官，亦一歲，故謂之復作徒也。」孟康曰：「復音服，謂弛刑徒也，有赦令詔書去其鉗釱赭衣。更犯事，不從徒加，與民爲例，故當復爲官作，滿其本罪年月日，律名爲復作也。」師古曰：「孟說是也。趙徵卿淮陽人，胡組渭城人，皆女徒也。二人更遞乳養曾孫。而邴吉傳云郭徵卿。紀、傳不同，未知孰是。更音工衡反。」

巫蠱事連歲不決。至後元二年，武帝疾，往來長楊、五柞宮，〔一〕望氣者言長安獄中有天子氣，上遣使者分條中都官獄〔二〕繫者，輕重皆殺之。內謁者令郭穰夜至郡邸獄，〔三〕吉拒閉，使者不得入，曾孫賴吉得全。因遭大赦，吉乃載曾孫送祖母史良娣家。語在吉及外戚傳。

〔一〕師古曰：「長楊、五柞二宮並在盩厔，皆以樹名之。帝往來二宮之間也。柞字或作祚，其音同。」

〔二〕師古曰：「中都官，凡京師諸官府也。」

〔三〕師古曰：「百官表云內者署屬少府。續漢書志云掌宮中布張諸褻物。丁孚漢官云令秩千石，蓋當時權爲此使。」

後有詔掖庭養視，上屬籍宗正。〔一〕時掖庭令張賀嘗事戾太子，思顧舊恩，〔二〕哀曾孫，奉養甚謹，以私錢供給教書。既壯，爲取暴室嗇夫許廣漢女，〔三〕曾孫因依倚廣漢兄弟及祖母家史氏。〔四〕受詩於東海澓中翁，〔五〕高材好學，然亦喜游俠，〔六〕鬭雞走馬，具知閭里姦邪，吏治得失。數上下諸陵，〔七〕周徧三輔，〔八〕常困於蓮勺鹵中。〔九〕尤樂杜、鄠之間，〔一〇〕率常在下杜。〔一一〕時會朝請，舍長安尚冠里，〔一二〕身足下有毛，臥居數有光燿。〔一三〕每買餅，所從買家輒大讎，〔一四〕亦以（自是）〔是自〕怪。

〔一〕應劭曰：「掖庭，宮人之官，有令丞，宦者為之。詔敕掖庭養視之，始令宗正著其屬籍。」

〔二〕師古曰：「顧，念也。」

〔三〕應劭曰：「暴室，宮人獄也，今曰薄室。許廣漢坐法腐為宦者，作嗇夫也。」師古曰：「暴室者，掖庭主織作染練之署，故謂之暴室，取暴曬為名耳。或云薄室者，薄亦暴也。今俗語亦云薄曬。蓋暴室職務既多，因為置獄主治其罪人，故往往云暴室獄耳。然本非獄名，應說失之矣。嗇夫者，暴室屬官，亦猶縣鄉之嗇夫也。曬音所懈反，又音所智反。」

〔四〕師古曰：「倚音於綺反。」

〔五〕服虔曰：「澓音馥。」師古曰：「東海人，姓澓，字中翁也。澓音房福反。中讀曰仲。」

〔六〕師古曰：「喜音許吏反。」

〔七〕師古曰：「諸陵皆據高敞地為之，縣即在其側。帝每周游往來諸陵縣，去則上，來則下，故言上下諸陵。」

〔八〕師古曰：「游行皆至其處。」

〔九〕如淳曰：「為人所困辱也。蓮勺縣有鹽池，縱廣十餘里，其鄉人名為鹵中。蓮音輦。勺音灼。」師古曰：「如說是也。鹵者，鹹地也，今在櫟陽縣東。其鄉人謂此中爲鹵鹽池也。」

〔一〇〕師古曰：「二縣之間也。杜屬京兆，鄠屬扶風。鄠音扈。」

〔一一〕孟康曰：「在長安南。」師古曰：「率者，總計之言也。下杜即今之杜城。」

〔一二〕文穎曰：「以屬弟尙親，故歲時隨宗室朝會也。」如淳曰：「春曰朝，秋曰請。」師古曰：「舍，止也。尙冠者，長安中里名。帝會朝請之時，即於此里中止息。請音才姓反。」

〔一三〕師古曰：「遍身及足下皆有毛。」

〔一四〕師古曰：「讎讀曰售。」

元平元年四月，昭帝崩，毋嗣。大將軍霍光請皇后徵昌邑王。六月丙寅，王受皇帝璽綬，尊皇后曰皇太后。癸巳，光奏王賀淫亂，請廢。語在賀及光傳。

秋七月，光奏議曰：「禮，人道親親故尊祖，尊祖故敬宗。大宗毋嗣，擇支子孫賢者爲嗣。孝武皇帝曾孫病已，〔一〕有詔掖庭養視，至今年十八，師受詩、論語、孝經，操行節儉，慈仁愛人，可以嗣孝昭皇帝後，奉承祖宗，子萬姓。」〔二〕奏可。遣宗正德至曾孫尙冠里舍，洗沐，賜御府衣。太僕以軨獵車奉迎曾孫，〔三〕就齊宗正府。庚申，入未央宮，見皇太后，封爲陽武侯。〔四〕已而羣臣奉上璽綬，即皇帝位，謁高廟。

〔一〕師古曰：「蓋以夙遭屯難而多病苦，故名病已，欲其速差也。後以爲鄙，更改諱詢。」

〔二〕師古曰：「天子以萬姓爲子，故云子萬姓。」

〔三〕文穎曰：「軨獵，小車，前有曲輿不衣也，近世謂之軨獵車也。」孟康曰：「今之載獵車也。前有曲軨，特高大，獵時立其中格射禽獸。」李奇曰：「蘭輿輕車也。」師古曰：「文、李二說皆是。時未備天子車駕，故且取其輕便耳，非藉高大也。孟說失之。軨音鈴。」

〔四〕師古曰：「先封侯者，不欲立庶人爲天子也。」

八月己巳，丞相敞薨。〔一〕

〔一〕師古曰：「楊敞也。」

九月，大赦天下。

十一月壬子，立皇后許氏。賜諸侯王以下金錢，至吏民鰥寡孤獨各有差。皇太后歸長樂宮。初置屯衛。

本始元年春正月，募郡國吏民訾百萬以上徙平陵。〔一〕遣使者持節詔郡國二千石謹牧養民而風德化。〔二〕

〔一〕文穎曰：「昭帝陵。」

〔二〕師古曰：「以德化被於下，故云風也。詩序曰『上以風化下』。」

大將軍光稽首歸政，上謙讓委任焉。論定策功，益封大將軍光萬七千戶，車騎將軍光祿勳富平侯安世萬戶。〔一〕詔曰：「故丞相安平侯敞等居位守職，與大將軍光、車騎將軍安世建議定策，以安宗廟，功賞未加而薨。其益封敞嗣子忠及丞相陽平侯義、〔二〕度遼將軍平陵侯明友、〔三〕前將軍龍雒侯增、〔四〕太僕建平侯延年、〔五〕太常蒲侯昌、〔六〕諫大夫宜春侯譚、〔七〕當塗侯平、〔八〕杜侯屠耆堂、〔九〕長信少府關內侯勝〔一〇〕邑戶各有差。封御史大夫廣明爲昌水侯，〔一一〕後將軍充國爲營平侯，〔一二〕大司農延年爲陽城侯，〔一三〕少府樂成爲爰氏侯，〔一四〕光祿大夫遷爲平丘侯。〔一五〕賜右扶風德、〔一六〕典屬國武、〔一七〕廷尉光、〔一八〕宗正德、〔一九〕大鴻臚賢、〔二〇〕詹事畸、〔二一〕光祿大夫吉、〔二二〕京輔都尉廣漢〔二三〕爵皆關內侯。德、武食邑。」〔二四〕

〔一〕李斐曰：「居光祿位，以車騎官號尊之，無車騎官屬。」

〔二〕師古曰：「蔡義。」

〔三〕師古曰：「范明友。」

〔四〕師古曰：「韓增。」

〔五〕師古曰：「杜延年。」

〔六〕師古曰：「蘇昌。」

〔七〕師古曰：「王譚。」

〔八〕師古曰：「功臣表云魏不害以捕反者胡倩功封當塗侯，其子聖以定策功益封，凡二千二百戶。今此紀言當塗侯平，與表乖錯，未知孰是。或者有二名乎？」

〔九〕蘇林曰：「姓復陸，其祖父復陸支本匈奴胡也，歸義爲屬國王，從驃騎有功，乃更封也。」

〔一〇〕師古曰：「夏侯勝。」

〔一一〕師古曰：「田廣明。」

〔一二〕師古曰：「趙充國。」

〔一三〕師古曰：「田延年。」

〔一四〕師古曰：「史樂成。」

〔一五〕師古曰：「王遷。」

〔一六〕師古曰：「周德。」

〔一七〕師古曰：「蘇武。」

〔一八〕師古曰：「李光。」

〔一九〕師古曰：「楚元王之曾孫，劉辟彊子。」

〔二〇〕師古曰：「韋賢。」

〔二一〕蘇林曰：「畸音踦隻之踦。」師古曰：「宋（踦）〔畸〕也。音居宜反。」

〔二二〕師古曰：「丙吉。」

〔二三〕師古曰：「趙廣漢也。三輔郡皆有都尉，如諸郡。左輔都尉治高陵，右輔都尉治郿，京輔都尉治華陰濯北。」

〔二四〕張晏曰：「舊關內侯無邑也，以蘇武守節外國，劉德宗室俊彥，故特令食邑。」

夏四月庚午，地震。詔內郡國舉文學高第各一人。〔一〕

〔一〕韋昭曰：「中國爲內郡，緣邊有夷狄障塞者爲外郡。成帝（侍）〔時〕，內郡舉方正，北邊二十二郡舉勇猛士。」

五月，鳳皇集膠東、千乘。赦天下。賜吏二千石、諸侯相、下至中都官、宦吏、六百石爵，各有差，〔一〕自左更至五大夫。〔二〕賜天下人爵各一級，孝者二級，女子百戶牛酒。租稅勿收。

〔一〕如淳曰：「中都官宦吏，奄人爲吏者也。」晉灼曰：「凡職在京師者也。」師古曰：「二說皆非也。中都官，謂在京師諸官也。宦吏，諸奄官也。」

〔二〕師古曰：「左更，第十二爵也。五大夫，第九爵也。更音工衡反。」

六月，詔曰：「故皇太子在湖，未有號謚。〔一〕歲時祠，其議謚，置園邑。」語在太子傳。

〔一〕師古曰：「湖，縣名也。死於湖，因即葬焉。」

秋七月，詔立燕剌王太子建爲廣陽王，〔一〕立廣陵王胥少子弘爲高密王。

〔一〕師古曰：「剌音來曷反。」

二年春，以水衡錢爲平陵，徙民起第宅。〔一〕

〔一〕應劭曰：「水衡與少府皆天子私藏耳。縣官公作，當仰給司農，今出水衡錢，言宣帝即位爲異政也。」晉灼曰：「食貨志：『初，大司農管鹽鐵，官布多，故置水衡，欲以主鹽鐵。及楊可告緡，上林財物衆，乃令水衡主上林。』上林三官，主鑄錢也。」

大司農陽城侯田延年有罪，自殺。〔一〕

〔一〕師古曰：「坐增僦直而自入。」

夏五月，詔曰：「朕以眇身奉承祖宗，夙夜惟念孝武皇帝躬履仁義，選明將，討不服，匈奴遠遁，平氐、羌、昆明、南越，百蠻鄉風，〔一〕款塞來享；〔二〕建太學，修郊祀，定正朔，協音律；封泰山，塞宣房，〔三〕符瑞應，寶鼎出，白麟獲。功德茂盛，不能盡宣，而廟樂未稱，〔四〕其議奏。」有司奏請宜加尊號。六月庚午，尊孝武廟為世宗廟，奏盛德、文始、五行之舞，〔五〕天子世世獻。武帝巡狩所幸之郡國，皆立廟。賜民爵一級，女子百戶牛酒。

〔一〕師古曰：「鄉讀曰嚮也。」

〔二〕應劭曰：「款，叩也，皆叩塞門來服從也。」如淳曰：「款，寬也。請除守塞者，自保不為寇害也，故曰款五原塞。」師古曰：「應說是也。此汎說夷狄來賓之事，非呼韓邪保塞意也。」

〔三〕蘇林曰：「隄名，在東郡界。」李斐曰：「決河上宮名也。」張晏曰：「瓠子隄名。」師古曰：「蘇、張二說皆是。」

〔四〕師古曰：「稱，副也。」

〔五〕應劭曰：「宣帝復采昭德之舞為盛德舞，以尊世宗廟也。諸帝廟皆常奏文始、四時、五行舞也。」

匈奴數侵邊，又西伐烏孫。烏孫昆彌及公主因國使者上書，〔一〕言昆彌願發國精兵擊匈奴，唯天子哀憐，出兵以救公主。秋，大發興調關東輕車銳卒，〔二〕選郡國吏三百石伉健習騎射者，皆從軍。〔三〕御史大夫田廣明為祁連將軍，〔四〕後將軍趙充國為蒲類將軍，〔五〕雲中太守田順爲虎牙將軍，及度遼將軍范明友、前將軍韓增，凡五將軍，兵十五萬騎，校尉常惠持節護烏孫兵，咸擊匈奴。

〔一〕師古曰：「昆彌，烏孫王之號也。國使者，漢朝之使也。」

〔二〕師古曰：「調亦選也。銳，利也，言其勇利也。調音徒釣反。」

〔三〕師古曰：「伉，强也，音口浪反。」

〔四〕應劭曰：「祁連，匈奴中山名也。諸將分部，廣明値此山，因以爲號也。」師古曰：「祁音上夷反。」

〔五〕應劭曰：「蒲類，匈奴中海名也，在敦煌北。」晉灼曰：「匈奴傳有蒲類澤。」師古曰：「晉說是也。」

三年春正月癸亥，皇后許氏崩。戊辰，五將軍師發長安。夏五月，軍罷。祁連將軍廣明、虎牙將軍順有罪，下有司，皆自殺。〔一〕校尉常惠將烏孫兵入匈奴右地，大克獲，封列侯。

〔一〕晉灼曰：「田千秋子也。廣明坐逗留，順坐增虜獲。」

大旱。郡國傷旱甚者，民毋出租賦。三輔民就賤者，且毋收事，盡四年。〔一〕

〔一〕晉灼曰：「不給官役也。」師古曰：「收謂租賦也，事謂役使也。盡本始四年而止。」

六月己丑，丞相義薨。〔一〕

〔一〕師古曰：「蔡義。」

四年春正月，詔曰：「蓋聞農者興德之本也，今歲不登，已遣使者振貸困乏。其令太官損膳省宰，〔一〕樂府減樂人，使歸就農業。丞相以下至都官令丞〔二〕上書入穀，輸長安倉，助貸貧民。民以車船載穀入關者，得毋用傳。」〔三〕

〔一〕師古曰：「膳，具食也，食之善者也。宰為屠殺也。省，減也。漢儀注太宰令屠者七十二人，宰二百人。」

〔二〕師古曰：「都官令丞，京師諸署之令丞。」

〔三〕師古曰：「傳，傳符也。欲穀之多，故不問其出入也。傳音張戀反。」

三月乙卯，立皇后霍氏。賜丞相以下至郎吏從官金錢帛各有差。赦天下。

夏四月壬寅，郡國四十九地震，或山崩水出。詔曰：「蓋災異者，天地之戒也。朕承洪業，奉宗廟，託于士民之上，未能和羣生。乃者地震北海、琅邪，壞祖宗廟，朕甚懼焉。丞相、御史其與列侯、中二千石博問經學之士，有以應變，〔一〕輔朕之不逮，毋有所諱。令三輔、太常、內郡國舉賢良方正各一人。律令有可蠲除以安百姓，條奏。被地震壞敗甚者，勿收租賦。」大赦天下。上以宗廟墮，素服，避正殿五日。〔二〕

〔一〕師古曰：「謂禦塞災異也。」

〔二〕師古曰：「墮者，毀也，音火規反。」

五月，鳳皇集北海安丘、淳于。〔一〕

〔一〕師古曰：「二縣皆屬北海郡。」

秋，廣川王吉有罪，廢遷上庸，自殺。

地節元年〔一〕春正月，有星孛于西方。

〔一〕應劭曰：「以先者地震，山崩水出，於是改年曰地節，欲令地得其節。」

三月，假郡國貧民田。〔一〕

〔一〕師古曰：「權以給之，不常與。」

夏六月，詔曰：「蓋聞堯親九族，以和萬國。〔一〕朕蒙遺德，奉承聖業，惟念宗室屬未盡而以罪絕，若有賢材，改行勸善，其復屬，使得自新。」〔二〕

〔一〕師古曰：「尚書堯典云：『克明俊德，以親九族。九族既睦，平章百姓。百姓昭明，協和萬邦。』故詔引之。」

〔二〕師古曰：「復音扶目反。」

冬十一月，楚王延壽謀反，自殺。

十二月癸亥晦，日有蝕之。

二年春三月庚午，大司馬大將軍光薨。詔曰：「大司馬大將軍博陸侯〔一〕宿衞孝武皇帝三十餘年，輔孝昭皇帝十有餘年，遭大難，躬秉義，率三公、諸侯、九卿、大夫定萬世策，以安宗廟。天下蒸庶，咸以康寧，〔二〕功德茂盛，朕甚嘉之。復其後世，疇其爵邑，〔三〕世世毋有所與。〔四〕功如蕭相國。」

〔一〕師古曰：「尊之，故不名。」

〔二〕師古曰：「蒸庶，衆人也。康，安也。」

〔三〕張晏曰：「律，非始封，十減二。疇者，等也，言不復減也。」師古曰：「復音方目反。」

〔四〕師古曰：「與讀曰豫。」

夏四月，鳳皇集魯郡，羣鳥從之。〔一〕大赦天下。

〔一〕師古曰：「今流俗書本此下云『戊申立皇太子』，而後年又有立皇太子事，此蓋以元紀云元帝二歲宣帝即位，八歲爲皇太子，故後人妄於此書加之，舊本無也。據疏廣及丙吉傳並云地節三年立皇太子，此即明驗，而或者妄爲臆說，乖於實矣。」

五月，光祿大夫平丘侯王遷有罪，下獄死。

上始親政事，又思報大將軍功德，乃復使樂平侯山領尚書事，〔一〕而令羣臣得奏封事，以知下情。五日一聽事，〔自丞相〕以下各奉職奏事，以傅奏其言，〔二〕考試功能。侍中尚書功勞當遷及有異善，厚加賞賜，至于子孫，終不改易。〔三〕樞機周密，品式備具，上下相安，莫有苟且之意也。

〔一〕師古曰：「霍山，光之兄孫。」
〔二〕應劭曰：「敷，陳也。各自奏陳其言，然後試之以官，考其功德也。」師古曰：「傅讀曰敷。」
〔三〕師古曰：「言各久其職事也。」

三年春三月，詔曰：「蓋聞有功不賞，有罪不誅，雖唐虞猶不能以化天下。今膠東相成勞來不怠，〔一〕流民自占八萬餘口，〔二〕治有異等。〔三〕其秩成中二千石，賜爵關內侯。」

〔一〕師古曰：「王成也。勞來者，言慰勉而招延之也。小雅鴻鴈之詩序曰『勞來還定安集之』。勞音盧到反。來音盧代反。」
〔二〕師古曰：「占者，謂自隱度其戶口而著名籍也。占音之贍反。」
〔三〕師古曰：「政治異於常等。」

又曰：「鰥寡孤獨高年貧困之民，朕所憐也。前下詔假公田，貸種、食。〔一〕其加賜鰥寡孤獨高年帛。二千石嚴教吏謹視遇，毋令失職。」〔二〕

〔一〕師古曰：「貸音吐戴反。」
〔二〕師古曰：「職，常也。失職，謂失其常業也。」

令內郡國舉賢良方正可親民者。

夏四月戊申，立皇太子，大赦天下。賜御史大夫爵關內侯，中二千石爵右庶長，〔一〕天下當爲父後者爵一級。賜廣陵王黃金千斤，諸侯王十五人黃金各百斤，列侯在國者八十七人黃金各二十斤。

〔一〕張晏曰：「自公孫弘後，丞相常封列侯，第二十等爵。故賜御史大夫爵關內侯，第十九等爵也。右庶長，第十一等爵也。」師古曰：「張說非也。此以立皇太子國之大慶，故特賜御史大夫及中二千石爵耳，非常制也。」

冬十月，詔曰：「乃者九月壬申地震，朕甚懼焉。有能箴朕過失，〔一〕及賢良方正直言極諫之士以匡朕之不逮，〔二〕毋諱有司。〔三〕朕既不德，不能附遠，是以邊境屯戍未息。今復飭兵重屯，久勞百姓，〔四〕非所以綏天下也。其罷車騎將軍、右將軍屯兵。」又詔：「池籞未御幸者，假與貧民。〔五〕郡國宮館，勿復修治。流民還歸者，假公田，貸種、食，〔六〕且勿算事。」〔七〕

〔一〕師古曰：「箴，戒也。」

〔二〕師古曰：「匡，正也。」

〔三〕李奇曰：「諱，避也。雖有司在顯職，皆言其過，勿避之。」

〔四〕師古曰：「飭讀與敕同。飭，整也。」

〔五〕蘇林曰：「折竹以繩緜連禁籞，使人不得往來，律名爲籞。」服虔曰：「籞，在池水中作室，可用棲鳥，鳥入中則捕之。」應劭曰：「池者，陂池也。籞者，禁苑也。」臣瓚曰：「籞者，所以養鳥也。設爲藩落，周覆其上，令鳥不得出，猶苑之畜獸，池之畜魚也。」師古曰：「蘇、應二說是。」
〔六〕師古曰：「貸音吐戴反。種，五穀種也，音之勇反。」
〔七〕師古曰：「不出算賦及給繇役。」

十一月，詔曰：「朕既不逮，導民不明，〔一〕反側晨興，念慮萬方，不忘元元。唯恐羞先帝聖德，〔二〕故並舉賢良方正以親萬姓，歷載臻茲，然而俗化闕焉。〔三〕傳曰：『孝弟也者，其爲仁之本與！』〔四〕其令郡國舉孝弟、有行義聞于鄉里者各一人。」

〔一〕師古曰：「不逮者，意慮不及也。」
〔二〕師古曰：「羞謂忝辱也。」
〔三〕師古曰：「多歷年載，迄至于今。」
〔四〕師古曰：「論語載有若之言。與讀曰予。」

十二月，初置廷尉平四人，秩六百石。

省文山郡，并蜀。〔一〕

〔一〕師古曰：「以其縣道隸蜀郡。」

四年春二月，封外祖母爲博平君，故酇侯蕭何曾孫建世爲侯。

詔曰：「導民以孝，則天下順。今百姓或遭衰絰凶災，〔一〕而吏繇事，使不得葬，〔二〕傷孝子之心，朕甚憐之。自今諸有大父母、父母喪者勿繇事，使得收斂送終，盡其子道。」

〔一〕師古曰：「衰音千回反。」

〔二〕師古曰：「繇讀曰徭。事謂役使之。」

夏五月，詔曰：「父子之親，夫婦之道，天性也。雖有患禍，猶蒙死而存之。〔一〕誠愛結于心，仁厚之至也，豈能違之哉！自今子首匿父母，妻匿夫，孫匿大父母，皆勿坐。〔二〕其父母匿子，夫匿妻，大父母匿孫，罪殊死，皆上請廷尉以聞。」

〔一〕師古曰：「蒙，冒也。」

〔二〕師古曰：「凡首匿者，言爲謀首而藏匿罪人。」

立廣川惠王孫文爲廣川王。

秋七月，大司馬霍禹謀反。詔曰：「乃者，東織室令史張赦〔一〕使魏郡豪李竟〔二〕報冠陽侯霍雲謀爲大逆，〔三〕朕以大將軍故，抑而不揚，冀其自新。今大司馬博陸侯禹與母宣成侯夫人顯及從昆弟冠陽侯雲、樂平侯山、〔四〕諸姊妹壻度遼將軍范明友、長信少府鄧廣漢、中郎將任勝、騎都尉趙平、長安男子馮殷等〔五〕謀爲大逆。顯前又使女侍醫淳于衍進藥殺共哀后，〔六〕謀毒太子，欲危宗廟。逆亂不道，咸（服）〔伏〕其辜。諸爲霍氏所詿誤未發覺在吏者，皆赦除之。」八月己酉，皇后霍氏廢。

〔一〕應劭曰：「舊時有東西織室，織作文繡郊廟之服。令史，其主者吏。」

〔二〕文穎曰：「有權勢豪右大家。」

〔三〕如淳曰：「報，白也。」師古曰：「此說非也。謂張赦因李竟傳言於霍雲與共謀反耳，非告白其罪也。赦既爲織室令史，身在京師，不須令李竟發之。據霍禹傳，其事明矣。」

〔四〕師古曰：「據霍光傳，雲、山皆去病之孫，則於禹爲子行也。今此紀言從昆弟，蓋轉寫者脫子字耳。當言從昆弟子也。」

〔五〕晉灼曰：「漢語字子都。」

〔六〕師古曰：「殺讀曰弑。共讀曰恭。」

九月，詔曰：「朕惟百姓失職不贍，遣使者循行郡國問民所疾苦。〔一〕吏或營私煩擾，不顧厥咎，朕甚閔之。今年郡國頗被水災，已振貸。〔二〕鹽，民之食，而賈咸貴，〔三〕衆庶重困。〔四〕其減天下鹽賈。」

〔一〕師古曰：「行音下更反。」

〔二〕師古曰：「貸音吐戴反。」

〔三〕師古曰：「賈讀曰價。其下亦同。」

〔四〕師古曰：「更增其困也。重音直用反。」

又曰：「令甲，死者不可生，〔一〕刑者不可息。〔二〕此先帝之所重，而吏未稱。〔三〕今繫者或以掠辜若飢寒瘐死獄中，〔四〕何用心逆人道也！朕甚痛之。其令郡國歲上繫囚以掠笞若瘐死者所坐名、縣、爵、里，〔五〕丞相御史課殿最以聞。」〔六〕

〔一〕文穎曰：「蕭何承秦法所作爲律令，律經是也。天子詔所增損，不在律上者爲令。令甲者，前帝第一令也。」如淳曰：「令有先後，故有令甲、令乙、令丙。」師古曰：「如說是也。甲乙者，若今之第一、第二篇耳。」

〔二〕李斐曰：「息，滅也。若黥劓者，雖欲改過，其創瘢不可復滅也。」師古曰：「息謂生長也，言劓、刖、臏、劅之徒不可更生長，亦猶謂子爲息耳。李說非也。」

〔三〕師古曰：「稱，副也。」

〔四〕蘇林曰：「瘐，病也。囚徒病，律名爲瘐。」如淳曰：「律，囚以飢寒而死曰瘐。」師古曰：「瘐，病，是也。此言囚或以掠笞及飢寒及疾病而死。如說非矣。瘐音庾，字或作瘉，其音亦同。」

〔五〕師古曰：「名，其人名也。縣，所屬縣也。爵，其身之官爵也。里，所居邑里也。」

〔六〕師古曰：「凡言殿最者：殿，後也，課居後也；最，凡要之首也，課居先也。殿音丁見反。」

十二月，清河王年有罪，廢遷房陵。

元康元年春，以杜東原上爲初陵，更名杜縣爲杜陵。徙丞相、將軍、列侯、吏二千石、訾百萬者杜陵。

三月，詔曰：「乃者鳳皇集泰山、陳留，甘露降未央宮。朕未能章先帝休烈，〔一〕協寧百姓，承天順地，調序四時，獲蒙嘉瑞，賜茲祉福，夙夜兢兢，靡有驕色，內省匪解，永惟罔極。〔三〕書不云乎？『鳳皇來儀，庶（不）〔尹〕允諧。』〔三〕其赦天下徒，賜勤事吏中二千石以下至六百石爵，自中郎吏至五大夫，〔四〕佐史以上二級，民一級，女子百戶牛酒。加賜鰥寡孤獨、三老、孝弟力田帛。所振貸勿收。」

〔一〕師古曰：「章，明也。休，美也。烈，業也。」

〔二〕師古曰：「省，視也。永，長也。惟，思也。罔，無也。極，中也。帝言內自視察，不敢惰怠，長思正道，恐無其中也。解讀曰懈。」

〔三〕師古曰：「虞書益稷之篇曰：『簫韶九成，鳳皇來儀，擊石拊石，百獸率舞，庶尹允諧。』言奏樂之和，鳳皇以其容儀來下，百獸相率舞蹈。是乃衆官之長，信皆和輯，故神人交暢。」

〔四〕師古曰：「賜中郎吏爵得至五大夫。自此以上，每爲等級而高賜也。五大夫，第九爵也。一曰二千石至五大夫，自此以下而差降。」

夏五月，立皇考廟。益奉明園戶爲奉明縣。〔一〕

〔一〕師古曰：「奉明園即皇考史皇孫之所葬也，本名廣明，後追改也。」

復高皇帝功臣絳侯周勃等百三十六人家子孫，令奉祭祀，〔一〕世世勿絕。其毋嗣者，復其次。

〔一〕師古曰：「復音方目反。次下亦同。」

秋八月，詔曰：「朕不明六藝，鬱于大道，〔一〕是以陰陽風雨未時。其博舉吏民，厥身修正，通文學，明於先王之術，宣究其意者，各二人，〔二〕中二千石各一人。」

〔一〕孟康曰：「鬱，不通也。」

〔二〕師古曰：「究，盡也。」

冬，置建章衞尉。

二年春正月，詔曰：「書云『文王作罰，刑茲無赦』，〔一〕今吏修身奉法，未有能稱朕意，朕甚愍焉。其赦天下，與士大夫厲精更始。」〔二〕

〔一〕師古曰：「周書康誥之辭也。言文王作法，罰其有亂常違教者，則刑之無放釋也。」

〔二〕李斐曰：「今吏已修身奉法矣，但不能稱上意耳，故赦之。」師古曰：「言文王作罰，有犯之者，皆刑無赦，今我意有所閔，閔吏修身奉法矣，而未稱其任，故特赦之，與更始耳。李說非也。」

二月乙丑，立皇后王氏。〔一〕賜丞相以下至郎從官錢帛各有差。

〔一〕師古曰：「王奉光女。」

三月，以鳳皇甘露降集，賜天下吏爵二級，民一級，女子百戶牛酒，鰥寡孤獨高年帛。

夏五月，詔曰：「獄者萬民之命，所以禁暴止邪，養育羣生也。能使生者不怨，死者不恨，則可謂文吏矣。今則不然。用法或持巧心，析律貳端，深淺不平，〔一〕增辭飾非，以成其罪。奏不如實，上亦亡繇知。〔二〕此朕之不明，吏之不稱，四方黎民將何仰哉！二千石各察官屬，勿用此人。吏務平法。或擅興繇役，飾廚傳，稱過使客，〔三〕越職踰法，以取名譽，譬猶踐薄冰以待白日，豈不殆哉！〔四〕今天下頗被疾疫之災，朕甚愍之。其令郡國被災甚者，毋出今年租賦。」

〔一〕師古曰：「析，分也。謂分破律條，妄生端緒，以出入人罪。」

〔二〕師古曰：「上者，天子自謂也。繇讀與由同。」

〔三〕韋昭曰：「廚謂飲食，傳謂傳舍。言修飾意氣，以稱過使而已。」師古曰：「使人及賓客來者，稱其意而遣之，令過去也。稱音尺孕反。過者，過度之過也。」

〔四〕師古曰：「殆，危也。」

又曰：「聞古天子之名，難知而易諱也。今百姓多上書觸諱以犯罪者，朕甚憐之。其更諱詢。諸觸諱在令前者，赦之。」〔一〕

〔一〕師古曰：「令謂今詔書。」

冬，京兆尹趙廣漢有罪，要斬。

三年春，以神爵數集泰山，賜諸侯王、丞相、將軍、列侯、二千石金，郎從官帛，各有差。賜天下吏爵二級，民一級，女子百戶牛酒，鰥寡孤獨高年帛。

三月，詔曰：「蓋聞象有罪，舜封之。〔一〕骨肉之親粲而不殊。〔二〕其封故昌邑王賀爲海昏侯。」

〔一〕應劭曰：「象者，舜弟也，日以殺舜爲事。舜爲天子，猶封之於有鼻之國。」

〔二〕師古曰：「粲，明也。殊，絕也。當明於仁恩不離絕也。」

又曰：「朕微眇時，御史大夫丙吉、中郎將史曾、史玄、長樂衞尉許舜、侍中光祿大夫許延壽皆與朕有舊恩。及故掖庭令張賀輔導朕躬，修文學經術，恩惠卓異，厥功茂焉。詩不云乎？『無德不報。』〔一〕封賀所子弟子侍中中郎將彭祖爲陽都侯，〔二〕追賜賀謚曰陽都哀侯。吉、曾、玄、舜、延壽皆爲列侯。故人下至郡邸獄復作〔三〕嘗有阿保之功，〔四〕皆受官祿田宅財物，各以恩深淺報之。」

〔一〕師古曰：「大雅抑之詩也。言受人之德必有報也。」

〔二〕如淳曰：「賀，張安世兄，有一子早死，故以彭祖爲子。」師古曰：「所子者，言養弟子以爲子。」

〔三〕師古曰：「謂胡組、趙徵卿之輩也。復音扶目反。」

〔四〕臣瓚曰：「阿，倚；保，養也。」

夏六月，詔曰：「前年夏，神爵集雍。〔一〕今春，五色鳥以萬數飛過屬縣，〔二〕翺翔而舞，欲集未下。其令三輔毋得以春夏擿巢探卵，彈射飛鳥。〔三〕具為令。」

〔一〕晉灼曰：「漢注大如鷃爵，黃喉，白頸，黑背，腹斑文也。」師古曰：「鷃音晏。」

〔二〕師古曰：「三輔諸縣也。」

〔三〕師古曰：「擿音佗狄反。射音食亦反。」

立皇子欽為淮陽王。

四年春正月，詔曰：「朕惟耆老之人，髮齒墮落，血氣衰微，亦亡暴虐之心，今或罹文法，拘執囹圄，不終天命，朕甚憐之。自今以來，諸年八十以上，非誣告殺傷人，佗皆勿坐。」〔一〕

〔一〕師古曰：「誣告人及殺傷人皆如舊法，其餘則不論。」

遣大中大夫彊等十二人循行天下，〔一〕存問鰥寡，覽觀風俗，察吏治得失，舉茂材異倫之士。

〔一〕師古曰：「行音下更反。」

二月，河東霍徵史等謀反，誅。

三月，詔曰：「乃者，神爵五采以萬數集長樂、未央、北宮、高寢、甘泉泰畤殿中及上林苑。朕之不逮，寡于德厚，屢獲嘉祥，非朕之任。其賜天下吏爵二級，民一級，女子百戶牛酒。加賜三老、孝弟力田帛，人二匹，鰥寡孤獨各一匹。」

秋八月，賜故右扶風尹翁歸子黃金百斤，以奉其祭祀。又賜功臣適後〔一〕黃金，人二十斤。

〔一〕師古曰：「適讀曰嫡，承嗣者也。或子或孫，不拘後裔，故總言後也。」

丙寅，大司馬衞將軍安世薨。

比年豐，穀石五錢。〔一〕

〔一〕師古曰：「比，頻也。」

神爵元年〔一〕春正月，行幸甘泉，郊泰畤。三月，行幸河東，祠后土。詔曰：「朕承宗廟，戰戰栗栗，惟萬事統，未燭厥理。〔二〕乃元康四年嘉穀玄稷降于郡國，〔三〕神爵仍集，〔四〕金芝九莖產于函德殿銅池中，〔五〕九眞獻奇獸，〔六〕南郡獲白虎威鳳爲寶。〔七〕朕之不明，震于珍物，〔八〕飭躬齋精，祈爲百姓。〔九〕東濟大河，天氣清靜，神魚舞河。幸萬歲宮，神爵翔集。〔一〇〕朕之不德，懼不能任。其以五年爲神爵元年。賜天下勤事吏爵二級，民一級，女子百戶牛酒，鰥寡孤獨高年帛。所振貸物勿收。行所過毋出田租。」

〔一〕應劭曰：「前年神爵集于長樂宮，故改年。」

〔二〕師古曰：「惟，思也。統，緒也。燭，照也。」

〔三〕服虔曰：「玄稷，黑粟也。」

〔四〕師古曰：「仍，頻也。」

〔五〕服虔曰：「金芝，色像金也。」如淳曰：「函亦含也。銅池，承霤也。」晉灼曰：「以銅作池也。」師古曰：「函德，殿名也。銅池，承霤是也，以銅爲之。函讀與含同。」

〔六〕蘇林曰：「白象也。」晉灼曰：「漢注駒形，（鱗）〔麟〕色，牛角，仁而愛人。」師古曰：「非白象也，晉說是矣。」

〔七〕服虔曰：「威鳳，鳥名也。」晉灼曰：「鳳之有威儀者也，與尚書『鳳皇來儀』同意。」師古曰：「晉說是。」

〔八〕服虔曰：「震，驚也。」蘇林曰：「震，動也。珍物，瑞應也。」師古曰：「蘇說是也。獲珍物而心感動也。」

〔九〕師古曰：「飭與敕同。爲音于僞反。」

〔一〇〕服虔曰：「萬歲宮在東郡平陽縣，今有肆。」晉灼曰：「黃圖汾陰有萬歲宮，是時幸河東。」師古曰：「晉說是。」

西羌反，發三輔、中都官徒弛刑，〔一〕及應募佽飛射士、〔二〕羽林孤兒，〔三〕胡、越騎，三河、潁川、沛郡、淮陽、汝南材官，金城、隴西、天水、安定、北地、上郡騎士、羌騎，詣金城。夏四月，遣後將軍趙充國、彊弩將軍許延壽擊西羌。

〔一〕李奇曰：「弛，廢也。謂若今徒解鉗釱赭衣，置任輸作也。」師古曰：「中都官，京師諸官府也。漢儀注長安中諸官獄三十六所。弛刑，李說是也。若今徒囚但不枷鎖而責保散役之耳。弛音式爾反。」

〔二〕服虔曰：「周時度江，越人在船下負船，將覆之。佽飛入水殺之。漢因以材力名官。」如淳曰：「呂氏春秋荆有茲非，得寶劍於干將。度江中流，兩蛟繞舟。茲非拔寶劍赴江刺兩蛟殺之。荆王聞之，任以執圭。後世以爲勇力之官。茲、佽音相近。」臣瓚曰：「本秦左弋官也，武帝改曰佽飛官，有一令九丞，在上林苑中結矰繳以弋鳧鴈，歲萬頭，以供祀宗廟。許慎曰『佽，便利也』。便利矰繳以弋鳧鴈，故曰佽飛。詩曰『抉拾既佽』者也。」師古曰：「取古勇力人以名官，熊渠之類是也。亦因取其便利輕疾若飛，故號佽飛。弋鳧鴈事，自使佽飛爲之，非取飛鳥爲名。瓚說失之。佽音次。」

〔三〕應劭曰：「天有羽林大將軍之星。林，喻若林木之盛。羽，羽翼鷙擊之意。故以名武官焉。」如淳曰：「百官表取從軍死事者之子養羽林，官教以五兵，號曰羽林孤兒，少壯令從軍。漢儀注羽林從官七百人。」

六月，有星孛于東方。

卽拜酒泉太守辛武賢爲破羌將軍，〔一〕與兩將軍並進。〔二〕詔曰：「軍旅暴露，轉輸煩勞，其令諸侯王、列侯、蠻夷王侯君長當朝二年者，皆毋朝。」〔三〕

〔一〕師古曰：「卽，就也。就酒泉而拜之，不徵入。」

〔二〕師古曰：「兩將軍，卽趙充國、許延壽。」

〔三〕師古曰：「朝來年之正月。」

秋，賜故大司農朱邑子黃金百斤，以奉祭祀。後將軍充國言屯田之計，語在充國傳。

二年春二月，詔曰：「乃者正月乙丑，鳳皇甘露降集京師，羣鳥從以萬數。朕之不德，屢獲天福，祗事不怠，其赦天下。」

夏五月，羌虜降服，斬其首惡大豪楊玉、酋非首。〔一〕置金城屬國以處降羌。

〔一〕文穎曰：「羌胡名大帥爲酋，如中國言魁。非首，其名也。」如淳曰：「酋音酒醕熟。」師古曰：「文說失矣。酋者，自其魁帥之稱，而此酋不當其義也。蓋首惡者，唱首爲惡也。大豪者，魁帥也。楊玉及酋非皆人名，言斬此二人之首級耳。既已言大豪，不當重言酋。且趙充國傳又云酋非、楊玉首，此其明驗也。酋音才由反。」

秋，匈奴日逐王先賢撣〔一〕將人衆萬餘來降。使都護西域騎都尉鄭吉迎日逐，破車師，皆封列侯。

〔一〕鄭氏曰：「撣音纏束之纏。」晉灼曰：「音田。」師古曰：「鄭音是也。」

九月，司隸校尉蓋寬饒有罪，下有司，自殺。

匈奴單于遣名王奉獻，〔一〕賀正月，始和親。〔二〕

〔一〕師古曰：「名王者，謂有大名，以別諸小王也。」

〔二〕師古曰：「賀來歲之正月。」

三年春，起樂游苑。〔一〕

〔一〕師古曰：「三輔黃圖云在杜陵西北。又關中記云宣帝立廟於曲池之北，號樂游。案其處則今之所呼樂游廟者是也，其餘基尚可識焉。藍本爲苑，後因立廟乎？欒音來各反。」

三月丙午，丞相相薨。〔一〕

〔一〕師古曰：「魏相。」

秋八月，詔曰：「吏不廉平則治道衰。今小吏皆勤事，而奉祿薄，〔一〕欲其毋侵漁百姓，難矣。〔二〕其益吏百石以下奉十五。」〔三〕

〔一〕師古曰：「奉音扶用反。其下亦同。」

〔二〕如淳曰：「漁，奪也，謂奪其利便也。」晉灼曰：「許愼云捕魚之字也。」師古曰：「漁者，若言漁獵也。晉說是也。」

〔三〕如淳曰：「律，百石奉月六百。」韋昭曰：「若食一斛，則益五斗。」

四年春二月，詔曰：「乃者鳳皇甘露降集京師，嘉瑞並見。修興泰一、五帝、后土之祠，祈爲百姓蒙祉福。〔一〕鸞鳳萬擧，蜚覽翺翔，集止于旁。〔二〕齋戒之暮，神光顯著。薦鬯之夕，神光交錯。〔三〕或降于天，或登于地，或從四方來集于壇。上帝嘉嚮，海內承福。〔四〕其赦天下，賜民爵一級，女子百戶牛酒，鰥寡孤獨高年帛。」

〔一〕師古曰：「爲音于僞反。」

〔二〕師古曰：「萬擧，猶言擧以萬數也。蜚，古飛字也。言鸞鳳飛翔，覽觀都邑也。」

〔三〕師古曰：「鬯，香酒，所以祭神。」

〔四〕師古曰：「嚮讀曰饗。」

夏四月，潁川太守黃霸以治行尤異秩中二千石，〔一〕賜爵關內侯，黃金百斤。及潁川吏民有行義者爵，人二級，力田一級，貞婦順女帛。

〔一〕如淳曰：「太守雖號二千石，有千石、八百石居者。有功德茂異乃得滿秩。霸得中二千石，九卿秩也。」晉灼曰：「此直謂二千石增秩爲中二千石耳，不謂滿不滿也。」師古曰：「如說非也。霸舊已二千石矣，今增爲中二千石，以寵異之。此與地節三年增膠東相王成秩其事同耳。漢制，秩二千石者一歲得一千四百四十石，實不滿二千石也，其云中二千石者，一歲得二千一百六十石。舉成數言之，故曰中二千石。中者，滿也。」

令內郡國舉賢良可親民者各一人。

五月，匈奴單于遣弟呼留若王勝之來朝。〔一〕

〔一〕師古曰：「呼留若者，王之號也，勝之其人名。」

冬十月，鳳皇十一集杜陵。

十一月，河南太守嚴延年有罪，棄市。

十二月，鳳皇集上林。

五鳳元年〔一〕春正月，行幸甘泉，郊泰畤。

〔一〕應劭曰：「先者鳳皇五至，因以改元云。」

皇太子冠。皇太后賜丞相、將軍、列侯、中二千石帛，人百匹，大夫人八十匹，〔夫人六十匹〕。又賜列侯嗣子爵五大夫，男子爲父後者爵一級。

夏，赦徒作杜陵者。

冬十二月乙酉朔，日有蝕之。

左馮翊韓延壽有罪，棄市。

二年春三月，行幸雍，祠五畤。

夏四月己丑，大司馬車騎將軍增薨。〔一〕

〔一〕師古曰：「韓增。」

秋八月，詔曰：「夫婚姻之禮，人倫之大者也；酒食之會，所以行禮樂也。今郡國二千石或擅爲苛禁，禁民嫁娶不得具酒食相賀召。由是廢鄉黨之禮，令民亡所樂，非所以導民也。詩不云乎？『民之失德，乾餱以愆。』〔一〕勿行苛政。」

〔一〕師古曰：「小雅伐木之詩也。餱，食也。愆，過也。言人無恩德，不相飲食，則闕乾餱之事，爲過惡也。乾音干。餱音侯。」

冬十一月，匈奴呼遬累單于帥衆來降，〔一〕封爲列侯。

〔一〕師古曰：「遬，古速字。累音力追（切）〔反〕。」

十二月，平通侯（陽）〔楊〕惲〔一〕坐前爲光祿勳有罪，免爲庶人。不悔過，怨望，大逆不道，要斬。

〔一〕師古曰：「惲音於吻反。」

三年春正月癸卯，丞相吉薨。〔一〕

〔一〕師古曰：「丙吉也。」

三月，行幸河東，祠后土。詔曰：「往者匈奴數爲邊寇，百姓被其害。朕承至尊，未能綏定匈奴。虛閭權渠單于請求和親，病死。右賢王屠耆堂代立。骨肉大臣立虛閭權渠單于子爲呼韓邪單于，擊殺屠耆堂。諸王並自立，分爲五單于，更相攻擊，〔一〕死者以萬數，畜產大耗什八九，〔二〕人民飢餓，相燔燒以求食，〔三〕因大乖亂。單于閼氏〔四〕子孫昆弟及呼遬累單于、名王、右伊秩訾、且渠、當戶以下〔五〕將衆五萬餘人來降歸義。單于稱臣，使弟奉珍朝賀正月，北邊晏然，靡有兵革之事。朕飭躬齊戒，〔六〕郊上帝，祠后土，神光並見，或興于谷，燭燿齊宮，十有餘刻。〔七〕甘露降，神爵集。已詔有司告祠上帝、宗廟。三月辛丑，鸞鳳又集長樂宮東闕中樹上，〔八〕飛下止地，文章五色，留十餘刻，吏民並觀。朕之不敏，懼不能任，婁蒙嘉瑞，獲茲祉福。〔九〕書不云乎？『雖休勿休，祗事不怠。』〔一〇〕公卿大夫其勗焉。〔一一〕減天下口錢。赦殊死以下。賜民爵一級，女子百戶牛酒。大酺五日。加賜鰥寡孤獨高年帛。」

〔一〕師古曰：「更音工衡反。」

〔二〕師古曰：「耗，損也。言十損其八九也。耗音呼到反。」

〔三〕師古曰：「燔，焚也，音扶元反。」

〔四〕服虔曰：「閼氏音焉支。」

〔五〕師古曰：「伊秩訾、且渠、當戶，皆匈奴官號也。訾音子移反。且音子余反。」

〔六〕師古曰：「飭與敕同。」

〔七〕師古曰：「燭亦照也。刻者，以漏言時也。」

〔八〕張晏曰：「門外闕內（行）〔衡〕馬之裏樹也。」

〔九〕師古曰：「婁，古屢字。」

〔一〇〕師古曰：「周書呂刑之辭。言雖見（裒）〔褒〕美，勿自以爲有德美，當敬於事，無怠（墯）〔惰〕也。」

〔一一〕師古曰：「勗，勉也。」

置西河、北地屬國以處匈奴降者。

四年春正月，廣陵王胥有罪，自殺。匈奴單于稱臣，遣弟谷蠡王入侍。〔一〕以邊塞亡寇，減戍卒什二。

〔一〕服虔曰：「谷音鹿。」韋昭曰：「蠡音如羉反。」師古曰：「谷，服音是也。蠡音落奚反。」

大司農中丞耿壽昌奏設常平倉，以給北邊，〔一〕省轉漕。賜爵關內侯。

〔一〕應劭曰：「壽昌奏令邊郡穀賤時增賈而糴，穀貴時減賈而糶，名曰常平倉。見食貨志。」

夏四月辛丑晦，日有蝕之。詔曰：「皇天見異，以戒朕躬，是朕之不逮，吏之不稱也。〔一〕以前使使者問民所疾苦，復遣丞相、御史掾二十四人循行天下，〔二〕舉冤獄，察擅為苛禁深刻不改者。」

〔一〕師古曰：「稱，副也。」

〔二〕師古曰：「行音下更反。」

甘露元年春正月，行幸甘泉，郊泰畤。匈奴呼韓邪單于遣子右賢王銖婁渠堂入侍。〔一〕

〔一〕師古曰：「銖音殊。婁音力于反。」

二月丁巳，大司馬車騎將軍延壽薨。〔一〕

〔一〕文穎曰「許延壽。」

夏四月，黃龍見新豐。

丙申，太上皇廟火。甲辰，孝文廟火。上素服五日。

冬，匈奴單于遣弟左賢王來朝賀。

二年春正月，立皇子囂爲定陶王。〔一〕

〔一〕師古曰：「囂音敖。」

詔曰：「乃者鳳皇甘露降集，黃龍登興，醴泉滂流，枯槁榮茂，〔一〕神光並見，咸受禎祥。〔二〕其赦天下。減民算三十。〔三〕賜諸侯王、丞相、將軍、列侯、中二千石金錢各有差。賜民爵一級，女子百戶牛酒，鰥寡孤獨高年帛。」

〔一〕師古曰：「槁音口老反。」

〔二〕師古曰：「禎，正也。祥，福也。禎音貞。」

〔三〕師古曰：「一算減錢三十也。」

夏四月，遣護軍都尉祿將兵擊珠崖。

秋九月，立皇子宇爲東平王。

冬十二月，行幸萯陽宮〔一〕屬玉觀。〔二〕

〔一〕應劭曰：「宮在鄠，秦文王所起。」伏儼曰：「在扶風。」李斐曰：「萯音倍。」師古曰：「應說、李音是也。」

〔二〕服虔曰：「以玉飾，因名焉，在扶風。」李奇曰：「屬玉音鸑鷟。其上有此鳥，因以爲名。」晉灼曰：「屬玉，水鳥，似鵁鶄，以名觀也。」師古曰：「晉說是也。屬音之欲反。」

匈奴呼韓邪單于款五原塞，〔一〕願奉國珍朝三年正月。〔二〕詔有司議。咸曰：「聖王之制，施德行禮，先京師而後諸夏，先諸夏而後夷狄。詩云：『率禮不越，遂視既發。相土烈烈，海外有截。』〔三〕陛下聖德，充塞天地，光被四表。〔四〕匈奴單于鄉風慕義，〔五〕舉國同心，奉珍朝賀，自古未之有也。單于非正朔所加，王者所客也，禮儀宜如諸侯王，稱臣昧死再拜，位次諸侯王下。」詔曰：「蓋聞五帝三王，禮所不施，不及以政。〔六〕今匈奴單于稱北藩臣，朝正月，朕之不逮，德不能弘覆。其以客禮待之，位在諸侯王上。」

〔一〕師古曰：「款，叩也。」

〔二〕師古曰：「欲於甘露三年正月行朝禮。」

〔三〕文穎曰：「遂，徧也。發，行也。言契能使其民率禮不越法度，徧承視其教令奉順而行也。相土，契孫也。烈烈，威也。截，整齊也。威武之盛烈烈然，四海之外率服整齊也。」師古曰：「此商頌長發之詩。」

〔四〕師古曰：「四表，四方之外也。」

〔五〕師古曰：「鄉讀曰嚮。」

〔六〕師古曰：「言荒外之人非禮所設者，政刑亦不及。」

三年春正月，行幸甘泉，郊泰畤。匈奴呼韓邪單于稽侯狦來朝，〔一〕贊謁稱藩臣而不名。賜以璽綬、冠帶、衣裳、安車、駟馬、黃金、錦繡、繒絮。使有司道單于〔二〕先行就邸長安，宿長平。上自甘泉宿池陽宮。上登長平阪，〔三〕詔單于毋謁。〔四〕其左右當戶之羣皆列觀，〔五〕蠻夷君長王侯迎者數萬人，夾道陳。上登渭橋，咸稱萬歲。單于就邸。置酒建章宮，饗賜單于，觀以珍寶。〔六〕二月，單于罷歸。〔之〕〔遣〕長樂衞尉高昌侯忠、〔七〕車騎都尉昌、〔八〕騎都尉虎〔九〕將萬六千騎送單于。單于居幕南，保光祿城。〔一〇〕詔北邊振穀食。郅支單于遠遁，〔一一〕匈奴遂定。

〔一〕應劭曰：「狦音若訕。」李奇曰：「狦音山。」師古曰：「稽音古奚反。狦音刪，又音先安反。」

〔二〕師古曰：「道讀曰導。導，引也。」

〔三〕如淳曰：「阪名也，在池陽南。上原之阪有長平觀，去長安五十里。」師古曰：「涇水之南原，即今所謂眭城阪也。」

〔四〕師古曰：「不拜見也。」

〔五〕孟康曰：「左右當戶，匈奴官名。」

〔六〕師古曰：「觀，示也。」

〔七〕晉灼曰：「功臣表董忠。」

〔八〕晉灼曰：「韓昌。」

〔九〕文穎曰：「不（異）〔知〕姓。」晉灼曰：「百官表唯記三輔、郡以上。若此皆不見姓，無從知之。」

〔一〇〕孟康曰：「前光祿徐自為所築城。」

〔一一〕師古曰：「郅音質。」

詔曰：「乃者鳳皇集新蔡，羣鳥四面行列，皆鄉鳳皇立，以萬數。〔一〕其賜汝南太守帛百匹，新蔡長吏、三老、孝弟力田、鰥寡孤獨各有差。賜民爵二級。毋出今年租。」

〔一〕師古曰：「行音胡郎反。鄉讀曰嚮。」

三月己丑，丞相霸薨。〔一〕

〔一〕文穎曰：「黃霸。」

詔諸儒講五經同異，太子太傅蕭望之等平奏其議，上親稱制臨決焉。乃立梁丘易、大小夏侯尚書、穀梁春秋博士。

冬，烏孫公主來歸。〔一〕

〔一〕應劭曰：「楚王女解憂。」

四年夏，廣川王海陽有罪，廢遷房陵。

冬十月丁卯，未央宮宣室閣火。

黃龍元年〔一〕春正月，行幸甘泉，郊泰畤。

〔一〕應劭曰：「先是黃龍見新豐，因以冠元焉。」師古曰：「漢注云此年二月黃龍見廣漢郡，故改年。然則應說非也。見新豐者於此五載矣。」

匈奴呼韓邪單于來朝，禮賜如初。二月，單于歸國。

詔曰：「蓋聞上古之治，君臣同心，舉措曲直，各得其所。〔一〕是以上下和洽，海內康平，其德弗可及已。〔二〕朕既不明，數申詔公卿大夫務行寬大，〔三〕順民所疾苦，〔四〕將欲配三王之隆，明先帝之德也。今吏或以不禁姦邪爲寬大，縱釋有罪爲不苛，或以酷惡爲賢，皆失其中。〔五〕奉詔宣化如此，豈不謬哉！方今天下少事，繇役省減，兵革不動，而民多貧，盜賊不止，其咎安在？上計簿，具文而已，〔六〕務爲欺謾，以避其課。〔七〕三公不以爲意，朕將何任？〔八〕諸請詔省卒徒自給者皆止。〔九〕御史察計簿，疑非實者，按之，使眞僞毋相亂。」

〔一〕師古曰：「措，置也，音千故反。」

〔二〕師古曰：「已，語終辭。」

〔三〕師古曰：「申，束也，謂約束之。」

〔四〕師古曰：「知所疾苦，則順其意也。」
〔五〕師古曰：「中音竹仲反。」
〔六〕師古曰：「雖有其文，而實不副也。簿音步戶反。其下亦同。」
〔七〕師古曰：「謾，誑言也，音慢，又音莫連反。」
〔八〕師古曰：「言無所委任。」
〔九〕應劭曰：「時有請云，詔使出者省卒徒，以其直自給，不復取稟假。雖有進入於官，非舊章也，故絕之。」張晏曰：「先是武帝以用度不足，宜有以益官者。或奉使，求不受奉祿，自省其徒衆，以取其稟者或自給。於是姦吏緣以爲利，所得多於本祿，故絕之。」如淳曰：「是時有所省卒徒，而羣臣有請之以自給官府者。先時聽與之，今更悔之，不復聽也。」師古曰：「應、張二說是也。」

三月，有星孛于王良、閣道，入紫宮。〔一〕

〔一〕蘇林曰：「皆星名。」

夏四月，詔曰：「舉廉吏，誠欲得其眞也。吏六百石位大夫，有罪先請，秩祿上通，足以效其賢材，自今以來毋得舉。」〔一〕

〔一〕韋昭曰：「吏六百石者不得復舉爲廉吏也。」

冬十二月甲戌，帝崩于未央宮。〔一〕癸巳，尊皇太后曰太皇太后。〔二〕

〔一〕臣瓚曰：「帝年十八即位，即位二十五年，壽四十（八）〔三〕。」

〔二〕師古曰：「於此已書尊太皇太后，而元紀之首又重書之。然尊太皇太后及皇太后宜同一時，則元紀爲是，而此紀誤重之。」

贊曰：孝宣之治，信賞必罰，〔一〕綜核名實，政事文學法理之士咸精其能，至于技巧工匠器械，自元、成間鮮能及之，〔二〕亦足以知吏稱其職，民安其業也。遭值匈奴乖亂，推亡固存，〔三〕信威北夷，〔四〕單于慕義，稽首稱藩。功光祖宗，業垂後嗣，可謂中興，侔德殷宗、周宣矣。〔五〕

〔一〕師古曰：「有功必賞，有罪必罰。」

〔二〕師古曰：「械者，器之總名也。一曰有盛爲械，無盛爲器。鮮，少也，言少有能及之者。鮮音先踐反。」

〔三〕李奇曰：「推亡者，若紂爲無道，天下苦之，有滅亡之形，周武遂推而弊之。固存者，譬如鄰國以道涖民，上下一心，勢必能存，因就而堅固之。今匈奴內自奮爭有事，故宣帝能朝呼韓邪而固存之，走郅支單于使遠遁，是謂推亡也。」師古曰：「尙書仲虺之誥曰『推亡固存，邦乃其昌』。言有亡道者則推而滅之，有存道者則輔而固之。王者如此，國乃昌盛，故此贊引之。」

〔四〕師古曰：「信讀爲申，古通用字。一說恩信及威並著北夷。」

〔五〕師古曰：「侔等殷之高宗及周宣王也。」

校勘記

二三七頁四行　亦以(自是)〔是自〕怪。　景祐、殿、局本都作「是自」。

二四一頁一三行　宋(踦)〔畸〕也。　殿本作「畸」。　王先謙說作「畸」是。

二四一頁一七行　成帝(侍)〔時〕，　景祐、殿本「侍」都作「時」。

二四七頁一五行　〔自丞相〕以下各奉職奏事，　景祐、殿本都有「自丞相」三字，通鑑同。

二五一頁一四行　咸(服)〔伏〕其辜。　景祐、殿本都作「伏」。

二五四頁二行　庶(不)〔尹〕允諧。　景祐、汲古、殿、局本都作「尹」。

二六〇頁七行　(鱗)〔麟〕色，　景祐、殿本都作「麟」。　王先謙說作「麟」是。

二六五頁二行　大夫人八十四，〔夫人六十四〕。　景祐、殿本有此五字。

二六六頁三行　平通侯(陽)〔楊〕惲　景祐本作「揚」。殿、局本都作「楊」。王先謙說作「楊」是。

二六七頁一三行　(行)〔衡〕馬之裏樹也。　景祐、殿本都作「衡」。

二六七頁一四行　言雖見(裒)〔褒〕美，無怠(墮)〔惰〕也。　殿本作「褒」作「惰」。　王先謙說作「褒」「惰」是。

二七一頁八行　(之)〔遣〕長樂衞尉高昌侯忠、　景祐、殿本都作「遣」。錢大昭說當作「遣」。

二七二頁三行　不(異)〔知〕姓。　景祐、殿、局本都作「知」。　王先謙說作「知」是。

二七四頁一六行　壽四十(八)〔三〕。　景祐、殿本都作「三」，通鑑同。　王鳴盛說「八」字誤。

漢書卷九

元帝紀第九

孝元皇帝，〔一〕宣帝太子也。母曰共哀許皇后，〔二〕宣帝微時生民間。年二歲，宣帝即位。八歲，立爲太子。〔三〕壯大，柔仁好儒。見宣帝所用多文法吏，以刑名繩下，〔四〕大臣楊惲、（盍）〔蓋〕寬饒等坐刺譏辭語爲罪而誅，〔五〕嘗侍燕從容言：〔六〕「陛下持刑太深，宜用儒生。」宣帝作色曰：〔七〕「漢家自有制度，本以霸王道雜之，奈何純（住）〔任〕德教，用周政乎！〔八〕且俗儒不達時宜，好是古非今，使人眩於名實，〔九〕不知所守，何足委任！」乃歎曰：「亂我家者，太子也！」繇是疏太子而愛淮陽王，〔一〇〕曰：「淮陽王明察好法，宜爲吾子。」而王母張倢伃尤幸。上有意欲用淮陽王代太子，然以少依許氏，俱從微起，故終不背焉。

〔一〕荀悅曰：「諱奭之字曰盛。」應劭曰：「謚法『行義悅民曰元』。」師古曰：「奭音式亦反。」

〔二〕張晏曰：「禮，婦人從夫謚。閔其見殺，故兼二謚。」師古曰：「共讀曰恭。」

〔三〕師古曰：「宣帝即位之明年改元曰本始。本始凡四年而改元曰地節。地節三年立皇太子。若初即位年二歲，則立爲太子時年九歲矣。又宣帝以元平元年七月即位，而外戚傳云許后生元帝數月，宣帝立爲帝。是則即位時太子未必二歲也。參校前後衆文，此紀進退爲錯。」

〔四〕晉灼曰：「刑，刑家；名，名家也。太史公曰：『法家嚴而少恩，名家儉而善失眞。』」師古曰：「晉說非也。劉向別錄云申子學號刑名。刑名者，以名責實，尊君卑臣，崇上抑下。宣帝好觀其君臣篇。繩謂彈治之耳。」

〔五〕師古曰：「憚音於吻反。」

〔六〕師古曰：「從音千容反。」

〔七〕師古曰：「作，動也。意怒故動色。」

〔八〕師古曰：「姬周之政。」

〔九〕師古曰：「眩，亂視也，音胡眄反。」

〔10〕師古曰：「繇讀與由同。」

黃龍元年十二月，宣帝崩。癸巳，太子即皇帝位，謁高廟。尊皇太后曰太皇太后，〔一〕皇后曰皇太后。〔二〕

〔一〕蘇林曰：「上官后。」

〔二〕文穎曰：「卬成王皇后，母養元帝者也。」

初元元年春正月辛丑，孝宣皇帝葬杜陵。〔一〕賜諸侯王、公主、列侯黃金，吏二千石以下錢帛，各有差。大赦天下。三月，封皇太后兄侍中中郎將王舜爲安平侯。丙午，立皇后王氏。以三輔、太常、郡國公田及苑可省者振業貧民，〔二〕貲不滿千錢者賦貸種、食。〔三〕封外祖父平恩戴侯同產弟子中常侍許嘉爲平恩侯，奉戴侯後。〔四〕

〔一〕臣瓚曰：「自崩至葬凡二十八日。杜陵在長安南五十里也。」

〔二〕師古曰：「振起之，令有作業。」

〔三〕師古曰：「賦，給與之也。貸，假也。貸音土戴反。種音之勇反。」

〔四〕文穎曰：「戴侯，許廣漢。」

夏四月，詔曰：「朕承先帝之聖緒，獲奉宗廟，戰戰兢兢。間者地數動而未靜，懼於天地之戒，不知所繇。〔一〕方田作時，朕憂蒸庶之失業，〔二〕臨遣光祿大夫褒等十二人〔三〕循行天下，〔四〕存問耆老鰥寡孤獨困乏失職之民，〔五〕延登賢俊，招顯側陋，因覽風俗之化。相守二千石誠能正躬勞力，〔六〕宣明教化，以親萬姓，則六合之內和親，庶幾虖無憂矣。書不云乎？『股肱良哉，庶事康哉！』〔七〕布告天下，使明知朕意。」又曰：「關東今年穀不登，民多困乏。其令郡國被災害甚者毋出租賦。江海陂湖園池屬少府者以假貧民，〔八〕勿租賦。賜宗室有屬籍者馬一匹至二駟，〔九〕三老、孝者帛五匹，弟者、力田三匹，鰥寡孤獨二匹，吏民五十戶牛酒。」〔一〇〕

〔一〕師古曰：「繇與由同。」
〔二〕師古曰：「烝，衆也。」
〔三〕應劭曰：「自臨面約敕乃遣之。」
〔四〕師古曰：「行音下更反。」
〔五〕師古曰：「失職，失其常業。」
〔六〕師古曰：「相者，諸侯王相也。守，郡守也。」
〔七〕師古曰：「虞書益稷之辭也。言君能任賢，股肱之臣皆得良善，則衆事安寧。」
〔八〕師古曰：「湖，深水。」
〔九〕師古曰：「二駟，八匹。」
〔一〇〕師古曰：「以五十戶爲率，共賜之。」

六月，以民疾疫，令太官損膳，減樂府員，省苑馬，以振困乏。

秋八月，上郡屬國降胡萬餘人亡入匈奴。

九月，關東郡國十一大水，饑，或人相食，轉旁郡錢穀以相救。詔曰：「間者陰陽不調，黎民饑寒，無以保治，〔一〕惟德淺薄，不足以充入舊貫之居。〔二〕其令諸宮館希御幸者勿繕治，〔三〕太僕減穀食馬，水衡省肉食獸。」〔四〕

〔一〕師古曰：「保，安也。」

〔二〕應劭曰：「言己德淺薄，不足以充舊貫。舊貫者，常居也。」師古曰：「論語稱閔子騫云『仍舊貫』。帝自謙，言不足充入先帝之宮室，故引以爲言也。」

〔三〕師古曰：「繕，補也。」

〔四〕師古曰：「減謂損其數。省者，全去之。」

二年春正月，行幸甘泉，郊泰畤。賜雲陽民爵一級，女子百戶牛酒。

立弟竟爲清河王。

三月，立廣陵厲王太子霸爲王。

詔罷黃門乘輿狗馬，〔一〕水衡禁囿、宜春下苑、〔二〕少府佽飛外池、〔三〕嚴籞池田〔四〕假與貧民。詔曰：「蓋聞賢聖在位，陰陽和，風雨時，日月光，星辰靜，黎庶康寧，考終厥命。〔五〕今朕恭承天地，託于公侯之上，明不能燭，德不能綏，災異並臻，連年不息。乃二月戊午，地震于隴西郡，毁落太上皇廟殿壁木飾，壞敗豲道縣城郭官寺及民室屋，壓殺人衆。〔六〕山崩地裂，水泉湧出。天惟降災，震驚朕師。〔七〕治有大虧，咎至於斯。夙夜兢兢，不通大變，深惟鬱悼，未知其序。〔八〕間者歲數不登，元元困乏，不勝饑寒，以陷刑辟，朕甚閔之。郡國被地動災甚者無出租賦。赦天下。有可蠲除減省以便萬姓者，條奏，毋有所諱。丞相、御史、中二千石舉茂材異等直言極諫之士，朕將親覽焉。」

〔一〕師古曰：「黃門，近署也，故親幸之物屬焉。」

〔二〕孟康曰：「宮名也，在杜縣東。」晉灼曰：「史記云葬二世杜南宜春苑中。」師古曰：「宜春下苑即今京城東南隅曲江池是。」

〔三〕如淳曰：「漢儀注佽飛具矰繳以射鳧鴈，給祭祀，是故有池也。」

〔四〕蘇林曰：「嚴飾池上之屋及其地也。」晉灼曰：「嚴籞，射苑也。許愼曰：『嚴，弋射者所蔽也。』池田，苑中田也。」師古曰：「晉說是。」

〔五〕師古曰：「考，老也。言得壽考，終其天命。」

〔六〕師古曰：「貑道屬天水。凡府庭所在皆謂之寺。貑音完。㔎音烏狎反。」

〔七〕師古曰：「師，衆也。」

〔八〕師古曰：「鬱，不通之意也。序，次也。」

夏四月丁巳，立皇太子。賜御史大夫爵關內侯，中二千石右庶長，〔一〕天下當爲父後者爵一級，列侯錢各二十萬，五大夫十萬。〔二〕

〔一〕師古曰：「第十一爵。」

〔二〕師古曰：「五大夫，第九爵。」

六月，關東饑，齊地人相食。秋七月，詔曰：「歲比災害，民有菜色，〔一〕慘怛於心。〔二〕已詔吏虛倉廩，開府庫振救，賜寒者衣。今秋禾麥頗傷。一年中地再動。北海水溢，流殺人民。陰陽不和，其咎安在？公卿將何以憂之？其悉意陳朕過，靡有所諱。」〔三〕

〔一〕師古曰：「五穀不收，人但食菜，故其顏色變惡。」

〔二〕師古曰：「憯，痛也。怛，悼也。」

〔三〕師古曰：「悉意，盡意也。靡，無也。」

冬，詔曰：「國之將興，尊師而重傅。故前將軍望之傅朕八年，道以經書，厥功茂焉。〔一〕其賜爵關內侯，食邑八百戶，朝朔望。」

〔一〕師古曰：「茂，美也。道讀曰導。」

十二月，中書令弘恭、石顯等譖望之，令自殺。

三年春，令諸侯相位在郡守下。〔一〕

〔一〕師古曰：「此諸侯謂諸侯王也。」

珠厓郡山南縣反，博謀羣臣。待詔賈捐之以爲宜棄珠厓，救民饑饉。〔一〕乃罷珠厓。

〔一〕師古曰：「穀不熟爲饑，蔬不熟爲饉。蔬，菜也。」

夏四月乙未晦，茂陵白鶴館災。詔曰：「乃者火災降於孝武園館，朕戰栗恐懼。不燭變異，咎在朕躬。〔一〕羣司又未肯極言朕過，以至於斯，將何以寤焉！百姓仍遭凶阨，無以相振，〔二〕加以煩擾虖苛吏，拘牽乎微文，不得永終性命，〔三〕朕甚閔焉。其赦天下。」

〔一〕師古曰：「燭，照也。」

〔二〕師古曰：「仍，頻也。」

〔三〕師古曰：「永，長也。」

夏，旱。立長沙煬王弟宗爲王。〔一〕封故海昏侯賀子代宗爲侯。

〔一〕（師古）〔鄭氏〕曰：「煬音供養之養也。」

六月，詔曰：「蓋聞安民之道，本繇陰陽。〔一〕間者陰陽錯謬，風雨不時。朕之不德，庶幾羣公有敢言朕之過者，今則不然。媮合苟從，未肯極言，〔二〕朕甚閔焉。永惟烝庶之饑寒，遠離父母妻子，勞於非業之作，衞於不居之宮，〔三〕恐非所以佐陰陽之道也。其罷甘泉、建章宮衞，令就農。百官各省費。〔四〕條奏毋有所諱。有司勉之，毋犯四時之禁。丞相御史舉天下明陰陽災異者各三人。」於是言事者衆，或進擢召見，人人自以得上意。〔五〕

〔一〕師古曰：「繇與由同。」

〔二〕師古曰：「媮與偷同。」

〔三〕師古曰：「不急之事，（古）〔故〕云非業也。」

〔四〕師古曰：「費用之物務減省。」

〔五〕師古曰：「人人各自以當天子之意。」

四年春正月，行幸甘泉，郊泰畤。三月，行幸河東，祠后土。赦汾陰徒。賜民爵一級，女子百戶牛酒，鰥寡高年帛。行所過無出租賦。

五年春正月，以周子南君爲周承休侯，〔一〕位次諸侯王。

〔一〕文穎曰：「姓姬，名延年。其祖父姬嘉，本周後，武帝元鼎四年封爲周子南君，令奉周〔祠〕〔祀〕。」師古曰：「承休國在潁川。」

三月，行幸雍，祠五畤。

夏四月，有星孛于參。詔曰：「朕之不逮，序位不明，〔一〕衆僚久曠，〔二〕未得其人。元元失望，上感皇天，陰陽爲變，咎流萬民，朕甚懼之。乃者關東連遭災害，饑寒疾疫，夭不終命。詩不云乎？『凡民有喪，匍匐救之。』〔三〕其令太官毋日殺，〔四〕所具各減半。〔五〕乘輿秣馬，無乏正事而已。〔六〕罷角抵、上林宮館希御幸者、齊三服官、〔七〕北假田官、〔八〕鹽鐵官、常平倉。博士弟子毋置員，以廣學者。賜宗室子有屬籍者馬一匹至二駟，三老、孝者帛，人五匹，弟者、力田三匹，鰥寡孤獨二匹，吏民五十戶牛酒。」省刑罰七十餘事。除光祿大夫以下

至郎中保父母同產之令。〔九〕令從官給事宮司馬中者，得爲大父母父母兄弟通籍。〔一〇〕

〔一〕師古曰：「逮，及也。言官人之位失其次序。」

〔二〕應劭曰：「曠音曠。」師古曰：「曠，古曠字。曠，空也。不得其人，則職事空廢。」

〔三〕師古曰：「邶國谷風之詩也。言見人有喪禍之事，則當盡力以救之。匍音步扶反。匐音步得反。」

〔四〕師古曰：「不得日日宰殺。」

〔五〕師古曰：「食具也。」

〔六〕師古曰：「秣，養也，以粟秣食之也。正事謂駕供郊祀蒐狩之事，非游田者也。秣音末。」

〔七〕李斐曰：「齊國舊有三服之官。春獻冠幘縰爲首服，紈素爲冬服，輕綃爲夏服，凡三。」如淳曰：「地理志曰齊冠帶天下。胡公曰服官主作文繡，以給袞龍之服。地理志襄邑亦有服官。」師古曰：「齊三服官，李說是也。縰與纚同，音山爾反，即今之方目紗也。紈素，今之絹也。輕綃，今之輕紗也。襄邑自出文繡，非齊三服也。」

〔八〕李斐曰：「主假賃見官田與民，收其假稅也。故置田農之官。」晉灼曰：「匈奴傳秦始皇渡河據陽山北假中，王莽傳五原北假膏壤殖穀。北假，地名。」師古曰：「晉說是也。」

〔九〕應劭曰：「舊時相保，一人有過，皆當坐之。」師古曰：「特爲郎中以上除此令者，所以優之也。同產，謂兄弟也。」

〔一〇〕應劭曰：「從官，謂宦者及虎賁、羽林、太醫、太官是也。司馬中者，宮內門也。司馬主武，兵禁之意也。籍者，爲二尺竹牒，記其年紀名字物色，縣之宮門，案省相應，乃得入也。」師古曰：「應說非也。從官，親近天子常侍從者皆是也。故此下云科第郎、從官。司馬門者，宮之外門也。衞尉有八屯，衞候司馬主衞士徼巡宿衞，每面各二司馬，故謂宮之外門爲司馬門。」

冬十二月丁未，御史大夫貢禹卒。衞司馬谷吉使匈奴，不還。〔一〕

〔一〕師古曰：「即衞尉八屯之衞司馬。」

永光元年春正月，行幸甘泉，郊泰畤。赦雲陽徒。賜民爵一級，女子百戶牛酒，高年帛。行所過毋出租賦。

二月，詔丞相、御史舉質樸敦厚遜讓有行者，光祿歲以此科第郎、從官。〔一〕

〔一〕師古曰：「始令丞相、御史舉此四科人以擢用之。而見在郎及從官，又令光祿每歲依此科考校，定其第高下，用知其人賢否也。」

三月，詔曰：「五帝三王任賢使能，以登至平，而今不治者，豈斯民異哉？〔一〕咎在朕之不明，亡以知賢也。是故壬人在位，〔二〕而吉士雍蔽。〔三〕重以周秦之弊，民漸薄俗，〔四〕去禮義，觸刑法，豈不哀哉！繇此觀之，元元何辜？〔五〕其赦天下，令厲精自新，各務農畝。無田者皆假之，貸種、食如貧民。〔六〕賜吏六百石以上爵五大夫，勤事吏二級，爲父後者民一級，女子百戶牛酒，鰥寡孤獨高年帛。」是月雨雪，〔七〕隕霜傷麥稼，秋罷。〔八〕

〔一〕師古曰：「言今所治人，即五帝三王之衆庶。」

〔二〕服虔曰：「壬人，佞人也。」

〔三〕師古曰：「吉，善也。大雅卷阿之詩曰『藹藹王多吉士』。雍讀曰〔壅〕。」

〔四〕師古曰：「爲薄俗所漸染也。重音直用反。」

〔五〕師古曰：「繇讀與由同。」

〔六〕師古曰：「此皆謂遇赦新免罪者也，故云如貧人。」

〔七〕師古曰：「雨音于具反。」

〔八〕如淳曰：「當言罷某官某事，爛脫失之。」晉灼曰：「或無稼字，或稼字在秋下。稼或作（臧）〔桑〕，或作霖。五行志永光元年三月隕霜殺桑，九月二日隕霜殺稼，天下大饑。言傷麥稼，秋罷，是也。」師古曰：「晉說得之。秋者，謂秋時所收穀稼也。今俗猶謂麥豆之屬爲雜稼。云秋罷者，言至秋時無所收也。」

二年春二月，詔曰：「蓋聞唐虞象刑而民不犯，〔一〕殷周法行而姦軌服。〔二〕今朕獲承高祖之洪業，託位公侯之上，夙夜戰栗，永惟百姓之急，未嘗有忘焉。然而陰陽未調，三光晻昧。〔三〕元元大困，流散道路，盜賊並興。有司又長殘賊，失牧民之術。是皆朕之不明，政有所虧。咎至於此，朕甚自恥。爲民父母，若是之薄，謂百姓何！〔四〕其大赦天下，賜民爵一級，女子百戶牛酒，鰥寡孤獨高年、三老、孝弟力田帛。」又賜諸侯王、公主、列侯黃金，中二千石以下至中都官長吏各有差，吏六百石以上爵五大夫，勤事吏各二級。

〔一〕師古曰：「象刑，解在武紀。」
〔二〕師古曰：「軌與宄同。亂在外曰姦，在內曰軌。」
〔三〕師古曰：「晻與暗同，又音烏感反。」
〔四〕師古曰：「言何以撫臨百姓。」

三月壬戌朔，日有蝕之。詔曰：「朕戰戰栗栗，夙夜思過失，不敢荒寧。〔一〕惟陰陽不調，未燭其咎。婁敕公卿，日望有效。〔二〕至今有司執政，未得其中，〔三〕施與禁切，未合民心。〔四〕暴猛之俗彌長，和睦之道日衰，百姓愁苦，靡所錯躬。〔五〕是以氛邪歲增，侵犯太陽，〔六〕正氣湛掩，日久奪光。〔七〕乃壬戌，日有蝕之。天見大異，以戒朕躬，〔八〕朕甚悼焉。其令內郡國舉茂材異等賢良直言之士各一人。」

〔一〕師古曰：「荒，廢也。不敢廢事而自寧。」
〔二〕師古曰：「婁，古屢字。其後亦同。」
〔三〕師古曰：「中音竹仲反。」
〔四〕師古曰：「施惠褊薄，禁令煩苛。」
〔五〕師古曰：「錯，置也，音千故反。」
〔六〕師古曰：「氛，惡氣也。邪者，言非正氣也。太陽，日也。」
〔七〕師古曰：「湛讀與沈同。湛掩者，見掩而湛沒。」

〔八〕師古曰：「見，顯示。」

夏六月，詔曰：「間者連年不收，四方咸困。元元之民，勞於耕耘，又亡成功，困於饑饉，亡以相救。朕爲民父母，德不能覆，而有其刑，甚自傷焉。其赦天下。」

秋七月，西羌反，遣右將軍馮奉世擊之。八月，以太常任千秋爲奮威將軍，別將五校並進。〔一〕

〔一〕師古曰：「別領五校之兵，而與右將軍並進。」

三年春，西羌平，軍罷。

三月，立皇子康爲濟陽王。

夏四月癸未，大司馬車騎將軍接薨。〔一〕

〔一〕師古曰：「王接。」

冬十一月，詔曰：「乃者己丑地動，中冬雨水，大霧，〔一〕盜賊並起。吏何不以時禁？各悉意對。」〔二〕

〔一〕師古曰：「中讀曰仲。雨音于具反。」

〔二〕師古曰：「時禁，謂月令所當禁斷者也。悉，盡也。」

冬，復鹽鐵官、博士弟子員。〔一〕以用度不足，民多復除，〔二〕無以給中外繇役。

〔一〕師古曰：「復音扶目反。」

〔二〕師古曰：「復音方目反。」

四年春二月，詔曰：「朕承至尊之重，不能燭理百姓，婁遭凶咎。加以邊竟不安，師旅在外，〔一〕賦斂轉輸，元元騷動，窮困亡聊，犯法抵罪。夫上失其道而繩下以深刑，朕甚痛之。其赦天下，所貸貧民勿收責。」

〔一〕師古曰：「婁讀曰屢。竟讀曰境。」

三月，行幸雍，祠五畤。

夏六月甲戌，孝宣園東闕災。

戊寅晦，日有蝕之。詔曰：「蓋聞明王在上，忠賢布職，則羣生和樂，方外蒙澤。今朕晻于王道，〔一〕夙夜憂勞，不通其理，靡瞻不眩，靡聽不惑，〔二〕是以政令多還，民心未得，〔三〕邪說空進，事亡成功。此天下所著聞也。公卿大夫好惡不同，〔四〕或緣姦作邪，侵削細民，元元安所歸命哉！乃六月晦，日有蝕之。詩不云虖？『今此下民，亦孔之哀！』〔五〕自今以來，公卿大夫其勉思天戒，慎身修永，以輔朕之不逮。〔六〕直言盡意，無有所諱。」

〔一〕師古曰：「晻讀與暗同。」
〔二〕師古曰：「靡，無也。眩，視亂也，音胡眄反。」
〔三〕李奇曰：「還，反也。易曰『渙汗其大號』，言王者發號施令如汗出，不可復反。」
〔四〕師古曰：「愛憎各異也。」
〔五〕師古曰：「小雅十月之交之詩也。孔，甚也。言災異既多，百姓甚可哀愍。」
〔六〕師古曰：「虞書咎繇謨云『慎厥身修思永』，言當慎修其身，思爲長久之道。故此詔云慎身修永也。今流俗書本永上有職字者，後人不曉，妄加之耳。」

九月戊子，罷衞思后園〔一〕及戾園。冬十月乙丑，罷祖宗廟在郡國者。諸陵分屬三輔。〔二〕以渭城壽陵亭部原上爲初陵。〔三〕詔曰：「安土重遷，黎民之性；〔四〕骨肉相附，人情所願也。頃者有司緣臣子之義，奏徙郡國民以奉園陵，令百姓遠棄先祖墳墓，破業失產，親戚別離，人懷思慕之心，家有不安之意。是以東垂被虛耗之害，關中有無聊之民，〔五〕非久長之策也。詩不云虖？『民亦勞止，迄可小康，惠此中國，以綏四方。』〔六〕今所爲初陵者，勿置縣邑，使天下咸安土樂業，亡有動搖之心。布告天下，令明知之。」又罷先后父母奉邑。〔七〕

〔一〕服虔曰：「戾太子母也。」
〔二〕師古曰：「先是諸陵總屬太常，今各依其地界屬三輔。」
〔三〕服虔曰：「元帝初置陵，未有名也，故曰初。」

〔四〕師古曰：「重，難也。」
〔五〕師古曰：「耗，損也，音呼到反。」
〔六〕師古曰：「大雅民勞之詩也。止，語助也。迄，至也。康，安也。言人勞已久，至此可以小安逸之。施惠京師，以及四遠也。」
〔七〕應劭曰：「先后爲其父母置邑守冢，以奉祭祀，既已久遠，又非典制，故罷之。」師古曰：「奉邑，奉音扶用反。」

五年春正月，行幸甘泉，郊泰畤。三月，上幸河東，祠后土。
秋，潁川水出，流殺人民。吏、從官縣被害者與告，〔一〕士卒遣歸。
〔一〕晉灼曰：「從官，猶從役從軍也。」臣瓚曰：「告，休假也。」師古曰：「晉說非也。從官，卽上侍從之官也。言凡爲吏爲從官，其本縣有被害者，皆與休告。」
冬，上幸長楊射熊館，〔一〕布車騎，大獵。
〔一〕師古曰：「射音食亦反。」
十二月乙酉，毀太上皇、孝惠皇帝寢廟園。

建昭元年春三月，上幸雍，祠五畤。
秋八月，有白蛾羣飛蔽日，從東都門至枳道。〔一〕

〔一〕如淳曰：「三輔黃圖長安城東面北頭門號曰宣平城門，其外郭曰東都門也。」師古曰：「蛾，若今之蠶蛾類也。音五何反。枳音只。枳道解在高紀。」

冬，河間王元有罪，廢遷房陵。罷孝文太后、孝昭太后寢園。

二年春正月，行幸甘泉，郊泰畤。三月，行幸河東，祠后土。益三河〔大〕郡太守秩。戶十二萬爲大郡。

夏四月，赦天下。

六月，立皇子(興)〔興〕爲信都王。閏月丁酉，太皇太后上官氏崩。

冬十一月，齊楚地震，大雨雪，〔一〕樹折屋壞。

〔一〕師古曰：「雨音于具反。」

淮陽王舅張博、魏郡太守京房坐窺道諸侯王以邪意，漏泄省中語，〔一〕博要斬，房棄市。

〔一〕師古曰：「道讀曰導。」

三年夏，令三輔都尉、大郡都尉秩皆二千石。

六月甲辰，丞相玄成薨。〔一〕

〔一〕師古曰：「韋玄成。」

秋，使護西域騎都尉甘延壽、副校尉陳湯〔一〕撟發戊己校尉屯田吏士及西域胡兵攻郅支單于。〔二〕冬，斬其首，傳詣京師，縣蠻夷邸門。〔三〕

〔一〕師古曰：「言延壽及湯本充西域之使，故先言使而後序其官職及姓名。」

〔二〕師古曰：「撟與矯同。矯，託也。實不奉詔，詐以上命發兵，故言矯發也。戊己校尉者，鎮安西域，無常治處，亦猶甲乙等各有方位，而戊與己四季寄王，故以名官也。時有戊校尉，又有己校尉。一說，戊己位在中央，今所置校尉處三十六國之中，故曰戊己也。郅音質。」

〔三〕師古曰：「縣，古懸字也。蠻夷邸，若今鴻臚客館。」

四年春正月，以誅郅支單于告祠郊廟。赦天下。羣臣上壽置酒，以其圖書示後宮貴人。〔一〕

〔一〕服虔曰：「討郅支之圖書也。或曰單于土地山川之形書也。」師古曰：「或說非。」

夏四月，詔曰：「朕承先帝之休烈，〔一〕夙夜栗栗，懼不克任。間者陰陽不調，五行失序，百姓饑饉。惟烝庶之失業，臨遣諫大夫博士賞等二十一人循行天下，〔二〕存問耆老鰥寡孤獨乏困失職之人，舉茂材特立之士。相將九卿，其帥意毋怠，使朕獲觀教化之流焉。」

〔一〕師古曰：「休，美也。烈，業也。」

〔三〕師古曰：「行音下更反。」

六月甲申，中山王竟薨。

藍田地沙石雍霸水，安陵岸崩雍涇水，水逆流。〔一〕

〔一〕孟康曰：「安陵岸，惠帝陵旁涇水岸也。」師古曰：「雍讀曰壅。」

五年春三月，詔曰：「蓋聞明王之治國也，明好惡而定去就，崇敬讓而民興行，故法設而民不犯，令施而民從。今朕獲保宗廟，兢兢業業，匪敢解怠，〔一〕德薄明晻，教化淺微。〔二〕傳不云虖？『百姓有過，在予一人。』〔三〕其赦天下，賜民爵一級，女子百戶牛酒，三老、孝弟力田帛。」又曰：「方春農桑興，百姓（戮）〔勠〕力自盡之時也，故是月勞農勸民，無使後時。〔四〕今不良之吏，覆案小罪，〔五〕徵召證案，興不急之事，以妨百姓，使失一時之作，亡終歲之功，公卿其明察申敕之。」〔六〕

〔一〕師古曰：「兢兢，慎也。業業，危也。解讀曰懈。」

〔二〕師古曰：「晻讀與暗同。」

〔三〕師古曰：「論語載殷湯伐桀告天下之文也。言君天下者，當任其憂責。」

〔四〕師古曰：「勞農，謂慰勉之。勞音來到反。」

〔五〕師古曰：「覆音方目反。」

〔六〕師古曰：「申，重也，一曰約束之耳。」

夏六月庚申，復戾園。

壬申晦，日有蝕之。

秋七月庚子，復太上皇寢廟園、原廟、〔一〕昭靈后、武哀王、昭哀后、衞思后園。〔二〕

〔一〕文穎曰：「高祖已自有廟，在長安城中，惠帝更於渭北作廟，謂之原廟。爾雅曰原者再，再作廟也。」晉灼曰：「原，本也。始祖之廟，故曰本也。」師古曰：「文說是。」

〔二〕師古曰：「昭靈后，高祖母也。武哀王，高祖兄也。昭哀后，高祖姊也。衞思后，戾太子母也。」

竟寧元年〔一〕春正月，匈奴虖韓邪單于來朝。詔曰：「匈奴郅支單于背叛禮義，既伏其辜，虖韓邪單于不忘恩德，鄉慕禮義，〔二〕復修朝賀之禮，願保塞傳之無窮，邊垂長無兵革之事。其改元爲竟寧，賜單于待詔掖庭王檣爲閼氏。」〔三〕

〔一〕應劭曰：「虖韓邪單于願保塞，邊竟得以安寧，故以冠元也。」師古曰：「據如應說，竟讀爲境。古之用字，境竟實同。但此詔云『邊垂長無兵革之事』，竟者終極之言，言永安寧也。既無兵革，中外安寧，豈止境上？若依本字而讀，義更弘通也。」

〔二〕師古曰：「鄉讀曰嚮。」

〔三〕應劭曰：「郡國獻女未御見，須命於掖庭，故曰待詔。王檣，王氏女，名檣，字昭君。」文穎曰：「本南郡秭歸人也。」蘇林曰：「閼氏音焉支，如漢皇后也。」師古曰：「秭音姊。」

皇太子冠。賜列侯嗣子爵五大夫，〔一〕天下爲父後者爵一級。

〔一〕師古曰：「第九爵。」

二月，御史大夫延壽卒。〔一〕

〔一〕師古曰：「即繁延壽也。繁音蒲何反。」

三月癸未，復孝惠皇帝寢廟園、孝文太后、孝昭太后寢園。

夏，封騎都尉甘延壽爲列侯。賜副校尉陳湯爵關內侯，黃金百斤。

五月壬辰，帝崩于未央宮。〔一〕

〔一〕臣瓚曰：「帝年二十七即位，即位十六年，壽四十三。」

毁太上皇、孝惠、孝景皇帝廟。罷孝文、孝昭太后、昭靈后、武哀王、昭哀后寢園。

秋七月丙戌，葬渭陵。〔一〕

〔一〕臣瓚曰：「自崩及葬凡五十五日。渭陵在長安北五十六里也。」

贊曰：臣外祖兄弟爲元帝侍中，〔一〕語臣曰元帝多材藝，善史書。〔二〕鼓琴瑟，吹洞簫，〔三〕自度曲，被歌聲，〔四〕分刌節度，〔五〕窮極幼眇。〔六〕少而好儒，及即位，徵用儒生，委之以政，貢、薛、韋、匡迭爲宰相。〔七〕而上牽制文義，優游不斷，〔八〕孝宣之業衰焉。然寬弘盡下，出於恭儉，號令溫雅，有古之風烈。

〔一〕應劭曰：「元、成帝紀皆班固父彪所作，臣則彪自說也。外祖，金敞也。」如淳曰：「班固外祖，樊叔皮也。」師古曰：「應說是。」

〔二〕應劭曰：「周宣王太史史籀所作大篆。」

〔三〕如淳曰：「簫之無底者。」

〔四〕應劭曰：「自隱度作新曲，因持新曲以爲歌詩聲也。」荀悅曰：「被聲，能播樂也。」臣瓚曰：「度曲，謂歌終更授其次，謂之度曲。西京賦曰『度曲未終，雲起雪飛』。張衡舞賦亦曰『度終復位，次受二八』。」師古曰：「應、荀二說皆是也。度音大各反。被音皮義反。」

〔五〕蘇林曰：「刌，度也，知曲之終始節度也。」韋昭曰：「刌，切也，謂能分切句絕，爲之節制也。」師古曰：「韋說是也。刌音千本反。」

〔六〕師古曰：「幼眇讀曰要妙。」

〔七〕師古曰：「貢禹、薛廣德、韋賢、匡衡迭互而爲丞相也。迭音大結反。」

〔八〕師古曰：「爲文義所牽制，故不斷決。」

校勘記

二七七頁五行 （盇）〔蓋〕寬饒等　錢大昭說明南監、閩本作「蓋」。按殿本作「蓋」，本傳同。

二七七頁六行　奈何純(住)〔任〕德教，　景祐、殿、局本都作「任」。　錢大昭說當作「任」。

二八四頁七行　(師古)〔鄭氏〕曰：　景祐、殿本都作「鄭氏」。

二八四頁一五行　(古)〔故〕云非業也。　景祐、殿本都作「故」，通鑑注引同。

二八五頁五行　令奉周(祠)〔祀〕。　王先謙說殿本作「祀」是。　按通鑑注亦作「祀」。

二八八頁二行　雍讀曰〔壅〕。　景祐、殿本都有「壅」字，此脫。

二八八頁七行　稼或作(穡)〔桑〕，　錢大昭說明南監、閩本作「桑」。　王先謙說殿本作「桑」是。

二九四頁四行　益三河〔大〕郡太守秩。　景祐本有「大」字。

二九四頁七行　立皇子(與)〔興〕爲信都王。　景祐本作「興」。　宋祁說作「興」是。

二九六頁八行　百姓(戮)〔勠〕力　景祐、殿本都作「勠」。　王先謙說作「勠」是。

漢書卷十

成帝紀第十

孝成皇帝，〔一〕元帝太子也。母曰王皇后，元帝在太子宮生甲觀畫堂，〔二〕爲世嫡皇孫。宣帝愛之，字曰太孫，常置左右。年三歲而宣帝崩，元帝卽位，帝爲太子。壯好經書，寬博謹愼。初居桂宮，〔三〕上嘗急召，太子出龍樓門，〔四〕不敢絶馳道，〔五〕西至直城門，〔六〕得絶乃度，還入作室門。上遲之，問其故，以狀對。上大說，〔七〕乃著令，令太子得絶馳道云。〔八〕其後幸酒，樂燕樂，〔九〕上不以爲能。而定陶恭王有材藝，母傅昭儀又愛幸，上以故常有意欲以恭王爲嗣。賴侍中史丹護太子家，輔助有力，上亦以先帝尤愛太子，故得無廢。

〔一〕荀悅曰：「諱驁，字太孫。驁之字曰俊。」應劭曰：「謚法『安民立政曰成』。」師古曰：「驁音五到反。」

〔二〕應劭曰：「甲觀在太子宮甲地，主用乳生也。畫堂畫九子母。」如淳曰：「甲觀，觀名。畫堂，堂名。三輔黃圖云太子宮有甲觀。」師古曰：「甲者，甲乙丙丁之次也。元后傳言見於丙殿，此其例也。而應氏以爲在宮之甲地，謬矣。畫堂，但畫飾耳，豈必九子母乎？霍光止畫室中，是則宮殿中通有綵畫之堂室。」

〔三〕師古曰：「三輔黃圖桂宮在城中，近北宮，非太子宮。」

〔四〕張晏曰：「門樓上有銅龍，若白鶴、飛廉之爲名也。」

〔五〕應劭曰：「馳道，天子所行道也，若今之中道。」師古曰：「絕，橫度也。」

〔六〕晉灼曰：「黃圖西出南頭第二門也。」

〔七〕師古曰：「說讀曰悅。」

〔八〕師古曰：「言云者，此舉著令之文。」

〔九〕晉灼曰：「幸酒，好酒也。樂燕，沈讌也。」師古曰：「幸酒，晉說是也。樂燕樂者，論語稱孔子云『損者三樂：樂驕樂，樂逸遊，樂燕樂，損矣。』燕樂，燕私之樂也。上樂讀如本字，又音五孝反。下樂音來各反。今流俗本無下樂字，後人不曉輒去之。」

竟寧元年五月，元帝崩。六月己未，太子即皇帝位，謁高廟。尊皇太后曰太皇太后，皇后曰皇太后。以元舅侍中衞尉陽平侯王鳳爲大司馬大將軍，領尚書事。

乙未，有司言：「乘輿車、牛馬、禽獸皆非禮，不宜以葬。」奏可。

七月，大赦天下。

建始元年春正月乙丑，皇曾祖悼考廟災。〔一〕

〔一〕文穎曰：「宣帝父史皇孫廟。」

立故河間王弟上郡庫令良爲王。〔一〕

〔一〕如淳曰：「漢官北邊郡庫，官之兵器所藏，故置令。」

有星孛于營室。

罷上林詔獄。〔一〕

〔一〕師古曰：「漢舊儀云上林詔獄主治苑中禽獸宮館事，屬水衡。」

二月，右將軍長史姚尹等使匈奴還，去塞百餘里，暴風火發，燒殺尹等七人。

賜諸侯王、丞相、將軍、列侯、王太后、公主、王主、〔一〕吏二千石黃金，宗室諸官吏千石以下至二百石及宗室子有屬籍者、三老、孝弟力田、鰥寡孤獨錢帛，各有差，吏民五十戶牛酒。

〔一〕張晏曰：「天子女曰公主，秩比公也。王主，王之女也。」師古曰：「王主則翁主也。王自主婚，故曰王主。」

詔曰：「乃者火災降於祖廟，有星孛于東方，始正而虧，〔一〕咎孰大焉！〔二〕書云：『惟先假王正厥事。』〔三〕羣公孜孜，帥先百寮，輔朕不逮。〔四〕崇寬大，長和睦，凡事恕己，毋行苛刻。〔五〕其大赦天下，使得自新。」

〔一〕如淳曰：「言始即帝之正而有彗星之虧也。」

〔二〕師古曰：「孰有大於此者。孰，誰也。」

〔三〕師古曰：「商書高宗肜日載武丁之臣祖己之辭也。假，至也。言先古至道之君遭遇災變，則正其行事，修德以應之。」

〔四〕師古曰：「孜孜，不怠之意。孜音兹。」

〔五〕師古曰：「恕者，仁也。恕己之心以度於物。」

封舅諸吏光祿大夫關內侯王崇爲安成侯。〔一〕賜舅王譚、商、立、根、逢時爵關內侯。

〔一〕應劭曰：「百官表諸吏得舉法案劾，職如御史中丞。武帝初置，皆衆官所加，或列侯、將軍、卿大夫爲之，無員也。」

夏四月，黄霧四塞，博問公卿大夫，無有所諱。六月，有青蠅無萬數〔一〕集未央宫殿中朝者坐。〔二〕

〔一〕師古曰：「言其極多，雖欲以萬數計之而不可得，故云無萬數。」

〔二〕服虔曰：「公卿以下朝會坐也。」晉灼曰：「內朝臣之朝坐也。」師古曰：「朝臣坐之在宫殿中者也，服說是矣。坐音才臥反。」

秋，罷上林宫館希御幸者二十五所。

八月，有兩月相承，晨見東方。〔一〕

〔一〕服虔曰：「相承，在上下也。」應劭曰：「案京房易傳云『君弱如婦，爲陰所乘，則兩月出』。」

九月戊子，流星光燭地，長四五丈，委曲蛇形，貫紫宫。

十二月，作長安南北郊，罷甘泉、汾陰祠。是日大風，拔甘泉畤中大木十韋以上。〔一〕郡

國被災什四以上，毋收田租。〔二〕

〔一〕師古曰：「韋與圍同。」

〔二〕師古曰：「什四，謂田畝所收，十損其四。」

二年春正月，罷雍五畤。辛巳，上始郊祀長安南郊。詔曰：「乃者徙泰畤、后土于南郊、北郊，朕親飭躬，郊祀上帝。〔一〕皇天報應，神光並見。三輔長無共張繇役之勞，〔二〕赦奉郊縣長安、長陵〔三〕及中都官耐罪徒。〔四〕減天下賦錢，算四十。」〔五〕

〔一〕師古曰：「飭，整也，讀與敕同。」

〔二〕師古曰：「共音居用反。張音竹亮反。謂供具張設。他皆類此。」

〔三〕應劭曰：「天郊在長安城南，地郊在長安城北長陵界中。二縣有奉郊之勤，故一切並赦之。」

〔四〕師古曰：「中都官，京師諸官府。」

〔五〕孟康曰：「本算百二十，今減四十，爲八十。」

閏月，以渭城延陵亭部爲初陵。

二月，詔三輔內郡舉賢良方正各一人。〔一〕

〔一〕師古曰：「內郡，謂非邊郡。」

三月，北宮井水溢出。

辛丑，上始祠后土于北郊。

丙午，立皇后許氏。〔一〕

〔一〕師古曰：「許嘉女。」

罷六廐、技巧官。〔一〕

〔一〕服虔曰：「倡技巧者也。」師古曰：「謂巧藝之技耳，非倡樂之技也。」

夏，大旱。

東平王宇有罪，削樊、亢父縣。〔一〕

〔一〕師古曰：「樊及亢父，東平之二縣也。亢音抗。父音甫。」

秋，罷太子博望苑，〔一〕以賜宗室朝請者。〔二〕減乘輿廐馬。

〔一〕文穎曰：「武帝爲衞太子作此苑，令受賓客也。」

〔二〕師古曰：「請音才性反。」

三年春三月，赦天下徒。賜孝弟力田爵二級。諸逋租賦所振貸勿收。

秋，關內大水。七月，虒上小女陳持弓聞大水至，走入橫城門，闌入尚方掖門，〔一〕至未央宮鉤盾中。吏民驚上城。九月，詔曰：「乃者郡國被水災，流殺人民，多至千數。京師無

故訛言大水至，〔二〕吏民驚恐，奔走乘城。〔三〕殆苛暴深刻之吏未息，元元冤失職者衆。〔四〕遣諫大夫林等循行天下。」〔五〕

〔一〕服虔曰：「虒音斯。」應劭曰：「虒上，地名，在渭水邊。陳，姓也。持弓，名也。無符籍妄入宮曰闌。掖門者，正門之傍小門也。」如淳曰：「橫音光。三輔黃圖北面西頭第一門。」師古曰：「掖門在兩傍，言如人臂掖也。」

〔二〕師古曰：「訛，僞言。」

〔三〕師古曰：「乘，登也。」

〔四〕師古曰：「職，常也。失其常業。」

〔五〕師古曰：「行音下更反。」

冬十二月戊申朔，日有蝕之。夜，地震未央宮殿中。詔曰：「蓋聞天生衆民，不能相治，爲之立君以統理之。君道得，則草木昆蟲咸得其所；〔一〕人君不德，謫見天地，〔二〕災異婁發，以告不治。〔三〕朕涉道日寡，舉錯不中，〔四〕乃戊申日蝕地震，朕甚懼焉。公卿其各思朕過失，明白陳之。『女無面從，退有後言。』〔五〕丞相、御史與將軍、列侯、中二千石及內郡國舉賢良方正能直言極諫之士，詣公車，朕將覽焉。」

〔一〕師古曰：「昆，衆也。昆蟲，言衆蟲也。又許慎說文云『二虫爲蚰』，讀與昆同，謂蟲之總名，兩義並通。而鄭康成以昆蟲爲明蟲，失之矣。虫音許尾反。」

〔二〕師古曰：「言天地見變，所以責之。」

〔三〕師古曰：「婁，古屢字也。治音丈吏反。」

〔四〕師古曰：「中，當也，音竹仲反。」

〔五〕師古曰：「虞書益稷之篇云帝曰『予違汝弼，汝無面從，退有後言』。謂我有違道，汝當正之，無得對面則順從唯唯，退後則有謗讟之言也。故此詔引之。」

越巂山崩。

四年春，罷中書宦官，〔一〕初置尚書員五人。〔二〕

〔一〕臣瓚曰：「漢初中人有中謁者令。孝武加中謁者令為中書謁者令，置僕射。宣帝時，任中書官弘恭為令，石顯為僕射。元帝即位數年，恭死，顯代為中書令，專權用事。至成帝乃罷其官。」

〔二〕師古曰：「漢舊儀云尚書四人為四曹：常侍尚書主丞相御史事，二千石尚書主刺史二千石事，戶曹尚書主庶人上書事，主客尚書主外國事。成帝置五人，有三公曹，主斷獄事。」

夏四月，雨雪。〔一〕

〔一〕師古曰：「雨音于具反。」

五月，中謁者丞陳臨殺司隸校尉轅豐於殿中。〔一〕

〔一〕應劭曰：「豐為長安令，治有能名，擢拜司隸校尉。臨素與豐有怨，見其尊顯，畏為己害，拜訖未出，使人刺殺。」

秋，桃李實。大水，河決東郡金隄。〔一〕冬十月，御史大夫尹忠以河決不憂職，自殺。

〔一〕師古曰：「金隄者，河隄之名，今在滑州界。」

河平元年春三月，詔曰：「河決東郡，流漂二州，〔一〕校尉王延世隄塞輒平，其改元爲河平。賜天下吏民爵，各有差。」

〔一〕師古曰：「兗州、豫州之地。」

夏四月己亥晦，日有蝕之，既。詔曰：「朕獲保宗廟，戰戰栗栗，未能奉稱。〔一〕傳曰：『男教不修，陽事不得，則日爲之蝕。』天著厥異，辜在朕躬。公卿大夫其勉悉心，以輔不逮。〔二〕百寮各修其職，惇任仁人，退遠殘賊。〔三〕陳朕過失，無有所諱。」大赦天下。

〔一〕師古曰：「謂不副先帝之業。」

〔二〕師古曰：「悉，盡也。逮，及也。」

〔三〕師古曰：「惇，厚也。遠，離也。遠音于萬反。」

六月，罷典屬國并大鴻臚。

秋九月，復太上皇寢廟園。

二年春正月，沛郡鐵官冶鐵飛。語在五行志。

夏六月，封舅譚、商、立、根、逢時皆爲列侯。

三年春二月丙戌，犍爲地震山崩，〔一〕雍江水，水逆流。〔二〕

〔一〕師古曰：「犍音其言反，又其連反。」
〔二〕師古曰：「雍讀曰壅。其下皆同。」

秋八月乙卯晦，日有蝕之。

光祿大夫劉向校中祕書。〔一〕謁者陳農使，使求遺書於天下。〔二〕

〔一〕師古曰：「言中以別外。」
〔二〕師古曰：「言令陳農爲使，而（吏反下使）使之求遺書也。上使音所（吏反，下使）讀如本字。」

四年春正月，匈奴單于來朝。

赦天下徒，賜孝弟力田爵二級，諸逋租賦所振貸勿收。

二月，單于罷歸國。

三月癸丑朔，日有蝕之。

遣光祿大夫博士嘉等十一人行舉瀕河之郡〔一〕水所毀傷困乏不能自存者，財振貸。〔二〕

其爲水所流壓死，不能自葬，令郡國給槥櫝葬埋。〔三〕已葬者與錢，人二千。避水它郡國，在所冗食之，〔四〕謹遇以文理，無令失職。〔五〕舉惇厚有行能直言之士。

〔一〕師古曰：「巡行而舉其狀也。瀕，水厓也。瀕河，言傍河也。行音下更反。瀕音頻，又音賓。傍音步浪反。」

〔二〕師古曰：「財與裁同，謂量其等差而振貸之。」

〔三〕師古曰：「槥櫝謂小棺。槥音衞。櫝音讀。」

〔四〕文穎曰：「冗，散也。散廩食使生活，不占著戶給役使也。」如淳曰：「散著人間給食之，官償其直也。」師古曰：「文說是也。冗音如勇反。食讀曰飤。」

〔五〕師古曰：「勿使失其常理。」

壬申，長陵臨涇岸崩，雍涇水。

夏六月庚戌，楚王囂薨。

山陽火生石中，改元爲陽朔。

陽朔元年。〔一〕

〔一〕應劭曰：「時陰盛陽微，故改元曰陽朔，欲陽之蘇息也。」師古曰：「應說非也。朔，始也。以火生石中，言陽氣之始。」

春二月丁未晦，日有蝕之。

三月，赦天下徒。

冬，京兆尹王章有罪，下獄死。

二年春，寒。詔曰：「昔在帝堯立羲、和之官，〔一〕命以四時之事，令不失其序。故書云『黎民於蕃時雍』，〔二〕明以陰陽爲本也。今公卿大夫或不信陰陽，薄而小之，〔三〕所奏請多違時政。〔四〕傳以不知，周行天下，〔五〕而欲望陰陽和調，豈不謬哉！其務順四時月令。」

〔一〕應劭曰：「尚書堯典曰『乃命羲、和』。羲氏、和氏世掌天地之官。」

〔二〕應劭曰：「黎，衆也。時，是也。雍，和也。言衆民於是變化，用是太和也。」韋昭曰：「蕃，多也。」師古曰：「此虞書堯典之辭也。今尚書作變，而此紀作蕃，兩說並通。蕃音扶元反。」

〔三〕師古曰：「謂爲輕小之事也。」

〔四〕李奇曰：「時政，月令也。」

〔五〕如淳曰：「在位者皆不知陰陽時政，轉轉相因，故令後人遂不知也。」師古曰：「如說非也。言遞相因循，以所不知之事施設教命，周徧天下。」

三月，大赦天下。

夏五月，除吏八百石、五百石秩。〔一〕

〔一〕李奇曰：「除八百就六百，除五百就四百。」

秋，關東大水，流民欲入函谷、天井、壺口、五阮關者，勿苛留。〔一〕遣諫大夫博士分行視。〔二〕

〔一〕應劭曰：「天井在上黨高都。壺口在壺關。五阮在代郡。」如淳曰：「阮音近捲反。」師古曰：「苛，細刻也。阮音其遠反。苛音何。」

〔二〕師古曰：「行音下更反。」

八月甲申，定陶王康薨。

九月，奉使者不稱。〔一〕詔曰：「古之立太學，將以傳先王之業，流化於天下也。儒林之官，四海淵原，宜皆明於古今，溫故知新，通達國體，〔二〕故謂之博士。否則學者無述焉，為下所輕，非所以尊道德也。『工欲善其事，必先利其器。』〔三〕丞相、御史其與中二千石、二千石雜舉可充博士位者，使卓然可觀。」〔四〕

〔一〕師古曰：「不副上意。」

〔二〕師古曰：「溫，厚也，謂厚積於故事也。」

〔三〕師古曰：「論語載孔子之言也，故此詔引焉。」

〔四〕師古曰：「卓然，高遠之貌也。」

是歲，御史大夫張忠卒。〔一〕

〔一〕師古曰：「史不記其月，故書之於歲末。其下王駿亦同。」

三年春三月壬戌，隕石東郡，八。

夏六月，潁川鐵官徒申屠聖等百八十人殺長吏，盜庫兵，自稱將軍，經歷九郡。遣丞相長史、御史中丞逐捕，以軍興從事，皆伏辜。〔一〕

〔一〕師古曰：「逐捕之事須有發興，皆依軍法。」

秋八月丁巳，大司馬大將軍王鳳薨。

四年春正月，詔曰：「夫洪範八政，以食爲首，〔一〕斯誠家給刑錯之本也。〔二〕先帝劭農，〔三〕薄其租稅，寵其彊力，〔四〕令與孝弟同科。〔五〕間者，民彌惰怠，鄉本者少，趨末者衆，將何以矯之？〔六〕方東作時，〔七〕其令二千石勉勸農桑，出入阡陌，致勞來之。〔八〕書不云乎？『服田力嗇，乃亦有秋。』〔九〕其勗之哉！」

〔一〕師古曰：「洪範，尚書篇名，箕子爲周武王所說。洪，大也。範，法也。八政一曰食，蓋王政之所先，故以爲首。」

〔二〕師古曰：「言倉廩充盈，則家家自足，人不犯禁，無所用刑也。」

〔三〕蘇林曰：「劭音翹，精異之意也。」晉灼曰：「劭，勸勉也。」師古曰：「晉說是也。其字從力，音時召反。」

〔四〕師古曰：「謂優寵力田之人。」

〔五〕師古曰：「謂每同薦舉及加賜也。」

〔六〕師古曰：「鄉讀曰嚮。嚮，正也。」

〔七〕應劭曰：「東作，耕也。」師古曰：「春位在東，耕者始作，故曰東作。虞書堯典曰『平秩東作』。」

〔八〕師古曰：「阡陌，田間道也，南北曰阡，東西曰陌，蓋秦時商鞅所開也。勞來，勸勉之意也。勞音郎到反。來音郎代反。」

〔九〕應劭曰：「農夫服田，厲其膂力，乃有秋收也。」師古曰：「此商書盤庚之辭。」

二月，赦天下。

秋九月壬申，東平王宇薨。

閏月壬戌，御史大夫于永卒。〔一〕

〔一〕師古曰：「于定國子。」

鴻嘉元年春二月，詔曰：「朕承天地，獲保宗廟，明有所蔽，德不能綏，刑罰不中，衆冤失職，趨闕告訴者不絕。是以陰陽錯謬，寒暑失序，〔一〕日月不光，百姓蒙辜，朕甚閔焉。〔二〕書不云乎？『即我御事，罔克耆壽，咎在厥躬。』〔三〕方春生長時，臨遣諫大夫理等〔四〕舉三輔、三河、弘農冤獄。公卿大夫、部刺史明申敕守相，稱朕意焉。其賜天下民爵一級，女子百戶牛酒，加賜鰥寡孤獨高年帛。逋貸未入者勿收。」

〔一〕師古曰：「序，次也。」

〔二〕師古曰：「蒙，被也。」

〔三〕文穎曰：「此尚書文侯之命篇中辭也。言我周家用事者，無能有耆老賢者，使國之危亡，罪咎在其用事者也。」師古曰：「『咎在厥躬』，平王自謂，故帝引之以自責耳。文氏乃云咎在用事，斯失之矣。」

〔四〕師古曰：「天子自臨敕而遣。」

壬午，行幸初陵，赦作徒。〔一〕以新豐戲鄉爲昌陵縣，〔二〕奉初陵，賜百戶牛酒。

〔一〕師古曰：「徒人之在陵作役者。」

〔二〕師古曰：「戲水之鄉也，音許宜反。」

上始爲微行出。〔一〕

〔一〕張晏曰：「於後門出，從期門郎及私奴客十餘人，白衣組幘，單騎出入市里，不復警蹕，若微賤之所爲，故曰微行。」

冬，黃龍見眞定。〔一〕

〔一〕師古曰：「本趙國東垣縣也，高祖十一年更名眞定。」

二年春，行幸雲陽。

三月，博士行飲酒禮，有雉蜚集于庭，歷階升堂而雊，〔一〕後集諸府，又集承明殿。〔二〕

〔一〕師古曰：「蜚，古飛字也。歷階，謂以次而登也。」
〔二〕師古曰：「在未央宮中。」

詔曰：「古之選賢，傅納以言，明試以功，〔一〕故官無廢事，下無逸民，〔二〕教化流行，風雨和時，百穀用成，衆庶樂業，咸以康寧。朕承鴻業十有餘年，數遭水旱疾疫之災，黎民婁困於飢寒，〔三〕而望禮義之興，豈不難哉！朕既無以率道，〔四〕帝王之道日以陵夷，〔五〕意乃招賢選士之路鬱滯而不通與，〔六〕將舉者未得其人也？其舉敦厚有行義能直言者，冀聞切言嘉謀，匡朕之不逮。」

〔一〕師古曰：「傅讀曰敷。敷，陳也。令其陳言而省納之，乃試以事也。」
〔二〕師古曰：「逸，遁也。」
〔三〕師古曰：「婁，古屢字。」
〔四〕師古曰：「道讀曰導。」
〔五〕師古曰：「陵，丘陵也。夷，平也。言其頹替若丘陵之漸平也。又曰陵遲亦言如丘陵之逶遲，稍卑下也。他皆類此。」
〔六〕師古曰：「與讀曰歟。」

夏，徙郡國豪傑貲五百萬以上五千戶于昌陵。賜丞相、御史、將軍、列侯、公主、中二千石冢地、第宅。〔一〕

〔一〕師古曰：「並於昌陵賜之。」

六月，立中山憲王孫雲客爲廣德王。

三年夏四月，赦天下。令吏民得買爵，賈級千錢。〔一〕

〔一〕師古曰：「賈讀曰價。」

大旱。

秋八月乙卯，孝景廟闕災。

冬十一月甲寅，皇后許氏廢。

廣漢男子鄭躬等六十餘人攻官寺，篡囚徒，〔一〕盜庫兵，自稱山君。

〔一〕師古曰：「逆取曰篡。」

四年春正月，詔曰：「數敕有司，務行寬大，而禁苛暴，訖今不改。一人有辜，舉宗拘繫，農民失業，怨恨者衆，傷害和氣，水旱爲災，關東流冗者衆，〔一〕青、幽、冀部尤劇，朕甚痛焉。未聞在位有惻然者，孰當助朕憂之！〔二〕已遣使者循行郡國。〔三〕被災害什四以上，民貲不滿三萬，勿出租賦。逋貸未入，皆勿收。流民欲入關，輒籍內。〔四〕所之郡國，謹遇以理，〔五〕務有以全活之。思稱朕意。」

〔一〕師古曰：「冗，散失其事業也。冗音人勇反。」

〔二〕師古曰：「孰，誰也。」

〔三〕師古曰：「行音下更反。」

〔四〕師古曰：「錄其名籍而內之。」

〔五〕師古曰：「之，往也。」

秋，勃海、清河河溢，被災者振貸之。

冬，廣漢鄭躬等黨與寖廣，〔一〕犯歷四縣，衆且萬人。拜河東都尉趙護爲廣漢太守，發郡中及蜀郡合三萬人擊之。或相捕斬，除罪。〔二〕旬月平，遷護爲執金吾，賜黄金百斤。

〔一〕師古曰：「寖，古浸字。浸，漸也。」

〔二〕師古曰：「賊黨相捕斬而來者，赦其本罪。」

永始元年春正月癸丑，太官凌室火。〔一〕戊午，戾后園闕火。

〔一〕師古曰：「藏冰之室。」

夏四月，封婕妤趙氏父臨爲成陽侯。五月，封舅曼子侍中騎都尉光祿大夫王莽爲新都侯。

六月丙寅，立皇后趙氏。〔一〕大赦天下。

〔一〕師古曰：「趙飛燕也，即上所謂婕妤趙氏。」

秋七月，詔曰：「朕執德不固，謀不盡下，〔一〕過聽將作大匠萬年〔二〕言昌陵三年可成。作治五年，中陵、司馬殿門內尚未加功。〔三〕天下虛耗，〔四〕百姓罷勞，〔五〕客土疏惡，〔六〕終不可成。朕惟其難，怛然傷心。〔七〕夫『過而不改，是謂過矣』。〔八〕其罷昌陵，及故陵勿徙吏民，令天下毋有動搖之心。」立城陽孝王子俚爲王。〔九〕

〔一〕師古曰：「言不博謀於羣下。」
〔二〕師古曰：「過，誤也。萬年，解萬年也。」
〔三〕如淳曰：「陵中有司馬殿門，如生時制也。」臣瓚曰：「天子之藏壙中無司馬殿門也。此謂陵上寢殿及司馬門也。時皆未作之，故曰尚未加功。」師古曰：「中陵，陵中正寢也。司馬殿門內，瓚說是也。」
〔四〕師古曰：「耗，損也，音呼到反。」
〔五〕師古曰：「罷讀曰疲。」
〔六〕服虔曰：「取他處土以增高，爲客土也。」
〔七〕師古曰：「惟，思也。」
〔八〕師古曰：「論語載孔子之言，故詔引之。」
〔九〕如淳曰：「俚音里。」

八月丁丑，太皇太后王氏崩。〔一〕

〔一〕師古曰：「宣帝王皇后也。」

二年春正月己丑，大司馬車騎將軍王音薨。

二月癸未夜，星隕如雨。乙酉晦，日有蝕之。詔曰：「乃者，龍見于東萊，日有蝕之。天著變異，以顯朕郵，〔一〕朕甚懼焉。公卿申敕百寮，深思天誡，有可省減便安百姓者，條奏。所振貸貧民，勿收。」又曰：「關東比歲不登，〔二〕吏民以義收食貧民、入穀物助縣官振贍者，已賜直，〔三〕其百萬以上，加賜爵右更，〔四〕欲爲吏補三百石，其吏也遷二等。〔五〕三十萬以上，賜爵五大夫，〔六〕吏亦遷二等，民補郎。十萬以上，家無出租賦三歲。萬錢以上，一年。」

〔一〕師古曰：「郵與尤同，謂過也。」

〔二〕師古曰：「比，頻也。」

〔三〕如淳曰：「賜之爵，復租賦以爲直。」師古曰：「此說非也。收食貧人，謂收取而養食之。助縣官振贍，謂出物以助郡縣之官也。已賜直，謂官賜其所費直也。今方更加爵及免賦耳。食讀曰飤。」

〔四〕師古曰：「第十四爵也。更音工行反。」

〔五〕師古曰：「先已爲吏，則遷二等。」

〔六〕師古曰：「第九爵也。」

冬十一月，行幸雍，祠五畤。

十二月，詔曰：「前將作大匠萬年知昌陵卑下，不可爲萬歲居，奏請營作，建置郭邑，妄爲巧詐，積土增高，多賦斂繇役，興卒暴之作。〔一〕卒徒蒙辜，死者連屬，〔二〕百姓罷極，天下匱竭。〔三〕常侍閎前爲大司農中丞，數奏昌陵不可成。〔四〕侍中衞尉長數白宜早止，徙家反故處。〔五〕朕以長言下閎章，〔六〕公卿議者皆合長計。〔長〕首建至策，閎典主省大費，〔七〕民以康寧。閎前賜爵關內侯，黃金百斤。其賜長爵關內侯，食邑千戶，閎五百戶。萬年佞邪不忠，毒流衆庶，海內怨望，至今不息，雖蒙赦令，不宜居京師。其徙萬年敦煌郡。」

〔一〕師古曰：「卒讀曰（倅）〔猝〕，謂急也。」

〔二〕師古曰：「屬音之欲反。」

〔三〕師古曰：「罷讀曰疲。匱，空也。竭，盡也。」

〔四〕師古曰：「閎，王閎也。」

〔五〕師古曰：「長，淳于長也。」

〔六〕如淳曰：「以衞尉長數白罷，故因下閎請奏罷作之章。」師古曰：「下音胡稼反。」

〔七〕師古曰：「司農中丞主錢穀顧庸，故云典主。」

是歲，御史大夫王駿卒。〔一〕

〔一〕師古曰：「王吉之子也。」

三年春正月己卯晦，日有蝕之。詔曰：「天災仍重，朕甚懼焉。〔一〕惟民之失職，〔二〕臨遣大中大夫嘉等循行天下，〔三〕存問耆老，民所疾苦。其與部刺史舉惇樸遜讓有行義者各一人。」

〔一〕師古曰：「仍，頻也。重音直用反。」

〔二〕師古曰：「失其常業也。」

〔三〕師古曰：「行音下更反。」

冬十月庚辰，皇太后詔有司復甘泉泰畤、汾陰后土、雍五畤、陳倉陳寶祠。〔一〕語在郊祀志。

〔一〕師古曰：「陳寶祠在陳倉。」

十一月，尉氏男子樊並等十三人謀反，〔一〕殺陳留太守，劫略吏民，自稱將軍。徒李譚等五人共格殺並等，皆封爲列侯。

〔一〕師古曰：「尉氏，陳留之縣。」

十二月，山陽鐵官徒蘇令等二百二十八人攻殺長吏，盜庫兵，自稱將軍，經歷郡國十九，殺東郡太守、汝南都尉。遣丞相長史、御史中丞持節督趣逐捕。〔一〕汝南太守嚴訢捕斬令等。〔三〕遷訢爲大司農，賜黃金百斤。

〔二〕師古曰：「趣讀曰促。」

〔三〕師古曰：「訢與欣同。令即蘇令。」

四年春正月，行幸甘泉，郊泰畤，神光降集紫殿。大赦天下。賜雲陽吏民爵，女子百戶牛酒，鰥寡孤獨高年帛。三月，行幸河東，祠后土，賜吏民如雲陽，行所過無出田租。

夏四月癸未，長樂臨華殿、未央宮東司馬門皆災。〔一〕

〔一〕師古曰：「東面之司馬門也。」

六月甲午，霸陵園門闕災。出杜陵諸未嘗御者歸家。詔曰：「乃者，地震京師，火災婁降，〔一〕朕甚懼之。有司其悉心明對厥咎，〔二〕朕將親覽焉。」

〔一〕師古曰：「婁，古屢字。」

〔二〕師古曰：「悉，盡也。」

又曰：「聖王明禮制以序尊卑，異車服以章有德，雖有其財，而無其尊，不得踰制，故民興行，〔一〕上義而下利。〔二〕方今世俗奢僭罔極，〔三〕靡有厭足。公卿列侯親屬近臣，四方所則，〔四〕未聞修身遵禮，同心憂國者也。或乃奢侈逸豫，務廣第宅，治園池，多畜奴婢，被服綺縠，〔五〕設鐘鼓，備女樂，車服嫁娶葬埋過制。吏民慕效，寖以成俗，〔六〕而欲望百姓儉節，家給人足，豈不難哉！詩不云乎？『赫赫師尹，民具爾瞻。』〔七〕其申敕有司，以漸禁之。〔八〕青綠民所常服，且勿止。〔九〕列侯近臣，各自省改。〔一〇〕司隸校尉察不變者。」

〔一〕師古曰：「行音下更反。」

〔二〕師古曰：「以義爲上，以利爲下。」

〔三〕師古曰：「罔，無也。極，中也，一曰止也。」

〔四〕師古曰：「則，法也。」

〔五〕師古曰：「被音皮義反。」

〔六〕師古曰：「寖，漸也。」

〔七〕師古曰：「小雅節南山之詩也。赫赫，盛貌也。師尹，尹氏爲太師之官也。言居位甚高，備爲衆庶所瞻仰。」

〔八〕師古曰：「謂約束也。」

〔九〕師古曰：「然則禁紅紫之屬。」

〔一〇〕師古曰：「省，視也。視而改之。論語稱曾子曰『吾日三省吾身』。」

秋七月辛未晦，日有蝕之。

元延元年春正月己亥朔，日有蝕之。

三月，行幸雍，祠五畤。

夏四月丁酉，無雲有雷，聲光耀耀，四面下至地，昏止。赦天下。

秋七月，有星孛于東井。詔曰：「乃者，日蝕星隕，謫見于天，大異重仍。〔一〕在位默然，罕有忠言。今孛星見于東井，朕甚懼焉。公卿大夫、博士、議郎其各悉心，惟思變意，明以經對，無有所諱；與內郡國舉方正能直言極諫者各一人，〔二〕北邊二十二郡舉勇猛知兵法者各一人。」

〔一〕師古曰：「仍，頻也。重音直用反。」

〔二〕師古曰：「令公卿與內郡國各舉一人。」

封蕭相國後喜為酇侯。

冬十二月辛亥，大司馬大將軍王商薨。

是歲，昭儀趙氏害後宮皇子。〔一〕

〔一〕師古曰：「趙飛燕之妹。」

二年春正月，行幸甘泉，郊泰畤。

三月，行幸河東，祠后土。

夏四月，立廣陵孝王子守爲王。

冬，行幸長楊宮，從胡客大校獵。〔一〕宿萯陽宮，〔二〕賜從官。

〔一〕如淳曰：「合軍聚衆，有幡校擊鼓也。周禮校人掌王田獵之馬，故謂之校獵。」師古曰：「如說非也。此校謂以木自相貫穿爲闌校耳。校人職云『六廐成校』，是則以遮闌爲義也。校獵者，大爲闌校以遮禽獸而獵取也。軍之幡旗雖有校名，本因部校，此無豫也。」

〔二〕師古曰：「萯音倍。」

三年春正月丙寅，蜀郡岷山崩，〔一〕雍江三日，江水竭。

〔一〕師古曰：「岷音武巾反。」

二月，封侍中衞尉淳于長爲定陵侯。

三月，行幸雍，祠五畤。

四年春正月，行幸甘泉，郊泰畤。

二月，罷司隸校尉官。

三月，行幸河東，祠后土。

甘露降京師，賜長安民牛酒。

綏和元年春正月，大赦天下。

二月癸丑，詔曰：「朕承太祖鴻業，奉宗廟二十五年，德不能綏理宇內，百姓怨望者衆。不蒙天祐，至今未有繼嗣，天下無所係心。觀于往古近事之戒，禍亂之萌，皆由斯焉。〔一〕定陶王欣於朕爲子，慈仁孝順，可以承天序，繼祭祀。其立欣爲皇太子。封中山王舅諫大夫馮參爲宜鄉侯，益中山國三萬戶，以慰其意。〔二〕賜諸侯王、列侯金，天下當爲父後者爵，三老、孝弟力田帛，各有差。」

〔一〕師古曰：「始生曰萌。」

〔二〕師古曰：「以不得繼統爲帝之後，恐其怨恨。」

又曰：「蓋聞王者必存二王之後，所以通三統也。〔一〕昔成湯受命，列爲三代，〔二〕而祭祀廢絕。考求其後，莫正孔吉。〔三〕其封吉爲殷紹嘉侯。」三月，進爵爲公，及周承休侯皆爲公，地各百里。

〔一〕師古曰：「天、地、人是爲三統。二王之後並己爲三。」

〔二〕師古曰：「夏、殷、周是爲三代。」

〔三〕臣瓚曰：「無若孔吉最正也。」

行幸雍，祠五畤。

夏四月，以大司馬票騎（大）將軍（根）爲大司馬，〔一〕罷將軍官。御史大夫爲大司空，封爲列侯。益大司馬、大司空奉如丞相。〔二〕

〔一〕文穎曰：「王根也。」

〔二〕如淳曰：「律，丞相、大司馬大將軍奉錢月六萬，御史大夫奉月四萬也。」

秋八月庚戌，中山王興薨。

冬十一月，立楚孝王孫景爲定陶王。

定陵侯淳于長大逆不道，下獄死。廷尉孔光使持節賜貴人許氏藥，飲藥死。〔一〕

〔一〕師古曰：「即前所廢皇后許氏也。」

十二月，罷部刺史，更置州牧，秩二千石。

二年春正月，行幸甘泉，郊泰畤。

二月壬子，丞相翟方進薨。

三月，行幸河東，祠后土。

丙戌，帝崩于未央宮。〔一〕皇太后詔有司復長安南北郊。四月己卯，葬延陵。〔二〕

〔一〕臣瓚曰：「帝年二十即位，即位二十六年，壽四十五。」師古曰：「即位明年乃改元耳，壽四十六。」

〔二〕臣瓚曰：「自崩至葬凡五十四日。延陵在扶風，去長安六十二里。」

贊曰：臣之姑充後宮爲婕妤，〔一〕父子昆弟侍帷幄，數爲臣言成帝善修容儀，升車正立，不內顧，不疾言，不親指，〔二〕臨朝淵嘿，尊嚴若神，可謂穆穆天子之容者矣！〔三〕博覽古今，容受直辭。公卿稱職，奏議可述。〔四〕遭世承平，上下和睦。然湛于酒色，〔五〕趙氏亂內，外家擅朝，言之可爲於邑。〔六〕建始以來，王氏始執國命，哀、平短祚，莽遂篡位，蓋其威福所由來者漸矣！

〔一〕晉灼曰：「班彪之姑也。」

〔二〕師古曰：「不內顧者，謂儼然端嚴，不迴眄也。不疾言者，爲輕肆也。不親指者，爲惑下也。此三句者，本論語鄉黨篇述孔子之事，故班氏引之以美成帝。今論語云：『車中不內顧，不疾言，不親指。』內顧者，說者以爲前視不過衡軛，旁視不過輢轂，與此不同。輢音於綺反。」

〔三〕師古曰：「禮記云『天子穆穆，諸侯皇皇，大夫濟濟，士蹌蹌』，故此贊引之。」

〔四〕師古曰：「稱職，克當其任也。可述，言有文采。」

〔五〕師古曰：「湛讀曰耽。」

〔六〕師古曰：「於邑，短氣貌，讀如本字。於又音烏。邑又音烏合反。他皆類此。」

校勘記

三一〇頁八行　言令陳農爲使，而（吏反下使）使之求遺書也。上使音所〔吏反，下使〕讀如本字。景祐、殿、局本都如此。

三二二頁五行　〔長〕首建至策，李慈銘說「首建」上當更有「長」字。

三二二頁八行　卒讀曰（徉）〔猝〕，景祐、殿、局本都作「猝」。王先謙說作「猝」是。

三二九頁三行　以大司馬票騎（大）將軍（根）爲大司馬，沈欽韓說「大」字衍，荀紀無。按景祐、殿本都無「根」字。

漢書卷十一

哀帝紀第十一

孝哀皇帝，〔一〕元帝庶孫，定陶恭王子也。母曰丁姬。年三歲嗣立爲王，長好文辭法律。〔二〕元延四年入朝，盡從傅、相、中尉。〔三〕時成帝少弟中山孝王亦來朝，獨從傅。上怪之，以問定陶王，對曰：「令，諸侯王朝，得從其國二千石。傅、相、中尉皆國二千石，故盡從之。」上令誦詩，通習，能說。〔四〕他日問中山王：「獨從傅在何法令？」不能對。令誦尙書，又廢。〔五〕及賜食於前，後飽；起下，韤係解。〔六〕成帝由此以爲不能，而賢定陶王，數稱其材。時王祖母傅太后隨王來朝，私賂遺上所幸趙昭儀及帝舅票騎將軍曲陽侯王根。昭儀及根見上亡子，亦欲豫自結爲長久計，皆更稱定陶王，〔七〕勸帝以爲嗣。成帝亦自美其材，爲加元服而遣之，〔八〕時年十七矣。明年，使執金吾任宏守大鴻臚，持節徵定陶王，立爲皇太子。謝曰：「臣幸得繼父守藩爲諸侯王，材質不足以假充太子之宮。〔九〕陛下聖德寬仁，敬承祖宗，奉順神祇，宜蒙福祐子孫千億之報。〔一〇〕臣願且得留國邸，旦夕奉問起居，俟有聖嗣，歸國守藩。」書奏，天子報聞。後月餘，立楚孝王孫景爲定陶王，奉恭王祀，所以獎厲太子專爲後之誼。〔一〕語在外戚傳。

〔一〕荀悅曰：「諱欣之字曰喜。」應劭曰：「恭仁短折曰哀。」
〔二〕師古曰：「年長而好之。」
〔三〕師古曰：「三官皆從王入朝。」
〔四〕師古曰：「說其義。」
〔五〕師古曰：「中忘之。」
〔六〕師古曰：「食而獨在後飽，及起，又韤係解也。韤音武伐反。」
〔七〕師古曰：「更音工衡反。」
〔八〕師古曰：「爲之冠。」
〔九〕師古曰：「謙不敢言爲太子，故云假充，若言非正。」
〔一〇〕師古曰：「大雅假樂之詩曰『干祿百福，子孫千億』。言成王宜衆宜人，天所保祐，求得福祿，故子孫衆多也。十萬曰億。故此謝書引以爲言。」
〔一一〕師古曰：「獎，勸使也。」

綏和二年三月，成帝崩。四月丙午，太子即皇帝位，謁高廟。尊皇太后曰太皇太后，皇后曰皇太后。大赦天下。賜宗室王子有屬者馬各一駟，〔一〕吏民爵，百戶牛酒，三老、孝弟力田、鰥寡孤獨帛。太皇太后詔尊定陶恭王爲恭皇。

〔一〕師古曰：「有屬，謂親未盡，尚有服者。」

五月丙戌，立皇后傅氏。〔一〕詔曰：「春秋『母以子貴』，尊定陶太后曰恭皇太后，丁姬曰恭皇后，各置左右詹事，食邑如長信宮、中宮。」〔二〕追尊傅父爲崇祖侯，丁父爲褒德侯。〔三〕封舅丁明爲陽安侯，舅子滿爲平周侯。追謚滿父忠爲平周懷侯，皇后父晏爲孔鄉侯，皇太后弟侍中光祿大夫趙欽爲新成侯。

〔一〕師古曰：「傅晏女。」

〔二〕應劭曰：「成帝母王太后居長信宮。」李奇曰：「傅姬如長信，丁姬如中宮也。」師古曰：「中宮，皇后之宮。」

〔三〕師古曰：「傅父，傅太后之父。丁父，丁太后之父。」

六月，詔曰：「鄭聲淫而亂樂，〔一〕聖王所放，〔二〕其罷樂府。」

〔一〕師古曰：「鄭國有溱、洧之水，男女亟於其間聚會，故俗亂而樂淫。」

〔二〕師古曰：「放，棄也。論語稱孔子曰『放鄭聲』。」

曲陽侯根前以大司馬建社稷策，益封二千戶。〔一〕太僕安陽侯舜輔導有舊恩，益封五百戶，〔二〕及丞相孔光、大司空汜鄉侯何武益封各千戶。〔三〕

〔一〕師古曰：「王根也，建議立哀帝爲太子。」

〔二〕師古曰：「王舜。」

〔三〕師古曰：「氾音汎。」

詔曰：「河間王良喪太后三年，爲宗室儀表，〔一〕益封萬戶。」

〔一〕師古曰：「儀表者，言爲禮儀之表率。」

又曰：「制節謹度以防奢淫，爲政所先，百王不易之道也。〔一〕諸侯王、列侯、公主、吏二千石及豪富民多畜奴婢，田宅亡限，與民爭利，百姓失職，重困不足。〔二〕其議限列。」〔三〕有司條奏：「諸王、列侯得名田國中，列侯在長安及公主名田縣道，關內侯、吏民名田，皆無得過三十頃。〔四〕諸侯王奴婢二百人，列侯、公主百人，關內侯、吏民三十人。年六十以上，十歲以下，不在數中。賈人皆不得名田、爲吏，〔五〕犯者以律論。諸名田畜奴婢過品，皆沒入縣官。齊三服官、諸官織綺繡，難成，害女紅之物，皆止，無作輸。〔六〕除任子令及誹謗詆欺法。〔七〕掖庭宮人年三十以下，出嫁之。官奴婢五十以上，免爲庶人。禁郡國無得獻名獸。益吏三百石以下奉。〔八〕察吏殘賊酷虐者，以時退。有司無得舉赦前往事。博士弟子父母死，予寧三年。」〔九〕

〔一〕師古曰：「言爲常法，不可改易。」

〔二〕師古曰：「失職，失其常分也。重音直用反。」

〔三〕師古曰：「令條列而爲限禁。」

〔四〕如淳曰：「名田國中者，自其所食國中也，既收其租稅，又自得有私田三十頃。名田縣道者，令甲，諸侯在國，名田他縣，罰金二兩。今列侯有不之國者，雖遙食其國租稅，復自得田於他縣道，公主亦如之，不得過三十頃。」

〔五〕如淳曰：「市井子孫不得為吏，見食貨志。」

〔六〕如淳曰：「紅亦工也。其所作已成未成皆止，無復作，皆輸所近官府也。」師古曰：「如說非也。謂未成者不作，已成者不輸耳。」

〔七〕應劭曰：「任子令者，漢儀注吏二千石以上視事滿三年，得任同產若子一人為郎。不以德選，故除之。」師古曰：「任者，保也。詆，誣也，音丁禮反。」

〔八〕師古曰：「奉音扶用反。」

〔九〕師古曰：「寧謂處家持喪服。」

秋，曲陽侯王根、成都侯王況皆有罪。根就國，況免為庶人，歸故郡。

詔曰：「朕承宗廟之重，戰戰兢兢，懼失天心。間者日月亡光，五星失行，郡國比比地動。〔一〕乃者河南、潁川郡水出，流殺人民，壞敗廬舍。朕之不德，民反蒙辜，朕甚懼焉。已遣光祿大夫循行舉籍，〔二〕賜死者棺錢，人三千。〔三〕其令水所傷縣邑及他郡國災害什四以上，民貲不滿十萬，皆無出今年租賦。」〔四〕

〔一〕師古曰：「比比，猶言頻頻也。」

〔二〕師古曰：「舉其名籍也。行音下更反。」

〔三〕師古曰：「賜錢三千以充棺。」

〔四〕師古曰：「什四，謂十分損四。」

建平元年春正月，赦天下。侍中騎都尉新成侯趙欽、成陽侯趙訢皆有罪，免爲庶人，〔一〕徙遼西。

〔一〕師古曰：「訢、欽皆趙昭儀之兄。」

太皇太后詔外家王氏田非冢塋，皆以賦貧民。〔一〕

〔一〕師古曰：「塋，冢域也。賦，給與也。塋音營。」

二月，詔曰：「蓋聞聖王之治，以得賢爲首。其與大司馬、列侯、將軍、中二千石、州牧、守、相舉孝弟惇厚能直言通政事，延于側陋可親民者，各一人。」〔一〕

〔一〕師古曰：「言有孝弟惇厚直言通政事之人，雖在側陋，可延致而任者，皆令舉之。」

三月，賜諸侯王、公主、列侯、丞相、將軍、中二千石、中都官郎吏金錢帛，各有差。

冬，中山孝王太后媛、〔一〕弟宜鄉侯馮參有罪，皆自殺。

〔一〕師古曰：「馮奉世之女也。媛音爰。」

二年春三月，罷大司空，復御史大夫。〔一〕

〔一〕師古曰：「復音扶目反。此下皆同。」

夏四月，詔曰：「漢家之制，推親親以顯尊尊。〔一〕定陶恭皇之號不宜復稱定陶。尊恭皇太后曰帝太太后，稱永信宮；恭皇后曰帝太后，稱中安宮。立恭皇廟于京師。赦天下徒。」

〔一〕師古曰：「天子之至親，當極尊號。」

罷州牧，復刺史。

六月庚申，帝太后丁氏崩。上曰：「朕聞夫婦一體。詩云：『穀則異室，死則同穴。』〔一〕昔季武子成寢，杜氏之殯在西階下，請合葬而許之。〔二〕附葬之禮，自周興焉。〔三〕『郁郁乎文哉！吾從周。』〔四〕孝子事亡如事存。帝太后宜起陵恭皇之園。」遂葬定陶。發陳留、濟陰近郡國五萬人穿復土。〔五〕

〔一〕師古曰：「詩王風大車之篇也。穀，生也。穴，冢壙也。」

〔二〕師古曰：「季武子，魯大夫季孫宿也。成寢，新爲寢室也。事見禮記檀弓。」

〔三〕師古曰：「禮記稱孔子曰『合葬非古也，自周公以來未之有改也』。」

〔四〕師古曰：「論語稱孔子曰『周監於二代，郁郁乎文哉！吾從周』。言周觀視夏、殷之禮而損益之，典文大備，吾從周禮也。郁郁，文章貌。」

〔三〕師古曰：「爲冢壙也。復音扶目反。」

待詔夏賀良等言赤精子之讖，〔一〕漢家曆運中衰，當再受命，宜改元易號。詔曰：「漢興二百載，曆數開元。皇天降非材之佑，〔二〕漢國再獲受命之符，朕之不德，曷敢不通！夫基事之元命，必與天下自新，〔三〕其大赦天下。以建平二年爲太初元將元年。號曰陳聖劉太平皇帝。〔四〕漏刻以百二十爲度。」〔五〕

〔一〕應劭曰：「諸以材技徵召，未有正官，故曰待詔。夏，姓也。賀良，名也。高祖感赤龍而生，自謂赤帝之精，良等因是作此讖文。」
〔二〕應劭曰：「哀帝自言不材，天降之佑。」
〔三〕師古曰：「基，始也。元，大也。始爲大事之命，謂改制度也。又曰更受天之大命。」
〔四〕李斐曰：「陳，道也。言得神道聖者劉也。」如淳曰：「陳，舜後。王莽，陳之後。謬語以明莽當篡立而不知。」章昭曰：「敷陳聖劉之德也。」師古曰：「如、章二說是也。」
〔五〕師古曰：「舊漏晝夜共百刻，今增其二十。此本齊人甘忠可所造，今賀良等重言，遂施行之。事見李尋傳。」

七月，以渭城西北原上永陵亭部爲初陵。勿徙郡國民，使得自安。

八月，詔曰：「(時)〔待〕詔夏賀良等建言改元易號，增益漏刻，可以永安國家。朕過聽賀良等言，〔一〕冀爲海內獲福，卒亡嘉應。皆違經背古，不合時宜。六月甲子制書，非赦令也，皆蠲除之。〔二〕賀良等反道惑衆，下有司。」皆伏辜。

〔一〕師古曰：「過，誤也。」

〔二〕如淳曰：「悔前赦令不蒙其福，故收令還之。」臣瓚曰：「改元易號，大赦天下，以求延祚，而不蒙福，哀帝悔之，故更下制書，諸非赦罪事皆除之。謂改制易號，令皆復故也。」師古曰：「如釋非也，瓚說是矣。非赦令也，猶言自非赦令耳。也，語終辭也。而讀者不曉，輒改也爲他字，失本文也。」

丞相博、御史大夫玄、孔鄉侯晏有罪。〔一〕博自殺，玄減死二等論，晏削戶四分之一。語在博傳。

〔一〕師古曰：「博，朱博。玄，趙玄。晏，（何）〔傅〕晏。」

三年春正月，立廣德夷王弟廣漢爲廣平王。

癸卯，帝太太后所居桂宮正殿火。

三月己酉，丞相當薨。〔一〕有星孛于河鼓。

〔一〕師古曰：「平當。」

夏六月，立魯頃王子郚鄉侯閔爲王。〔一〕

〔一〕蘇林曰：「郚音魚，縣名也，屬東海。」師古曰：「又音吾。」

冬十一月壬子，復甘泉泰畤、汾陰后土祠，罷南北郊。

東平王雲、雲后謁、安成恭侯夫人放〔一〕皆有罪。雲自殺，謁、放棄市。

〔一〕文穎曰：「恭侯王崇，王太后弟。」

四年春，大旱。關東民傳行西王母籌，〔一〕經歷郡國，西入關至京師。民又會聚祠西王母，或夜持火上屋，〔二〕擊鼓號呼相驚恐。〔三〕

〔一〕師古曰：「西王母，元后壽考之象。行籌，又言執國家籌策行於天下。」
〔二〕李奇曰：「皆陰爲陽之象。」
〔三〕師古曰：「呼音火故反。」

二月，封帝太太后從弟侍中傅商爲汝昌侯，太后同母弟子侍中鄭業爲陽信侯。

三月，侍中駙馬都尉董賢、光祿大夫息夫躬、南陽太守孫寵皆以告東平王封列侯。語在賢傳。

夏五月，賜中二千石至六百石及天下男子爵。

六月，尊帝太太后爲皇太太后。

秋八月，恭皇園北門災。

冬，詔將軍、中二千石舉明兵法有大慮者。〔一〕

〔一〕師古曰：「慮謂策謀思慮。」

元壽元年春正月辛丑朔，日有蝕之。詔曰：「朕獲保宗廟，不明不敏，宿夜憂勞，未皇寧息。〔一〕惟陰陽不調，元元不贍，〔二〕未睹厥咎。婁敕公卿，庶幾有望。〔三〕至今有司執法，未得其中，〔四〕或上暴虐，假勢獲名，溫良寬柔，陷於亡滅。是故殘賊彌長，和睦日衰，百姓愁怨，靡所錯躬。〔五〕乃正月朔，日有蝕之，厥咎不遠，在余一人。公卿大夫其各悉心勉帥百寮，〔六〕敦任仁人，黜遠殘賊，〔七〕期於安民。陳朕之過失，無有所諱。其與將軍、列侯、中二千石舉賢良方正能直言者各一人。大赦天下。」

〔一〕師古曰：「皇，暇也。」
〔二〕師古曰：「贍，足也。」
〔三〕師古曰：「望其厲精爲治。婁，古屢字。」
〔四〕師古曰：「中音竹仲反。」
〔五〕師古曰：「錯，置也，音千故反。」
〔六〕師古曰：「悉，盡也。寮，官也。」
〔七〕師古曰：「敦，厚也。遠音（手）〔于〕萬反。」

丁巳，皇太太后傅氏崩。

三月，丞相嘉有罪，下獄死。〔一〕

〔一〕師古曰：「王嘉。」

秋九月，大司馬票騎將軍丁明免。

孝元廟殿門銅龜蛇鋪首鳴。〔一〕

〔一〕如淳曰：「門鋪首作龜蛇之形而鳴呼也。」師古曰：「門之鋪首，所以銜環者也。鋪音普胡反。」

二年春正月，匈奴單于、烏孫大昆彌來朝。二月，歸國，單于不說。〔一〕語在匈奴傳。

〔一〕師古曰：「說讀曰悅。」

夏四月壬辰晦，日有蝕之。

五月，正三公官分職。大司馬衞將軍董賢爲大司馬，丞相孔光爲大司徒，御史大夫彭宣爲大司空，封長平侯。正司直、司隸，造司寇職，〔一〕事未定。

〔一〕師古曰：「司直，司隸，漢舊有之，但改正其職掌。而司寇舊無，今特創置，故云造也。」

六月戊午，帝崩于未央宮。〔一〕秋九月壬寅，葬義陵。〔二〕

〔一〕臣瓚曰：「帝年二十即位，即位六年，壽二十五。」師古曰：「即位明年乃改元，壽二十六。」

〔二〕臣瓚曰：「自崩至葬凡百五日。義陵在扶風，去長安四十六里。」

贊曰：孝哀自爲藩王及充太子之宮，文辭博敏，幼有令聞。〔一〕睹孝成世祿去王室，權柄外移，是故臨朝婁誅大臣，欲彊主威，以則武、宣。〔二〕雅性不好聲色，時覽卞射武戲。〔三〕即位痿痺，〔四〕末年寖劇，〔五〕饗國不永，哀哉！〔六〕

〔一〕師古曰：「博，廣也。敏，疾也。令，善也。聞，名也。」

〔二〕師古曰：「則，法也。」

〔三〕應劭曰：「卞射，皮卞而射也。」蘇林曰：「手搏爲卞，角力爲武戲也。」晉灼曰：「甘延壽傳『試卞爲期門』。」師古曰：「蘇、晉二說是。」

〔四〕蘇林曰：「痿音萎枯之萎。」如淳曰：「痿音頤踒弩。病兩足不能相過曰痿。」師古曰：「痿亦痺病也，音人佳反。痺音必寐反。頤踒者，弩名，事見晉令。頤音煩。踒音蕤。」

〔五〕師古曰：「寖，漸也。」

〔六〕師古曰：「永，長也。」

校勘記

三四〇頁一四行　（時）〔待〕詔夏賀良等　錢大昭說「時」當作「待」。按景祐、殿、局本都作「待」。

三四一頁七行　晏，（何）〔傅〕晏。　景祐、殿、局本都作「傅」。

四三頁一四行 遠音(手)〔于〕萬反。

景祐、殿、局本都作「于」。王先謙說作「于」是。

漢書卷十二

平帝紀第十二

孝平皇帝，〔一〕元帝庶孫，中山孝王子也。母曰衞姬。年三歲嗣立爲王。元壽二年六月，哀帝崩，太皇太后詔曰：「大司馬賢年少，不合衆心。〔二〕其上印綬，罷。」賢卽日自殺。新都侯王莽爲大司馬，領尚書事。秋七月，遣車騎將軍王舜、大鴻臚左咸使持節迎中山王。〔三〕辛卯，貶皇太后趙氏爲孝成皇后，退居北宮，哀帝皇后傅氏退居桂宮。〔四〕孔鄉侯傅晏、少府董恭等皆免官爵，徙合浦。〔五〕九月辛酉，中山王卽皇帝位，謁高廟，大赦天下。

〔一〕荀悅曰：「諱衎之字曰樂。」應劭曰：「布綱治紀曰平。」師古曰：「衎音口旱反。」

〔二〕師古曰：「董賢。」

〔三〕師古曰：「爲使而持節也。使音所吏反。」

〔四〕師古曰：「北宮及桂宮皆在城中，而非未央宮中也。」

〔五〕師古曰：「恭，董賢之父。」

帝年九歲，太皇太后臨朝，大司馬莽秉政，百官總己以聽於莽。〔一〕詔曰：「夫赦令者，將與天下更始，誠欲令百姓改行絜己，全其性命也。(性)〔往〕者有司多舉奏赦前事，累增罪過，誅陷亡辜，殆非重信慎刑，洒心自新之意也。〔二〕及選舉者，其歷職更事有名之士，則以爲難保，〔三〕廢而弗舉，甚謬於赦小過舉賢材之義。〔四〕對諸有臧及內惡未發而薦舉者，皆勿案驗。〔五〕令士厲精鄉進，〔六〕不以小疵妨大材。〔七〕自今以來，有司無得陳赦前事置奏上。〔八〕有不如詔書爲虧恩，以不道論。定著令，布告天下，使明知之。」

〔一〕師古曰：「聚東曰總，音摠。」
〔二〕師古曰：「洒，滌也，音先禮反。」
〔三〕師古曰：「更，經也。難保者，言已嘗有罪過，不可保也。更音工衡反。」
〔四〕師古曰：「論語云仲弓問政，孔子對曰『赦小過，舉賢材』，故此詔引之。」
〔五〕師古曰：「有臧，謂以臧貨致罪。」
〔六〕師古曰：「鄉讀曰嚮。」
〔七〕師古曰：「疵，病也。」
〔八〕師古曰：「置，立也。置奏上，謂立文奏而上陳也。上音時掌反。」

元始元年春正月，越裳氏重譯獻白雉一，黑雉二，〔一〕詔使三公以薦宗廟。

〔一〕師古曰：「越裳，南方遠國也。譯謂傳言也。道路絕遠，風俗殊隔，故累譯而後乃通。」

羣臣奏言大司馬莽功德比周公，賜號安漢公，及太師孔光等皆益封。語在莽傳。賜天下民爵一級，吏在位二百石以上，一切滿秩如眞。〔一〕

〔一〕如淳曰：「諸官吏初除，皆試守一歲乃爲眞，食全奉。平帝即位故賜眞。」師古曰：「此說非也。時諸官有試守者，特加非常之恩，令如眞耳。非凡除吏皆當試守也。一切者，權時之事，非經常也。猶如以刀切物，苟取整齊，不顧長短縱橫，故言一切。他皆放此。」

立故東平王雲太子開明爲王，故桃鄉頃侯子成都爲中山王。封宣帝耳孫信等三十六人皆爲列侯。太僕王惲等二十五人〔一〕前議定陶傅太后尊號，守經法，不阿指從邪，右將軍孫建爪牙大臣，大鴻臚咸前正議不阿，〔二〕後奉節使迎中山王，〔三〕及宗正劉不惡、執金吾任岑、中郎將孔永、尚書令姚恂、沛郡太守石詡，〔四〕皆以前與建策，東迎即位，〔五〕奉事周密勤勞，賜爵關內侯，食邑各有差。賜帝徵即位前所過縣邑吏二千石以下至佐史爵，各有差。又令諸侯王、公、列侯、關內侯亡子而有孫若子同產子者，皆得以爲嗣。〔六〕公、列侯嗣子有罪，耐以上先請。宗室屬未盡而以罪絕者，復其屬。〔七〕其爲吏舉廉佐史，補四百石。〔八〕天下吏比二千石以上年老致仕者，參分故祿，以一與之，終其身。〔九〕遣諫大夫行三輔，〔一〇〕舉籍吏民，〔一一〕以元壽二年倉卒時橫賦斂者，償其直。〔一二〕義陵民冢不妨殿中者勿發。〔一三〕天

下吏（舍）〔民〕亡得置什器儲偫。〔一四〕

〔一〕師古曰：「惲音於吻反。」

〔二〕師古曰：「左咸。」

〔三〕師古曰：「謂奉持節而爲使。」

〔四〕師古曰：「岑音士林反。恂音荀。詡音況羽反。」

〔五〕師古曰：「帝本在中山，出關而迎，故曰東迎。與讀曰豫。」

〔六〕師古曰：「子同産子者，謂養昆弟之子爲子者。」

〔七〕師古曰：「復音扶目反。」

〔八〕如淳曰：「宗室爲吏及舉廉及佐史，皆補四百石。」師古曰：「此說非也。言宗室爲吏者，皆令舉廉，各從本秩。而依廉吏遷之爲佐史者，例補四百石。」

〔九〕師古曰：「參，三也。」

〔一〇〕師古曰：「行音下更反。」

〔一一〕張晏曰：「舉錄賦斂之籍而（賞）〔償〕之。」

〔一二〕師古曰：「卒讀曰猝。橫音胡孟反。」

〔一三〕如淳曰：「陵上有宮牆，象生制度爲殿屋，故曰殿中。」師古曰：「此說非也。殿中，謂壙中象正殿處。」

〔一四〕師古曰：「軍法，五人爲伍，二伍爲什，則共其器物，故通謂生生之具爲什器，亦猶今之從軍及作役者十人爲火，共畜調度也。儲，積也。偫，具也。偫音丈紀反。」

二月，置羲和官，秩二千石；外史、閭師，秩六百石。〔一〕班教化，禁淫祀，放鄭聲。

〔一〕應劭曰：「周禮閭師掌四郊之民，時其徵賦也。」

乙未，義陵寢神衣在柙中，丙申旦，衣在外床上，〔一〕寢令以急變聞。〔二〕用太牢祠。

〔一〕文穎曰：「哀帝陵也。衣在寢中，今自出在床上。」師古曰：「柙，匱也，音狎。」

〔二〕師古曰：「非常之事，故云急變。」

夏五月丁巳朔，日有蝕之。大赦天下。公卿、將軍、中二千石舉敦厚能直言者各一人。

六月，使少傅左將軍豐〔一〕賜帝母中山孝王姬璽書，拜爲中山孝王后。賜帝舅衞寶、寶弟玄爵關內侯。賜帝女弟四人號皆曰君，食邑各二千戶。

〔一〕師古曰：「甄豐。」

封周公後公孫相如爲褒魯侯，孔子後孔均爲褒成侯，奉其祀。追謚孔子曰褒成宣尼公。

罷明光宮及三輔馳道。

天下女徒已論，歸家，顧山錢月三百。〔一〕復貞婦，鄉一人。〔二〕置少府海丞、果丞各一人；〔三〕大司農部丞十三人，人部一州，勸農桑。

〔一〕如淳曰：「已論者，罪已定也。令甲，女子犯罪，作如徒六月，顧山遣歸。說以爲當於山伐木，聽使入錢顧功直，故謂之顧山。」應劭曰：「舊刑鬼薪，取薪於山以給宗廟，今使女徒出錢顧薪，故曰顧山也。」師古曰：「如說近之。謂女徒論罪已定，並放歸家，不親役之，但令一月出錢三百，以顧人也。爲此恩者，所以行太皇太后之德，施惠政於婦人。」

〔二〕師古曰：「復音方目反。鄉一人，取其尤最者。」

〔三〕師古曰：「海丞，主海稅也。果丞，掌諸果實也。」

太皇太后省所食湯沐邑十縣，屬大司農，常別計其租入，以贍貧民。

秋九月，赦天下徒。

以中山苦陘縣爲中山孝王后湯沐邑。〔一〕

〔一〕師古曰：「陘音形。」

二年春，黃支國獻犀牛。〔一〕

〔一〕應劭曰：「黃支在日南之南，去京師三萬里。」師古曰：「犀狀如水牛，頭似豬而四足類象，黑色，一角當額前，鼻上又有小角。」

詔曰：「皇帝二名，通于器物，〔一〕今更名，合於古制。〔二〕使太師光奉太牢告祠高廟。」

〔一〕孟康曰：「平帝本名箕子，更名曰衎。箕，用器也，故云通于器物。」

〔二〕師古曰：「更，改也。」

夏四月，立代孝王玄孫之子如意爲廣宗王，江都易王孫盱台侯宮爲廣川王，〔一〕廣川惠王曾孫倫爲廣德王。 封故大司馬博陸侯霍光從父昆弟曾孫陽、宣平侯張敖玄孫慶忌、絳侯周勃玄孫共、舞陽侯樊噲玄孫之子章皆爲列侯，復爵。〔二〕賜故曲周侯酈商等後玄孫酈明友等百一十三人爵關內侯，食邑各有差。

〔一〕師古曰：「盱音許于反。台音怡。」

〔二〕師古曰：「共讀曰恭。復音扶福反。」

郡國大旱，蝗，青州尤甚，民流亡。 安漢公、四輔、三公、卿大夫、吏民爲百〔姓〕困乏獻其田宅者二百三十人，〔一〕以口賦貧民。〔二〕遣使者捕蝗，民捕蝗詣吏，以石𣁋受錢。〔三〕天下民貲不滿二萬，及被災之郡不滿十萬，勿租稅。 民疾疫者，舍空邸第，爲置醫藥。〔四〕賜死者一家六尸以上葬錢五千，四尸以上三千，二尸以上二千。 罷安定呼池苑，以爲安民縣，〔五〕起官寺市里，募徙貧民，縣次給食。 至徙所，賜田宅什器，假與犂、牛、種、食。〔六〕又起五里於長安城中，〔七〕宅二百區，以居貧民。

〔一〕張晏曰：「王莽爲太傅，孔光爲太師，王舜爲太保，甄豐爲少傅，是爲四輔。 莽復兼大司馬，馬宮爲司徒，王崇爲司空，是爲三公。」

〔二〕師古曰：「計口而給其田宅。」

〔三〕師古曰：「量蝗多少而賞錢。」

〔四〕師古曰：「舍，止也。」

〔五〕師古曰：「中山之安定也。池音大河反。」

〔六〕師古曰：「種音之勇反。」

〔七〕如淳曰：「民居之里。」

秋，舉勇武有節明兵法，郡一人，詣公車。

九月戊申晦，日有蝕之。赦天下徒。

使謁者大司馬掾四十四人持節行邊兵。〔一〕

〔一〕師古曰：「行音下更反。」

遣執金吾候陳茂假以鉦鼓，〔一〕募汝南、南陽勇敢吏士三百人，諭說江湖賊成重等二百餘人皆自出，送家在所收事。〔二〕重徙雲陽，〔三〕賜公田宅。

〔一〕晉灼曰：「百官表執金吾屬官有兩丞、候、司馬。」應劭曰：「將帥乃有鉦鼓，今茂官輕兵少，又但往諭曉之耳，所以假鉦鼓者，欲重其威也。鉦者，鐃也，似鈴，柄中上下通。」師古曰：「鉦音征。鐃音女交反。」

〔二〕如淳曰：「賊雖自出，得還其家而已，不得復除，尙當役作之也。」師古曰：「如說非也。言身既自出，又各送其家人詣本屬縣邑從賦役耳。」

〔三〕服虔曰：「重，成重也。作賊長帥，故徙之也。」

冬，中二千石舉治獄平，歲一人。〔一〕

〔一〕李奇曰：「吏治獄平端也。」

三年春，詔有司爲皇帝納采安漢公莽女。〔一〕語在莽傳。又詔光祿大夫劉歆等雜定婚禮。四輔、公卿、大夫、博士、郎、吏家屬皆以禮娶，親迎立軺併馬。〔二〕

〔一〕師古曰：「婚禮有納采、問名之禮，謂采擇其可娶者。」

〔二〕服虔曰：「軺音軺，立乘小車也。併馬，驪駕也。」師古曰：「新定此制也。併音步鼎反。」

夏，安漢公奏車服制度，吏民養生、送終、嫁娶、奴婢、田宅、器械之品。立官稷及學官。〔一〕郡國曰學，縣、道、邑、侯國曰校。校、學置經師一人。鄉曰庠，聚曰序。〔二〕序、庠置孝經師一人。

〔一〕如淳曰：「郊祀志曰『已有官社，未有官稷，遂立官稷於官社之後』。」臣瓚曰：「漢初除秦社稷，立漢社稷，其後又立官社，配以夏禹，而不立官稷。至此始立官稷。光武之後，但有官社，不立官稷。」師古曰：「淳、瓚二說皆未盡也。初立官稷於官社之後，是爲一處。今更創置建於別所，不相從也。」

〔二〕張晏曰：「聚，邑落名也。」師古曰：「聚小於鄉。聚音才喻反。」

陽陵任橫等自稱將軍，盜庫兵，攻官寺，出囚徒。大司徒掾督逐，皆伏辜。

安漢公世子宇與帝外家衞氏有謀。宇下獄死，誅衞氏。

四年春正月，郊祀高祖以配天，宗祀孝文以配上帝。

改殷紹嘉公曰宋公，周承休公曰鄭公。

詔曰：「蓋夫婦正則父子親，人倫定矣。前詔有司復貞婦，歸女徒，〔一〕誠欲以防邪辟，〔二〕全貞信。及眊悼之人〔三〕刑罰所不加，聖王之所制也。惟苛暴吏多拘繫犯法者親屬，婦女老弱，構怨傷化，百姓苦之。〔四〕其明敕百寮，婦女非身犯法，及男子年八十以上七歲以下，家非坐不道，詔所名捕，它皆無得繫。〔五〕其當驗者，即驗問。〔六〕定著令。」

〔一〕師古曰：「復音方目反。」

〔二〕師古曰：「辟讀曰僻。」

〔三〕師古曰：「八十曰眊，七年曰悼。眊者老稱，言其昏暗也。悼者，未成爲人，於其死亡，可哀悼也。眊音莫報反。」

〔四〕師古曰：「構，結也。」

〔五〕張晏曰：「名捕，謂下詔特所捕也。」

〔六〕師古曰：「就其所居而問。」

二月丁未，立皇后王氏，大赦天下。

遣太僕王惲等八人置副，假節，分行天下，覽觀風俗。〔一〕

〔一〕師古曰：「行音下更反。」

賜九卿已下至六百石、宗室有屬籍者爵，自五大夫以上各有差。〔一〕賜天下民爵一級，鰥寡孤獨高年帛。

〔一〕師古曰：「五大夫，第九爵。」

夏，皇后見于高廟。加安漢公號曰「宰衡」。〔一〕賜公太夫人號曰功顯君。封公子安、臨皆爲列侯。

〔一〕應劭曰：「周公爲太宰，伊尹爲阿衡，采伊、周之尊以加莽。」

安漢公奏立明堂、辟廱。〔一〕尊孝宣廟爲中宗，孝元廟爲高宗，天子世世獻祭。

〔一〕應劭曰：「明堂所以正四時，出教化。明堂上圜下方，八窗四達，布政之宮，在國之陽。上八窗法八風，四達法四時，九室法九州，十二重法十二月，三十六戶法三十六（兩）〔旬〕，七十二牖法七十二（風）〔候〕。孝經曰：『宗祀文王於明堂，以配上帝。』上帝謂五時帝太昊之屬。黃帝曰合宮，有虞曰總章，殷曰陽館，周曰明堂。辟廱者，象璧圜，雍之以水，象教化流行。」

置西海郡，徙天下犯禁者處之。

梁王立有罪，自殺。

分京師置前煇光、後丞烈二郡。更公卿、大夫、八十一元士官名位次〔一〕及十二州名。

分界郡國所屬，罷置改易，天下多事，吏不能紀。

〔一〕師古曰：「更，改也。」

冬，大風吹長安城東門屋瓦且盡。

五年春正月，祫祭明堂。〔一〕諸侯王二十八人、列侯百二十人、宗室子九百餘人徵助祭。〔二〕禮畢，皆益戶，賜爵及金帛，增秩補吏，各有差。

〔一〕應劭曰：「禮五年而再殷祭，壹禘壹祫。祫祭者，毀廟與未毀廟之主皆合食於太祖。」師古曰：「祫音洽。」

〔二〕師古曰：「徵，召也。」

詔曰：「蓋聞帝王以德撫民，其次親親以相及也。昔堯睦九族，舜惇敘之。〔一〕朕以皇帝幼年，且統國政，〔二〕惟宗室子皆太祖高皇帝子孫及兄弟吳頃、楚元之後，〔三〕漢元至今，十有餘萬人，雖有王侯之屬，莫能相糾，〔四〕或陷入刑罪，教訓不至之咎也。傳不云乎？『君子篤於親，則民興於仁。』〔五〕其爲宗室自太上皇以來族親，各以世氏，郡國置宗師以糾之，致教訓焉。二千石選有德義者以爲宗師。考察不從教令有冤失職者，宗師得因郵亭書言宗伯，請以聞。〔六〕常以歲正月賜宗師帛各十匹。」

〔一〕師古曰：「虞書堯典云『昔在帝堯，克明峻德，以親九族，九族既睦，平章百姓』。咎繇謨曰『惇敘九族，庶明厲翼』。

言堯能明峻德之士而任用之，以（陸）〔睦〕高祖玄孫之親，乃令百姓平和章明。舜又厚敍此親，使衆庶皆明其敎，而自勉勵翼戴上命也。故此詔引之。」

〔二〕師古曰：「朕者，太皇太后自稱也。」

〔三〕師古曰：「吳頃謂高帝之兄仲也。初爲代王，後廢爲合陽侯，而子濞封爲吳王，故追謚仲爲吳頃王。頃讀曰傾。」

〔四〕師古曰：「糾謂禁察也。」

〔五〕師古曰：「此論語載孔子之辭也。言上能厚於親屬，則下皆化之，起爲仁行也。以論語傳聖人之言，故（爲）〔謂〕之傳。他皆類此。」

〔六〕晉灼曰：「宗伯，宗正也。」師古曰：「郵，行書舍也。言爲書以付郵亭，令送至宗伯也。郵音尤。」

羲和劉歆等四人使治明堂、辟廱，〔一〕令漢與文王靈臺、周公作洛同符。〔二〕太僕王惲等八人使行風俗，〔三〕宣明德化，萬國齊同。皆封爲列侯。

〔一〕師古曰：「爲使者而典其事。」

〔二〕師古曰：「文王築靈臺，周公成雒邑，言與之符合。」

〔三〕師古曰：「行音下更反。」

徵天下通知逸經、古記、天文、曆算、鍾律、小學、史篇、方術、本草及以五經、論語、孝經、爾雅教授者，在所爲駕一封軺傳，〔一〕遣詣京師。至者數千人。

〔一〕如淳曰：「律，諸當乘傳及發駕置傳者，皆持尺五寸木傳信，封以御史大夫印章。其乘傳參封之。參，三也。有期會累封兩端，端各兩封，凡四封也。乘置馳傳五封也，兩端各二，中央一也。軺傳兩馬再封之，一馬一封也。」師古曰：「以一馬駕軺車而乘傳。傳音張戀反。」

閏月，立梁孝王玄孫之耳孫音爲王。

冬十二月丙午，帝崩于未央宮。〔一〕大赦天下。有司議曰：「禮，臣不殤君。皇帝年十有四歲，宜以禮斂，加元服。」〔二〕奏可。葬康陵。〔三〕詔曰：「皇帝仁惠，無不顧哀，〔四〕每疾一發，氣輒上逆，害於言語，故不及有遺詔。其出媵妾，皆歸家得嫁，如孝文時故事。」〔五〕

〔一〕臣瓚曰：「帝年九歲卽位，卽位五年，壽十四。」師古曰：「漢注云帝春秋益壯，以母衞大后故怨不悅。莽自知益疏，篡殺之謀由是生，因到〔獵〕〔臘〕日上椒酒，置藥酒中。故翟義移書云『莽鴆弒孝平皇帝』。」

〔二〕師古曰：「斂音力贍反。」

〔三〕臣瓚曰：「在長安北六十里。」

〔四〕師古曰：「言帝平生多所顧念哀憐。」

〔五〕師古曰：「媵妾，謂從皇后俱來者。媵之言送。媵音食證反，又音孕也。」

贊曰：孝平之世，政自莽出，褒善顯功，以自尊盛。觀其文辭，方外百蠻，亡思不服；〔一〕休徵嘉應，頌聲並作。〔二〕至乎變異見於上，民怨於下，莽亦不能文也。〔三〕

〔一〕師古曰：「大雅文王有聲之詩曰：『自〔東〕〔西〕自〔西〕〔東〕，自南自北，亡思不服。』言武王於鎬京行辟雍之禮，自四方來觀者皆感其德化，心無不歸服。故此贊引之。」

〔二〕師古曰：「休，美也。徵，證也。」

〔三〕如淳曰：「不可復文飾也。」

校勘記

三四八頁二行　(性)〔往〕者有司多舉奏赦前事，　景祐、殿、局本都作「往」。錢大昭說「性」當作「往」。

三五〇頁一行　天下吏(舍)〔民〕亡得置什器儲偫。　景祐、殿本都作「民」。周壽昌說作「民」是。

三五〇頁一三行　舉錄賦斂之籍而(賞)〔償〕之。　景祐、殿本都作「償」。王先謙說作「償」是。

三五三頁七行　爲百〔姓〕困乏獻其田宅者　景祐、殿、局本都有「姓」字，此脫。

三五七頁一二行　三十六戶法三十六(雨)〔旬〕，七十二牖法七十二(風)〔候〕。　宋祁說「雨」字舊作「旬」，「風」字舊作「候」，疑此本有誤。按景祐本正作「旬」作「候」。

三五九頁一行　以(陸)〔睦〕高祖玄孫之親，　景祐、殿、局本都作「睦」。

三五九頁六行　故(爲)〔謂〕之傳。　錢大昭說「爲」當作「謂」。按景祐、殿本都作「謂」。

三六〇頁八行　因到(獵)〔臘〕日上椒酒，　錢大昭說「獵」當作「臘」。按景祐、殿本都作「臘」。

三六〇頁一五行　自(東)〔西〕自(西)〔東〕，　景祐本如此，與詩合。